LOS SISTEMAS DE PROTECCIÓN DE MENORES EN LA ESPAÑA DE LAS AUTONOMÍAS.

(Situación de riesgo y desamparo de menores. Acogimiento familiar y acogimiento residencial)

CLARA MARTÍNEZ GARCÍA
Coordinadora

CLARA MARTÍNEZ GARCÍA
Coordinadora

LOS SISTEMAS DE PROTECCIÓN DE MENORES EN LA ESPAÑA DE LAS AUTONOMÍAS.

(Situación de riesgo y desamparo de menores. Acogimiento familiar y acogimiento residencial)

Cristina CARRETERO GONZÁLEZ
Javier EZQUERRA UBERO
Teresa FRÍAS FIEL
María GARABANDAL
Eva GUERRERO TOMÁS
Susana JIMÉNEZ BAUTISTA
Clara MARTÍNEZ GARCÍA
Ignacio V. MAYORAL NARROS
Julieta MORENO-TORRES SÁNCHEZ
José María RUIZ DE HUIDOBRO DE CARLOS
Alberto SERRANO MOLINA
Sara SIEIRA MUCIENTES
Ana SOLER PRESAS

Instituto Madrileño del Menor y la Familia
CONSEJERÍA DE FAMILIA Y ASUNTOS SOCIALES
Comunidad de Madrid

La Suma de Todos
www.madrid.org

Generalitat de Catalunya
Departament de Benestar i Família
Secretaria de Famílies i d'infància

Defensor del Menor
en la Comunidad de Madrid

Dykinson, S.L.

Fundación Diagrama

Editorial DYKINSON, S.L.
Meléndez Valdés, 61 - 28015 Madrid
Teléfono (+34) 915442846 - (+34) 915442869
e-mail: info@dykinson.com
http://www.dykinson.es
http://www.dykinson.com

ISBN: 978-84-9849-119-7
Depósito Legal: M-45401-2007

Preimpresión:
Besing Servicios Gráficos, S.L.
besing@terra.es

Impreso por:
SAFEKAT, S. L.
Laguna del Marquesado, 32 – Naves J, K, y L – 28021 Madrid
www.safekat.com

ÍNDICE

PRESENTACIÓN

Francisco Legaz
Presidente. Fundación Diagrama Intervención Psicosocial

Es para mí un honor poder dar inicio a la presente obra a través de esta presentación, en la que me gustaría hacer referencia de forma breve a los orígenes de la misma y a alguna de las más importantes cuestiones que son abordadas.

El pasado 19 de octubre de 2006 tuvo lugar el Encuentro de Profesionales "*Los sistemas de protección de menores en la España de las Autonomías*", organizado en el seno del Grupo de Investigación "*Derecho y Menores*" de la Facultad de Derecho de la Universidad Pontificia de Comillas de Madrid, y a cuya organización Fundación Diagrama Intervención Psicosocial contribuyó directamente, junto al Instituto Madrileño del Menor y la Familia, el Defensor del Menor en la Comunidad de Madrid y la Secretaría de Familiar e Infancia de la Generalitat de Cataluña.

Fundación Diagrama Intervención Psicosocial no podía dejar de participar en un evento de difusión científica de estas características, que se planteaba como objetivo último reunir a los agentes y profesionales implicados en el ámbito de la protección de los menores procedentes de las distintas Comunidades y Ciudades Autónomas; permitiendo de esta manera que se pudiera producir un intercambio personal de conocimientos y experiencias sobre el estado actual de los sistemas de protección de menores, principalmente en lo relativo al marco normativo aplicable, recursos disponibles y desarrollo de buenas prácticas.

El cumplimiento del décimo aniversario de la aprobación y entrada en vigor de la Ley Orgánica 1/196, de 15 de enero, de Protección Jurídica del Menor; el desarrollo legislativo adoptado por las Comunidades Autónomas en materia de protección en menores; el cambio notable del perfil de los menores y familias con las que se interviene; la necesaria revisión de las figuras jurídicas aplicables; las cuestiones relativas a los menores con trastornos de conducta y menores de origen extranjero; hicieron el Encuentro de Profesionales citado una oportunidad clave para poder dialogar e intercambiar experiencias y conocimientos en torno al hacer diario en el ámbito de la protección de los menores.

Las principales conclusiones alcanzadas en dicho Encuentro se han visto completadas por un trabajo de investigación posterior realizado por un amplio grupo de profesionales e investigadores que ha dado como resultado la publicación que el lector ahora podrá usar como herramienta práctica del trabajo, ya que la generación de conocimiento a través de iniciativas como ésta suponen una pieza clave en el esfuerzo por mejorar la situación de nuestros menores y jóvenes.

La Fundación a la que represento, que tiene como compromiso en el trabajo diario "*contribuir a la mejora de la situación personal, social y laboral de menores y jóvenes en situación de riesgo y exclusión social*", ha venido desarrollando programas de intervención en el ámbito de la protección de los menores de edad y jóvenes, especialmente respecto de aquellos que presentan graves problemas de conducta. Asímismo, colabora estrechamente con diferentes instituciones y centros de investigación, siendo ejemplo de ello el marco de colaboración con la Universidad Pontificia Comillas de Madrid, habiendo apoyado activamente desde un inicio la labor de las Profª. Isabel E. Lázaro González y Clara Martínez García, en su actuación investigadora en el plano de la protección de los menores.

En las páginas siguientes se ponen de manifiesto las más actuales cuestiones prácticas relativas a las situaciones de riesgo, situación de desamparo, acogimiento familiar y acogimiento residencia, mateniéndose así la estructura de los grupos de trabajo que se desarrollaron a lo largo del Encuentro de Profesionales que hoy da como fruto la presente obra, y que espero venga a contribuir a la promoción del desarrollo integral de los menores y jóvenes que se ven afectados por situaciones de desprotección social.

Madrid, a 25 de julio de 2007

LA PROTECCIÓN DE MENORES EN EL ESTADO AUTONÓMICO. INTRODUCCIÓN

CLARA MARTÍNEZ GARCÍA
Profesora Propia Adjunta de Derecho administrativo
Universidad Pontificia Comillas

LA PROTECCIÓN DE MENORES EN EL ESTADO AUTONÓMICO. INTRODUCCIÓN

La configuración autonómica de nuestro Estado ha influido de manera decisiva en la conformación del sistema de protección de menores, reflejándose en una diversidad de opciones ideadas para intentar solucionar una realidad común, la de los menores que se hallan en situación de desprotección.

Hablar de autonomía es hablar de diversidad, en tanto supone el reconocimiento de ámbitos de libre decisión, en este caso de cada una de las Administraciones autonómicas. Pero dicho reconocimiento sólo tiene sentido simultáneamente en tanto los sub-sistemas autonómicos (SANTAMARÍA) se integran dentro de otro que los engloba y dentro del cual alcanzan su sentido. Así, las Comunidades Autónomas legislan con libertad en relación con el sistema de protección de menores, lo cual explica la disparidad legislativa en la materia; pero no pueden hacerlo al margen de las demás Comunidades Autónomas ni del Estado. O, formulado de otro modo, dicha diversidad encuentra límites en el principio de unidad. Autonomía y unidad se hallan en constante tensión, pero la una sólo encuentra sentido en la otra. Resulta, pues, imprescindible delimitar el alcance de la competencia que las Comunidades Autónomas han asumido en esta materia y, a la vez, analizar qué principios hacen posible la articulación de todo el sistema.

1. LA PLURALIDAD DE SISTEMAS DE PROTECCIÓN DE MENORES

Todas las Comunidades Autónomas han asumido competencias en materia de protección de menores. En efecto, bajo diversos rótulos y con distinta formulación en el respectivo Estatuto de Autonomía, han acogido expresiones con base en las cuales han procedido a dictar la legislación (y normativa de desarrollo) sobre instituciones, recursos y medidas de protección de menores. El fundamento se encuentra en el actual diseño que contiene la Constitución en relación con el reparto competencial entre Estado y Comunidades Autónomas.

Si la distribución competencial resulta siempre compleja y delicada –no hay más que ver los informes de conflictividad entre Estado y Comunidades Autónomas así como la Jurisprudencia del Tribunal Constitucional al respecto–, el caso de la protección de menores no es una excepción. La confluencia de normas civiles y administrativas en la materia anticipan un panorama legislativo híbrido y, por tanto, menos nítido de lo que sería deseable, dada la gravedad de las situaciones de las que hablamos y la vulnerabilidad de quien las padece.

Debemos tomar como punto de partida los artículos 149 y 148 de la Constitución en los que se contienen, respectivamente, las materias sobre las que el Estado tiene competencia exclusiva y aquellas que pueden ser estatutariamente asumidas por las Comunidades Autónomas. Pues bien, entre las primeras encontramos el complejo artículo 149.1.8ª CE, sobre legislación civil (dentro de la cual se encuentra la regulación sobre las tradicionales instituciones de protección del menor contempladas por esta rama del Derecho) y en el 148.1.20ª CE la asistencia social. Ambas disposiciones han sido el punto de partida de la regulación de protección de menores, respondiendo a un modelo complejo en el que intervienen normas de distintos escalones territoriales y legislativos (Estado y Comunidades Autónomas), así como normas propias del Derecho civil de Familia y del Derecho administrativo asistencial (o, como DE PALMA DEL TESO ya ha denominado "Derecho administrativo de Familia"). Intentar una delimitación más o menos precisa del alcance de todos estos elementos y de las consecuencias de su imprescindible coexistencia resulta una tarea tan poco fácil como necesaria. Respecto de ella se hacen a continuación una serie de consideraciones.

En primer lugar, la legislación civil ha sido el instrumento con el que tradicionalmente se han venido solucionando las situaciones en las que el menor aparecía en situación de desprotección más o menos grave. La curatela, guarda y tutela del menor son instituciones del Derecho civil que han servido a tal fin, junto con la imprescindible participación de los órganos jurisdiccionales, cuyo papel ha sido esencial durante mucho tiempo. Estas instituciones aparecen fundamentalmente reguladas en el Código Civil, norma que, en cuanto legislación civil susceptible de ser incluida en la previsión del artículo 149.1.8ª, corresponde a la exclusiva competencia del Estado. Por ello se aplicará, en principio, en todo el territorio nacional, es decir, en todas las Comunidades Autónomas. Pero dicho precepto contempla una excepción: en aquellos territorios en los que exista derecho civil foral o especial, será este de aplicación y no el Código Civil en relación con sus instituciones forales o especiales.

Junto con la normativa de naturaleza civil en materia de instituciones de protección de menores, las Comunidades Autónomas han promulgado una cada vez más extensa regulación sobre instituciones de protección de menores, inicialmente al amparo de la regla 20ª del artículo 148.1 CE, al asumir en sus Estatutos de Autonomía la competencia sobre "asistencia social". Las reformas estatutarias que se abordaron en los años noventa incrementaron los techos competenciales de las Comunidades Autónomas, las cuales, en materia de protección de menores, incorporaron fórmulas que les permitían diseñar en su ámbito territorial un sistema propio de prestaciones públicas tendentes a combatir por medio de muy distintas técnicas y medidas las situaciones de desprotección de los menores. La razón para dicho cambio reside en el juego de las reglas de distribución de competencias entre Estado y Comunidades Autónomas, que no puede limitarse a un estático reparto entre ambos de las funciones que van a ejercer sobre las materias que contienen, entre otras razones porque entre los dos preceptos no se agota ni mucho menos toda la realidad, que, además, es enormemente cambiante.

En este sentido, la única lista de materias como tal sobre la que el Estado ejerce competencias es la del 149.1 CE. El 148, en cambio, no contiene, un listado de materias o competencias que todas las Comunidades Autónomas asuman *ex constitutione*, pues sólo corresponderán a éstas aquellas que hayan asumido en sus respectivos Estatutos de Autonomía. Y todas ellas han recogido en la redacción originaria de aquéllos la competencia relativa a asistencia social[1]. Inicialmente se incluyó bajo ese rótulo competencial lo relativo a protección de menores, pero posteriormente, en especial tras la reforma que de los Estatutos se hizo en los años noventa, las Comunidades Autónomas modificaron el rótulo competencial para incluir de forma explícita en la mayoría de los casos la protección de menores, bajo muy distintas expresiones (instituciones públicas de protección y tutela de menores respetando la legislación civil, penal y penitenciaria, protección y tutela de menores, instituciones públicas de protección y tutela de menores de conformidad con la

---

[1] Sobre este concepto se ha pronunciado el Tribunal Constitucional en sus Sentencias 76/1986, de 9 de junio y 146/1986, de 25 de noviembre.

legislación civil, penal y penitenciaria del Estado, promoción y atención a la infancia, etc.). Establecida así la lista de materias sobre las que ejercerán su competencia las Comunidades Autónomas, es preciso señalar, además, dos precisiones respecto del papel del Estado. Primera, que aquellas competencias que no se hallen en el 149 ni en el 148.1 de la Constitución y que tampoco hayan sido incorporadas a los Estatutos de Autonomía, corresponderán al Estado. Y, segunda, que el derecho del Estado tendrá carácter supletorio respecto de la legislación autonómica.

Existe, además, un punto de unión entre la legislación civil (del Estado o la foral o especial, en su caso) y la autonómica sobre protección de menores, que es el artículo 172 del Código Civil. Este precepto remite el ejercicio de la guarda y de la tutela *ex lege* a la entidad pública competente cuando se produzca de hecho el desamparo del menor, debiendo entonces constituirse el acogimiento familiar o residencial del mismo. Este núcleo de instituciones (guarda, tutela y acogimiento) conforma el que podríamos denominar concepto estricto de protección de menores, que, insistimos, viene dado por las técnicas previstas en el Código Civil fundamentalmente, eso sí, ejercidas por la Administración autonómica, en tanto que entidad competente.

Pero la protección que abordan las Comunidades Autónomas va más allá de esas instituciones y acogen en sus normas un concepto amplio o integral de protección, que engloba un completo abanico de posibilidades y medidas de protección, que abarcan las medidas de carácter preventivo, las diversas actuaciones en situación de riesgo (que no llega a constituir desamparo), la asunción de la guarda administrativa a petición de los interesados, el ejercicio de la tutela administrativa mediante la constitución del acogimiento familiar o residencial y, finalmente, la adopción de una serie de medidas y prestaciones llamadas a procurar la plena y satisfactoria integración del menor en la familia y en la sociedad. Prevención, medidas paliativas y reinserción son los tres grandes tipos de actuaciones que se abordan desde las funciones de protección de menores que asumen las Comunidades Autónomas. En muchas ocasiones, además, se detallan las previsiones constitucionales susceptibles de ser englobadas en la Cláusula de Estado Social en relación con los ámbitos que especialmente inciden en la vida de los menores (sanidad, educación, ocio, etc.).

Se trata, como se ve, de un conjunto de prestaciones típicamente públicas, muy distintas a las que contempla la regulación que hace el Código Civil, con las que coexiste y de las que, además, debe extraer algunas claves de régimen jurídico que, en su extrapolación a la Administración, producen algunas dificultades conceptuales y prácticas nada desdeñables. Pero así es la actual regulación sobre protección de menores: un modelo híbrido, formado por normas provenientes de ramas del Derecho muy distintas, emanadas de entidades que gozan de autonomía política para la gestión de sus respectivos intereses y gestionado por sujetos también diversos, no sólo en cuanto al alcance territorial (Estado, Comunidades Autónomas y Entidades Locales) sino también en cuanto a su forma de constitución y composición (pública y, cada vez en mayor medida, de base privada, asociaciones o fundaciones cuya colaboración en la consecución de los mismos objetivos deviene absolutamente esencial en este sector).

La combinación de todos estos variados elementos tiene como resultado, necesariamente, la diversidad legislativa (que encuentra fundamento, como dijimos, en la Cláusula de Estado Autonómico que define nuestro modelo de Estado). En el caso de los menores, y muy especialmente de los menores que sufren situaciones o viven en contextos que condicionan muy negativamente su vida cotidiana y su futuro como adultos, se hace quizá más difícil entender cómo asumir dicha disparidad, pues hablamos de un colectivo especialmente vulnerable y castigado. Esa singular sensibilidad hacia situaciones de injusticia que de forma añadida pudieran recaer sobre aquéllos como consecuencia de la aplicación de un régimen legal divergente según el punto geográfico en que se encuentre el menor es lo que nos lleva a pensar en la necesidad de encontrar las líneas que internamente dotan de sentido a todo el sistema y los límites de la actuación del legislador autonómico. Es decir, debemos analizar la protección de menores también en clave de unidad.

2. COOPERACIÓN, COLABORACIÓN Y COORDINACIÓN ENTRE LOS ACTORES IMPLICADOS EN LA PROTECCIÓN DE MENORES

2.1. La articulación de competencias entre el Estado y las Comunidades Autónomas en materia de protección de menores

La atribución a las Comunidades Autónomas del papel protagonista en relación con la protección de menores (y, según el mayor o menor ánimo descentralizador de éstas, a las Entidades Locales) las pone inmediatamente en relación con la Cláusula de Estado Social, también recogida en la definición constitucional de nuestro modelo de Estado, dentro de la cual las Administraciones públicas, en cuanto poder público, juegan un papel muy destacado.

Como es sabido, dicha Cláusula se refleja en la redacción del artículo 9.2 de la Constitución, conforme al cual "*corresponde a los poderes públicos promover las condiciones para que la libertad y la igualdad del individuo y de los grupos en que se integra sean reales y efectivas; remover los obstáculos que impidan o dificulten su plenitud y facilitar la participación de todos los ciudadanos en la vida política, económica, cultural y social*". Pero además de esta previsión genérica, la Constitución española concreta los ámbitos en los que dichas libertad e igualdad reales deben concretarse (Capítulo Tercero del Título I de la Constitución). En particular, en relación con los menores, el artículo 39, sobre protección social y económica de la familia, el artículo 41, sobre el establecimiento de un régimen de Seguridad Social, los artículos 43 y 44 sobre protección de la salud y la promoción del acceso a la cultura, respectivamente, el artículo 48, sobre promoción de la participación de la juventud en diversos ámbitos o la atención especializada a disminuidos psíquicos, también, por supuesto, cuando son menores (artículo 49 CE).

El papel de las Administraciones públicas va, pues, más allá de una extensión de las técnicas de protección jurídica del menor contempladas en la legislación civil para demandar de ellas un papel muy activo en la conformación del contexto que debe rodear a cualquier menor. Ello es consecuencia de la nueva dimensión que se quiere dar al menor en nuestra sociedad. Si tradicionalmente se le ha contemplado en el seno de la familia, como miembro de dicha unidad, razón por la cual eran las normas propias del Derecho de Familia las que contenían las técnicas jurídicas adecuadas para dicha protección, ahora el menor es considerado un sujeto activo y participativo, que debe ser considerado y tenido en cuenta en relación con aquellas decisiones que van a incidir en su vida, un sujeto que ha de ir ganando autonomía y criterio para decidir en el seno de la sociedad de la que activamente forma parte.

Con esta filosofía se promulgó hace once años la Ley Orgánica 1/1996, de 15 de enero, de Protección Jurídica del Menor. Pese a su rango orgánico, debido a que contiene la regulación de los derechos fundamentales cuya titularidad puede ser ejercida por menores, algunos de sus preceptos no lo son, puesto que no entran a regular ninguna de las materias reservadas a ese concreto tipo de leyes (artículo 81 CE). Respecto de dicha regulación, por tratarse de una ley orgánica, no cabe duda que es de aplicación por igual en todas las Comunidades Autónomas. Ahora bien, respecto de los preceptos que no tienen carácter orgánico es preciso establecer alguna consideración en cuanto a la articulación de esta ley con la legislación autonómica, pues tanto el Estado como las Comunidades Autónomas ostentan títulos competenciales para dictar normas en la materia. La coexistencia de ambas puede enmarcarse en las siguientes consideraciones.

En primer lugar, los preceptos relativos a los principios rectores de la actuación de las Administraciones públicas (artículos 10 y 11) y los que regulan las actuaciones y medidas en situación de desprotección del menor (artículos 12 a 22) constituyen legislación aplicable con carácter supletorio respecto de la legislación autonómica, dictada en cumplimiento de la competencia en materia de asistencia social.

Un segundo grupo de preceptos de rango no orgánico resulta, sin embargo, de aplicación en todo el territorio nacional, pues se trata de una serie de previsiones dictadas al amparo de competencias atribuidas por la Constitución al Estado en exclusiva (derechos de los menores extranjeros que se encuentren en España, deber de vigilancia del Ministerio Fiscal sobre todos los centros que acogen a menores, creación del índice de Tutelas de Menores que se llevará en cada Fiscalía, aplicación de la jurisdicción voluntaria para reclamaciones frente a determinadas actuaciones administrativas de protección de menores, registro español de adopciones constituidas en el extranjero y ciertas particularidades establecidas en el procedimiento de jurisdicción voluntaria, la modificación de algunos preceptos de la LEC y la decisión de aplicar la normativa anterior a los procedimientos iniciados con anterioridad a la entrada en vigor de la Ley)[2].

Por último, las normas de modificación del Código Civil serán de aplicación en las Comunidades Autónomas en tanto no exista Derecho foral o especial en ellas, que sería, conforme al artículo 149.1.8ª, aplicable en primer lugar.

2.2. El papel de las Entidades Locales en el sistema de protección de menores

Estado y Comunidades Autónomas juegan, sin duda, un papel esencial en el diseño y aplicación de las políticas y normas sobre protección de menores, pero el panorama de entes públicos implicados en él no queda completo si no se alude a los Entes Locales (Municipios, Provincias, Islas y todas las fórmulas asociativas entre ellos).

En efecto, este escalón territorial, que contiene a la Administración más próxima al ciudadano, juega un importante papel en materia de protección de menores, pero quizá podría ser incluso mayor si se incrementaran las atribuciones o funciones para ello y, sobre todo, los recursos para abordarlas.

---

[2] Disposición Final 21ª LOPJM.

La Ley de Bases del Régimen Local 7/1985, de 2 de abril, contiene en el artículo 25.2 una lista de materias respecto de las cuales el legislador sectorial deberá otorgar al Ente Local alguna competencia, entre las que cita la "prestación de servicios sociales y de promoción o reinserción social". Si bien este precepto no asigna *per se* ninguna competencia concreta a las Entidades Locales, al menos obliga al legislador sectorial (el competente en la materia, en este caso la respectiva Comunidad Autónoma), a que las asigne. La medida en que lo haga dependerá del ánimo más o menos descentralizador de la Comunidad Autónoma que se trate. Pero, en todo caso, los Municipios han de tener alguna competencia en dicha materia (y las Provincias, en cuanto entes llamados a auxiliar a los Municipios integrados en ellas).

Por otra parte, el artículo 26 LBRL regula los llamados servicios obligatorios de las Entidades locales. Como se aprecia, no se trata, como en el caso anterior, de la exposición de una serie de ámbitos respecto de los cuales el legislador estatal o autonómico haya de reconocer necesariamente alguna competencia al Ente Local sino, más concretamente, de los servicios o prestaciones que necesariamente deberá prestar el Ente Local a sus vecinos. Esos servicios varían en función de la población del Municipio, de manera que sólo contiene la obligación de que el Municipio preste "servicios sociales" cuando tenga más de veinte mil habitantes.

Tanto en el caso de las competencias que el legislador sectorial reconozca al Ente Local como las que obligatoriamente le impone el artículo 26 LBRL constituyen competencias propias del Ente Local, que las ejercerá en régimen de autonomía y bajo su responsabilidad.

Generalmente, las leyes autonómicas confieren un papel importantísimo a los Entes locales en relación con las actuaciones de prevención, así como con la intervención en situaciones de riesgo y, digamos que en la última fase de la actuación administrativa, en relación con las políticas y medidas de reinserción del menor en su familia –si fuera posible– y en la sociedad.

Dichas competencias, que la Ley de Bases califica de propias, pueden naturalmente verse incrementadas por vía de delegación de competencias de la Comunidad Autónoma al Ente Local (municipal o provincial, artículos 27 y 37 LBRL, respectivamente). La diferencia estriba en que, en este segundo caso, la titularidad es retenida por el Ente delegante y es el mero ejercicio el que se encomienda al Ente Local, bajo la supervisión de aquél, que mantiene las facultades de control.

Eso sí, como en los casos anteriores, el ejercicio de las mismas no puede desconocer la actuación de la Comunidad Autónoma ni la del propio Estado, dentro de los cuales debe ubicar su actuación prestacional. Ni tampoco la de otros Entes locales próximos a él, con los que fácilmente podrá asociarse para incrementar la eficacia de los servicios que presten a sus vecinos. La colaboración y la cooperación es esencial para incrementar la eficacia del sistema.

2.3. La colaboración con las entidades privadas sin ánimo de lucro

No quedaría completo el panorama de agentes que actúan en materia de protección de menores si no hiciéramos referencia a las asociaciones y fundaciones que contribuyen con su labor en idéntica línea que la Administración a extender la eficacia del sistema de protección a prestaciones y personas que, quizá de otro modo, no podrían beneficiarse de ello.

La asistencia social y hoy, más en concreto, las prestaciones incluidas dentro del sistema de protección de menores tienen una inequívoca consideración de carácter público, en gran medida porque el cumplimiento satisfactorio de las mismas se encomienda constitucional y legalmente a las Administraciones públicas. Ellas son, en los términos que hemos visto anteriormente, titulares de dichas competencias y, en esa medida, responsables de su correcta realización.

Pero es cierto que de siempre ha existido la iniciativa de muchos particulares que principalmente bajo formas fundacionales o asociativas diversas han contribuido de manera directa a la realización de actividades paralelas a las que realiza la Administración. Aprovechar las sinergias que se producen entre la actuación administrativa y la de las entidades colaboradoras es cada vez más frecuente porque ha dado buenos resultados. Las instituciones y asociaciones dedicadas a la protección de menores colaboran con la Administración en la realización de esas mismas actividades, cubriendo huecos allá donde aquélla quizá no podía llegar o simplemente integrándose en el propio sistema en virtud del correspondiente convenio de colaboración.

Estas fórmulas de gestión consistentes en la realización de la prestación de la actividad por dichas entidades no tiene por qué suponer abdicación de las tareas que el ordenamiento impone a las Administraciones Públicas, sino que únicamente se acude a otros tipo de sujetos (privados, pero sin ánimo de lucro) que se comprueba *a priori* que están en condiciones técnicas y materiales de asumir una o varias prestaciones de protección de menores. Bajo el control de la Administración competente y recayendo sobre ésta la responsabilidad última por el incorrecto desempeño del servicio o de la actuación, lo que finalmente recibe el menor y/o sus familiares tiene que ser en todo idéntica a la que recibiría si la gestión correspondiera de manera directa a un servicio u organismo completamente administrativo.

La supervisión antes y durante la realización de las actividades por parte de la Administración deviene esencial. No se trata de que cualquiera con buena intención preste su colaboración desinteresada para la protección de menores sino que la Administración competente debe verificar el cumplimiento íntegro de requisitos exigentes respecto de las entidades colaboradoras (sea en materia de adopción, de acogimiento familiar, de centros de protección, etc.) en cuanto a la preparación de los profesionales y las dotaciones de los centros, esencialmente. Y, naturalmente, durante la ejecución del convenio a que hayan llegado con la Administración. Se trata, en suma, o debería tratarse, sólo de una forma indirecta de gestión de una prestación pública; pero en su desenvolvimiento y régimen jurídico en lo que recibe el destinatario directo de la misma, debe ser siempre igual.

2.4. El Observatorio de Infancia

Orgánicamente, la coordinación de todos los agentes mencionados y la colaboración entre todos ellos se ha concretado en la creación de un órgano colegiado y de composición amplia y de variada procedencia: el Observatorio de Infancia, creado en 1999, en el que se pretenden trazar las políticas públicas en materia de infancia teniendo en cuenta la participación de todos aquellos que, de forma más o menos directa, inciden en el sector: Administración del Estado, las respectivas Comunidades Autónomas, una representación de los Municipios así como de entidades privadas sin ánimo de lucro. Los resultados, previamente debatidos y, en la medida de lo posible, consensuados, serán seguramente mejores, puesto que todos participan en su elaboración, conocen el espíritu y la letra de sus textos y, en esa medida, quizá sea también mayor su disposición para una más correcta ejecución.

Y es que, efectivamente, más allá del esquema constitucional de distribución de competencias –que es ciertamente importante definir– y partiendo del máximo respeto al mismo, el objetivo último tiene que ser la garantía de la mayor y mejor protección para aquel menor que lo necesite. Y éste no se encuentra en el Estado, o en una Comunidad Autónoma o en un Municipio, sino que se encuentra en los tres lugares a la vez. Y, por tanto, las tres Administraciones, desde sus respectivas competencias y con la colaboración de las entidades y asociaciones privadas, deben articular la solución más adecuada para aquel menor, para lo cual se imponen, como es propio de un sistema plural y descentralizado, la colaboración y cooperación entre todas ellas[3].

3. LA IMPRESCINDIBLE COLABORACIÓN TAMBIÉN ENTRE LA TEORÍA Y LA PRÁCTICA

El análisis relativo a la esfera de competencias de cada uno de los agentes que toman parte en los sistemas de protección de menores, así como el resto del trabajo que presentamos, pretende estar estrechamente pegado a la realidad de nuestros menores, pues es el ánimo de mitigar en lo posible sus situaciones de desprotección lo que nos ha llevado en la Universidad a intentar profundizar y, desde nuestro modesto papel, intentar arrojar algo de luz sobre algunos de los problemas que la aplicación normativa y jurisprudencial pueden suscitar.

Más allá, pues, de la constatación puramente teórica o académica acerca de las diferencias entre las legislaciones sobre protección de menores, que hemos venido poniendo de manifiesto en sucesivas Jornadas y en varias publicaciones, nos parece especialmente relevante que todo ello se proyecte sobre una realidad. Y para ello nos parecía esencial contar con quienes componen y sirven a la sociedad desde esas personas jurídicas públicas o privadas, que al fin y al cabo no son sino centros de imputación de actos y decisiones creados por el ordenamiento jurídico. Son los profesionales del sector, las personas individuales, los educadores sociales, psicólogos, juristas, trabajadores sociales, orientadores, jueces, fiscales, etc., quienes en última instancia se encuentran en una mano con la norma y en la otra con la situación, casi siempre dramática, del menor en cuyo interés tienen que conocer, entender, interpretar y, finalmente, aplicar aquélla.

---

[3] Así lo afirma también el *Plan estratégico Nacional de Infancia y Adolescencia 2006-2009*, elaborado por el Observatorio de Infancia y aprobado por el Consejo de Ministros de 16 de junio de 2006. Parte de que "las políticas de bienestar social de la infancia y adolescencia tienen, en nuestro país, una importante base territorial", por lo que admite que una estrategia fundamental es la *coordinación* de las diferentes Administraciones y agentes sociales. Y más adelante añade: "la *cooperación* es el principio que debe presidir el ejercicio de competencias compartidas o de las que se ejercen sobre un mismo espacio físico".

Acercar el mundo académico a la práctica puede, quizá, ayudar a dotar de cierto sentido a decisiones que tomamos cada día, de manera casi rutinaria y generalmente olvidamos la conexión que, inevitablemente, guardan con todo el sistema, sólo dentro del cual encuentran profundamente su sentido. Y, en sentido inverso, acercar la práctica al mundo académico hace que éste se nutra de la propia realidad desde la que debe construirse y a la que, a la vez, pretende servir, dotándole, así, de una dimensión cualitativamente distinta, de modo que lo que puede resultar una construcción teórica más o menos original o cabal de alguna manera cobra vida.

El estudio del sistema de protección de menores suscitó y sigue suscitando dentro del Grupo de Investigación "Derecho y Menores" de la Facultad de Derecho de la Universidad Pontificia Comillas (Madrid) un especial interés. Por ello, ha sido objeto de estudio en el libro *Los menores en el Derecho español*[4], ha ocupado un lugar destacado en la organización de algunas de nuestras Jornadas sobre Derechos de los menores y ha impulsado la asistencia de diversos profesores e investigadores a distintos Congresos y Jornadas nacionales e internacionales sobre este tema.

El estudio de estas cuestiones y las dificultades prácticas que diariamente se suscitan a la hora de determinar el alcance de las diversas intervenciones –principalmente administrativas– son las que nos llevaron a proponer un *Foro de Encuentro entre los diversos profesionales implicados en el sistema de protección de menores*, que se celebró en Madrid el día 19 de noviembre de 2006, organizado por miembros del Grupo de Investigación "Derecho y Menores" y patrocinado por la Fundación Diagrama, el Instituto Madrileño del Menor y la Familia, el Defenso del Menor de la Comunidad de Madrid y la Secretaria de Famílies i d`Infancia de la Generalitat de Catalunya. A todos ellos agradecemos su generoso esfuerzo que hizo posible la celebración del Encuentro.

Pretendíamos favorecer el diálogo interpersonal entre los diversos profesionales que siempre muestran su preocupación por hallar la solución que mejor se adecue a la situación de cada menor.

Para ello, quisimos ofrecer a todos esos profesionales un lugar de encuentro neutral como es la Universidad que, como establece nuestra Declaración insti-

---

[4] LÁZARO GONZÁLEZ, I., (Coord.), *Los menores en el Derecho Penal.* Ed. Tecnos, Madrid, 2002.

tucional, asumiendo la definición dada por la Carta Magna de las Universidades Europeas, es "… una comunidad académica que, de modo riguroso y crítico, contribuye a la tutela y desarrollo de la dignidad humana y de la herencia cultural mediante la investigación, la enseñanza y los diversos servicios ofrecidos a las comunidades locales, nacionales e internacionales".

En ese sentido, queremos contribuir en el ámbito de los menores a promocionar, "dentro del carácter propio de nuestra Universidad pero siempre en libertad, los valores personales y sociales que entiende como fundamentales en una sociedad, especialmente cuando es fragmentada e injusta: respeto mutuo, diálogo interpersonal, libertad responsable, búsqueda de la justicia y de la paz, profesionalidad cuantificada, disponibilidad, servicio a los demás, solidaridad con los más necesitados, sentido crítico equilibrado y permanente".

Aglutinando a todos o a la mayoría de los profesionales e instituciones que trabajan cada día con el objetivo común de mejorar la situación de los menores, especialmente de los más vulnerables, podremos contribuir a la mejora del sistema y, de este modo, de la situación de cada menor, fin último para cuya consecución nos pareció conveniente efectuar una convocatoria lo más amplia posible entre todos los implicados.

Así, había que contar con las autoridades administrativas competentes. Primeramente, con los responsables políticos y administrativos de las Comunidades Autónomas. La normativa autonómica y su aplicación son posiblemente, como hemos expuesto, el eje fundamental del actual sistema de protección pública de menores en España. No podemos olvidar el papel, importantísimo de los otros niveles territoriales (Estado y Entidades Locales, respectivamente), que, como decíamos, juegan también un importante papel, y, por tanto, sus líneas de actuación repercuten directamente en el resultado final. El Estado da coherencia a todo el sistema de protección y asegura unos derechos fundamentales comunes a todos los menores, así como unos principios y técnicas de actuación administrativas que se aplicarán con carácter supletorio a la legislación autonómica. Por su parte, los Ayuntamientos (y las Diputaciones Provinciales) son esenciales para actuar, genéricamente, en la prevención de situaciones de desprotección, así como para establecer planes de seguimiento de los menores que hayan logrado o estén afrontando la superación de una situación de desprotección.

Cada una de estas personas jurídico-públicas cuenta entre sus servidores con equipos técnicos que materialmente prestan los servicios de protección menores, equipos multidisciplinares (abogados, trabajadores sociales, psicólogos, etc.) con cuya actuación se pretende abordar integralmente la problemática de cada menor y, a la vista de ella, proponer la solución idónea en cada caso.

La agilidad que conlleva la actuación administrativa (tanto de los servicios específicos de protección de menores como de los Cuerpos y Fuerzas de Seguridad del Estado y Autonómicas) no debe suponer una merma, siquiera ínfima, de las garantías que en todo momento deben asegurar la satisfacción de las exigencias que derivan del principio del interés superior del menor. De ahí el papel protagonista que conservan en este ámbito los jueces, pues el control jurisdiccional de las resoluciones administrativas se erige como otro de los pilares del sistema de protección de menores. La fase de actuación administrativa directa y urgente sobre el menor debe coordinarse adecuadamente con la actuación judicial posterior, tendente a controlar la adecuación de aquella a la legalidad.

Por supuesto, el papel del Ministerio Fiscal es de indiscutible relevancia en los procedimientos administrativos y en los procesos judiciales en los que el menor es el sujeto protagonista. Y también deben jugar un papel cada vez más importante los Abogados cuando asuman la representación y defensa de un menor en alguno de esos procedimientos, pues con ello posiblemente mejorarían las garantías de aquél.

Finalmente, creemos que en relación con la protección de menores ha sido y sigue siendo esencial la presencia de numerosas asociaciones, fundaciones e instituciones privadas sin ánimo de lucro que colaboran muy estrechamente con las instancias públicas y mejoran y enriquecen el conjunto de prestaciones del sistema de protección de menores.

Con la aportación de la experiencia diaria de estos profesionales nos propusimos obtener unas conclusiones que pudieran contribuir a mejorar el diseño y el funcionamiento del sistema de protección de menores para que, efectivamente, cumpla con sus objetivos y proporcione soluciones satisfactorias a todo menor en cualquier punto del territorio nacional mediante la utilización eficiente de los medios, siempre deseablemente mayores, de que se dispone.

La obra que ahora presentamos es parcialmente el resultado de aquellas conclusiones. Creemos que el objetivo quedó cumplido con el debate vivo y rico que se suscitó en cada uno de los cuatro grupos que se organizaron (situación de riesgo, situación de desamparo, acogimiento familiar y acogimiento residencial) y que discurrió sobre el guión de unos cuestionarios elaborados por los miembros del Grupo de Investigación.

Algunas de las divergencias normativas, interpretativas y de aplicación práctica pusieron de manifiesto la existencia de dificultades y problemas que ahora, algo más extensamente, hemos querido exponer y compartir con todos.

CAPÍTULO I.
LA SITUACIÓN DE RIESGO

Eva Guerrero
Jurista
Centro de reeducación y reinserción de Menores Infractores "Teresa de Calcuta", Madrid

Alberto Serrano Molina
Profesor Propio Adjunto de Derecho civil
Universidad Pontificia Comillas

María Garabandal
Psicóloga Clínica del Centro de Atención a la Infancia (III)
Ayuntamiento de Madrid

CAPÍTULO I.
LA SITUACIÓN DE RIESGO.

SUMARIO: I. EL CONCEPTO DE RIESGO Y SUS LÍMITES A LA LUZ DE LA LEGISLACIÓN VIGENTE. 1. Introducción. 2. El concepto de situación de riesgo en nuestra legislación autonómica. II. PROCEDIMIENTO PARA LA DECLARACIÓN DE SITUACIÓN DE RIESGO. 2.1 Consideraciones generales. 2.1.a La legitimación activa. 2.1.b Legitimación pasiva. 2.1.c Órgano competente. 2.1.d El procedimiento de declaración de situación de riesgo. Sus fases. i. Fase de iniciación. ii. Fase de instrucción. En especial, el derecho del menor a ser oído. iii. Fase de decisión. La resolución por la que se declara la situación de riesgo. III. COORDINACIÓN ENTRE LOS DISTINTOS ÁMBITOS INVOLUCRADOS EN EL RIESGO. ESPECIAL MENCIÓN AL CASO DE MADRID. 3.1 Justificación de la necesidad de mejorar la coordinación entre los distintos ámbitos implicados. 3.2 El caso concreto del Ayuntamiento de Madrid. IV. RECURSOS Y MEDIOS ADECUADOS PARA INTERVENIR EN LAS SITUACIONES DE RIESGO. 4.1 Diagnóstico sobre la situación de los recursos disponibles para intervenir en las situaciones de riesgo. 4.2 Prevención primaria, secundaria y terciaria. V. TRABAJO INTERDISCIPLINAR. VI. LAS NUEVAS REALIDADES. 6.1 Introducción. 6.2 Conciliación de la vida familiar y laboral: el difícil camino hacia la educación razonable. 6.3 Tecnologías de la Información y la Comunicación: usos adecuados e inadecuados. 6.4 El lado oscuro de la cultura de la noche: drogas y alcohol. 6.5 Trastornos del comportamiento alimentario. 6.6 Violencia juvenil. 6.6.a. Violencia escolar. 6.6.b Bandas juveniles. 6.6.c Violencia intrafamiliar y violencia entre igua-

I. EL CONCEPTO DE RIESGO Y SUS LÍMITES A LA LUZ DE LA LEGISLACIÓN VIGENTE

1. Introducción

No resulta difícil asumir que el menor de edad se encuentra, por su propia condición, en una situación potencialmente de debilidad, inferioridad e indefensión, constituyendo por esta razón una persona vulnerable y, en consecuencia, necesitada de una especial protección.

Tal protección, a raíz sobre todo de la entrada en vigor de nuestra Constitución de 1978 y, más concretamente, de su artículo 39 (que impone a todos los poderes públicos el deber de asegurar la protección integral de la familia y de los hijos), queda encomendada en nuestra sociedad actual en primer término a los padres (u otro tipo de guardadores) y, simultánea o subsidiariamente, según los casos, a todos los poderes públicos (en especial a los servicios sociales, sanitarios y educativos) así como a los órganos jurisdiccionales, al Ministerio Fiscal y a los ciudadanos en general.

En efecto, tanto a través de la legislación estatal como de la autonómica se ha hecho reiteradamente hincapié en que todos hemos de contribuir a una mejor y más eficaz protección de los menores mediante el ejercicio, cada uno en su respectivo ámbito, de las obligaciones, competencias y responsabilidades que el ordenamiento jurídico nos asigna y no de una manera individual, sino a través del desarrollo de actividades de colaboración debidamente coordinadas.

Como consecuencia de este mandato constitucional y de la concreta legislación dictada a su amparo, sobre todo, la Ley 21/1987, de 11 de noviembre, las Comunidades Autónomas asumieron la misión proteger y defender los intereses de las personas menores de edad. A ellas les correspondía establecer un conjunto de medidas y actuaciones, preventivas prioritariamente, que, favoreciendo el interés superior de dichos menores frente a cualquier otro interés legítimo que pudiera concurrir, se dirigieran a garantizar el efectivo ejercicio de sus derechos, y a prevenir e intervenir en las situaciones de desprotección.

A partir de la entrada en vigor de la citada Ley 21/1987, los problemas planteados por determinadas deficiencias técnicas (además de otros que la aplicación práctica se había encargado de poner de manifiesto) y la creciente evolución de un sentimiento de preocupación acerca del papel del menor de edad en la sociedad y su plasmación en nuestro Ordenamiento jurídico (sobre todo, tras la ratificación a finales de 1990 de la Convención de Derechos del Niño de Naciones Unidas de 20 de noviembre de 1989), empezaron a suscitar en el legislador estatal la necesidad de iniciar un proceso de reforma legislativa con el fin de conseguir, de una parte, la resolución de aquellas lagunas jurídicas y, de otra, una redefinición de esa participación social del menor de edad a través de un marco jurídico que tuviere como eje el interés superior del menor.

La culminación del citado proceso fue la Ley Orgánica 1/1996, de 15 de enero, de Protección Jurídica del Menor, que en lo que ahora nos interesa, instauró la distinción entre la situación de desamparo (ya existente) y la situación de riesgo. En la intención del legislador estaba el configurar dos situaciones de desprotección diferentes que conllevaran un grado distinto de intervención por parte de la entidad pública. Así, mientras que en las situaciones de desamparo y dada la gravedad de la desprotección en la que se encontraba el menor, la entidad pública asumiría la tutela del menor (con suspensión de la patria potestad), en la de riesgo, la existencia del perjuicio para el menor no debía alcanzar una gravedad tal que justificara su separación del núcleo familiar, por lo que la citada intervención se limitaría a eliminar, dentro de la institución familiar, los factores de riesgo.

En nuestra opinión, el legislador dejó pasar en 1996 una buena oportunidad para fijar con más precisión lo que debe entenderse por situación de desamparo. De hecho, la aplicación práctica de la referida Ley orgánica nos está indicando –como ha quedado de manifiesto en el Encuentro de Profesionales sobre los sistemas de protección de menores en la España de las Autonomías, celebrado en la Universidad Pontificia de Comillas de Madrid el 19 de octubre de 2006–, que la instauración de las llamadas situaciones de riesgo, más que ayudar a clarificar qué supuestos son subsumibles en la situación de desamparo están reproduciendo en muchos casos el problema.

Adentrándonos ya en el propósito de este apartado debemos advertir, además, que no todas las Comunidades Autónomas disponen de una regulación expresa sobre las situaciones de riesgo y que ni en las que la hay, es tratada siempre de igual manera[1].

2. El concepto de situación de riesgo en la legislación autonómica

Como ya adelantábamos en la introducción, no todas las Comunidades Autónomas han elaborado de modo expreso un concepto de situación de riesgo (así,

[1] A fin de no cansar al lector sobremanera con una repetitiva y abrumadora cita legislativa, indicamos a continuación las disposiciones normativas básicas de cada una de las Comunidades Autónomas donde se hallan reguladas, de una manera expresa, las llamadas situaciones de riesgo, dejando para el texto sólo la mención de aquellas referencias que por su particularidad, a nuestro juicio, merezcan ser destacadas. Las disposiciones normativas son las siguientes: Comunidad Autónoma de Andalucía (Ley 1/1988, de 20 de abril, de los derechos y la atención al menor). Comunidad Autónoma de Aragón (Ley de 2 de julio de 2001 de infancia y adolescencia). Comunidad Autónoma de Canarias (Ley 1/1997, de 7 de febrero, de normas reguladoras de la atención integral a los menores). Comunidad Autónoma de Cantabria (Ley 7/1999, de 28 de abril, de protección de la infancia y adolescencia y Decreto 58/2002, de 30 de mayo, por el que se desarrollan los Procedimientos Relativos a la Protección de Menores y a la Adopción y se regula el Registro de Protección de la Infancia y Adolescencia). Comunidad Autónoma de Castilla y León (Ley 14/2002, de 25 de julio de Promoción, atención y protección a la infancia; Decreto 131/2003, de 13 de noviembre por el que se regula la acción de protección de los menores de edad en situación de riesgo o de desamparo y los procedimientos para la adopción y ejecución de las medidas y actuaciones para llevarla a cabo y Decreto 37/2006, de 25 de mayo, que regula los acogimientos familiares de menores en situación de riesgo o de desamparo). Comunidad Autónoma de Castilla – La Mancha (Ley 3/1999, de 31 de marzo, del menor). Comunidad Autónoma de Galicia (Ley 3/1997, de 9 de junio, de Protección jurídica, económica y social de la familia, la infancia y la adolescencia; Decreto 42/2000, de 7 de enero, por el que se refunde la normativa reguladora vigente en materia de familia, infancia y adolescencia y Ley 2/2006, de 14 de junio, de normas reguladoras de Derecho civil de Galicia). Comunidad Autónoma de La Rioja (Ley 1/2006, de 28 de febrero, de protección de menores). Comunidad Autónoma de las Islas Baleares (Ley 17/2006, de 13 de noviembre, integral de la atención y de los derechos de la infancia y la adolescencia). Comunidad Autónoma de Murcia (Ley 1/2006, de 28 de febrero, de la infancia). Comunidad Autónoma de Navarra (Ley 15/2005, de 15 de diciembre, de Promoción, atención y protección a la infancia y a la adolescencia). Comunidad Autónoma de País Vasco (Ley 3/2005, de 18 de febrero, de atención y protección a la infancia y la adolescencia y Decreto 155/2001, de 30 de julio, de determinación de funciones en materia de servicios sociales). Y, Comunidad Autónoma de Valencia (Ley 7/1994, de 5 de diciembre, de la infancia y Decreto 93/2001, de 22 de mayo, por el que se aprueba el Reglamento de Medidas de Protección Jurídica del Menor).

las de Asturias, Cataluña, Extremadura, Madrid y, además, las Ciudades Autónomas de Ceuta y Melilla) y las que lo han hecho no necesariamente coinciden en su formulación.

Como denominador común puede destacarse que en todas ellas se apuesta por un criterio residual, es decir, se define la situación de riesgo como aquélla situación de desprotección del menor que no llega a ser de desamparo[2]. Por su importancia, las indicamos a continuación:

En torno a la conveniencia sobre si sería pertinente delimitar claramente el concepto de situación de riesgo, en el ya referido Encuentro en torno a los sistemas de protección de menores en la España de las Autonomías, se esgrimieron por los profesionales argumentos tanto a favor como en contra.

Entre los primeros destacamos los siguientes: a) La seguridad jurídica, aspecto éste especialmente demandado por la autoridad judicial y la fiscalía en orden a adoptar medidas de protección; b) Mejor adecuación en orden a establecer recursos de prevención; c) Unificación de las líneas de diagnóstico e intervención d) Aproximación hacia una mayor coincidencia en todas las Comunidades Autónomas, al menos en las que cabría denominar situaciones más relevantes; e) Mejora en el intercambio recíproco de información acerca de la evolución del

---

[2] Artículo 51 de la Ley del País Vasco 3/2005, de 18 de febrero, de atención y protección a la infancia y la adolescencia; artículo 2 de la Ley de la Comunidad Valenciana 7/1994, de 5 de diciembre, de la infancia; en parecido sentido, el art. 15 del Decreto 93/2001, de 22 de mayo, por el que se aprueba el Reglamento de Medidas de Protección Jurídica del Menor en la Comunidad Valenciana; Artículo 34.3 de la Ley de la Comunidad Foral de Navarra 15/2005, de 15 de diciembre, de promoción, atención y protección a la infancia y a la adolescencia. Artículo 22.2 de la Ley de Murcia 1/2006, de 28 de febrero, de la infancia; artículo 60.1 de la Ley 17/2006, de Illes Balears, de 13 de noviembre, integral de la atención y de los derechos de la infancia y la adolescencia; artículo 40 de la Ley de la Comunidad Autónoma de La Rioja 1/2006, de 28 de febrero, de protección de menores; artículo 26.1 de la Ley de Galicia 2/2006, de 14 de junio, de normas reguladoras de Derecho civil de Galicia; artículo 22 de la Ley de Andalucía 1/1988, de 20 de abril, de los derechos y la atención al menor; artículo 56 de la Ley de Aragón de 2 de julio de 2001 de infancia y adolescencia; artículo 25.1 de la Ley de la Comunidad Autónoma de Cantabria 7/1999, de 28 de abril, de protección de la infancia y adolescencia; artículo 41 de la Ley de la Comunidad Autónoma de Canarias 1/1997, de 7 de febrero, de normas reguladoras de la atención integral a los menores; artículo 47 de la Ley de Castilla y León 14/2002, de 25 de julio, de Promoción, atención y protección a la infancia; artículo 27 de la Ley de Castilla-La Mancha 3/1999, de 31 de marzo, del menor.

funcionamiento de los particulares sistemas de protección, que repercutiría en beneficio de los menores.

Y, entre los segundos, los siguientes: a) Su inviabilidad práctica: la propia naturaleza de los supuestos que cabe considerar como situación de riesgo hace inviable ofrecer una definición única y omnicomprensiva. En especial, se subraya la permanente evolución cambiante de la realidad social, la particular idiosincrasia de los supuestos que participan de la condición humana y la importante carga de subjetividad por parte de los profesionales encargados de su detección; b) Su innecesariedad: en la práctica suele aplicarse un criterio residual: aquella situación que no es de desamparo es o puede ser de riesgo; c) La falta de previsión normativa permite un mayor margen de maniobra.

En cualquier caso, algunas Comunidades Autónomas han intentado aquilatar algo más el difuso concepto de situación de riesgo enumerando algunos supuestos concretos en los que lo declararán con el fin de adoptar las medidas de protección adecuadas.

En Valencia[3], se consideran situaciones de riesgo las siguientes: a) La negligencia en la atención física, psíquica o educativa del menor por parte de sus padres, tutores o guardadores, siempre y cuando las omisiones en el cuidado de aquél sean esporádicas y leves; b) La utilización del abuso físico o emocional, siempre y cuando no se produzcan episodios graves de maltrato y/o no haya un patrón crónico de violencia en la dinámica relacional familiar; c) Aquellas potencialmente perjudiciales para el desarrollo físico, psíquico y emocional en las que el menor tiene una satisfactoria y adecuada relación con alguno de los miembros de la familia, o bien una edad y un estatus físico, cognitivo, emocional o temperamental que reduce su vulnerabilidad ante las mismas; d) Aquellas de precariedad, dificultad de afrontamiento de la realidad social, dificultades parentales y relacionales u otras potencialmente perjudiciales para el menor, en las que se cuenta con el consentimiento y colaboración de los padres, tutores o cuidadores para su superación, pudiéndose abordar las mismas desde los recursos generales disponibles en la comunidad, así como con recursos especializados que se puedan llevar a cabo con la familia sin necesidad de asumir la tutela del menor; y e) Cualesquiera otra situación que produzca en el menor un perjuicio en su desarrollo físico o psíquico, pero cuya magnitud se considere inferior al derivado para el mismo si se asumiera la tutela por ministerio de la Ley.

---

[3] Artículo 16 del Decreto 93/2001, de 22 de mayo, por el que se aprueba el Reglamento de Medidas de Protección Jurídica del Menor.

En Navarra[4] constituyen situaciones de riesgo: a) La falta de atención física o psíquica del menor por parte de sus padres, tutores o guardadores que suponga perjuicio leve para su salud física o emocional, descuido no grave de sus necesidades principales u obstaculización para el ejercicio de sus derechos, cuando se estime, por la naturaleza o por la repetición de los episodios, la posibilidad de su persistencia o el agravamiento de sus efectos; b) La incapacidad de las personas referidas en el apartado anterior para dispensar adecuadamente al menor la referida atención física y psíquica, no obstante su voluntad de hacerlo; c) La utilización del castigo físico o emocional sobre el menor que, sin constituir episodio severo o patrón crónico de violencia, perjudique su desarrollo; d) Las carencias de todo orden que, no pudiendo ser adecuadamente compensadas en el ámbito familiar, ni impulsadas desde éste para su tratamiento a través de los servicios y recursos normalizados, puedan propiciar la exclusión social, inadaptación o desamparo del menor; e) El conflicto abierto y permanente de los progenitores, separados o no, cuando anteponen sus necesidades a las del niño o la niña; y f) Cualesquiera otras de las contempladas en el artículo 34.3 que, de persistir, pudieran evolucionar y derivar en desamparo del menor.

De manera similar a las anteriores, la normativa de Islas Baleares[5] contempla como situaciones de riesgo las siguientes: a) La falta de atención física o psíquica de la persona menor de edad por parte de sus progenitores o de la persona que ejerza la tutela o guarda, que suponga perjuicio leve para su salud física o emocional, descuido no grave de sus necesidades principales u obstaculización para el ejercicio de sus derechos, cuando se estime, por su naturaleza o por la repetición de los episodios, la posibilidad de su persistencia o el agravamiento de sus efectos; b) La dificultad seria de que las personas referidas en el apartado anterior tengan para dispensar adecuadamente a la persona menor de edad la referida atención física y psíquica, no obstante su voluntad de hacerlo, cuando ello suponga los efectos descritos en dicho apartado; c) La utilización del castigo físico o emocional sobre la persona menor de edad que, sin constituir episodio severo o patrón crónico de violencia, perjudique su desarrollo; d) Las carencias de todo orden que, no pudiendo ser adecuadamente compensadas en el ámbito

[4] Artículo 45 de la Ley de la Comunidad Foral de Navarra 15/2005, de 15 de diciembre, de promoción, atención y protección a la infancia y a la adolescencia

[5] Artículo 60.2 de la Ley 17/2006, de 13 de noviembre, integral de la atención y de los derechos de la infancia y la adolescencia.

familiar, ni impulsadas desde éste para su tratamiento a través de los servicios y recursos normalizados, conlleven, no obstante su carácter incipiente o leve, indicadores desencadenantes o favorecedores de la marginación, la inadaptación o la desprotección de la persona menor de edad; e) La desescolarización o el absentismo escolar habitual o sin justificación durante el período obligatorio y f) Cualesquiera otras de las contempladas en el apartado primero que, de persistir, pudieran evolucionar y derivar en desamparo de la persona menor de edad.

La Comunidad de Castilla y León[6] recoge situaciones de riesgo: a) La falta de atención física o psíquica del menor por parte de sus padres, tutores o guardadores que suponga perjuicio leve para su salud física o emocional, descuido no grave de sus necesidades principales u obstaculización para el ejercicio de sus derechos, cuando se estime, por su naturaleza o por la repetición de los episodios, la posibilidad de su persistencia o el agravamiento de sus efectos; b) La dificultad seria que las personas referidas en el apartado anterior tengan para dispensar adecuadamente al menor la referida atención física y psíquica, no obstante su voluntad de hacerlo, cuando ello suponga los efectos descritos en dicho apartado; c) La utilización del castigo físico o emocional sobre el menor que, sin constituir episodio severo o patrón crónico de violencia, perjudique su desarrollo; d) Las carencias de todo orden que, no pudiendo ser adecuadamente compensadas en el ámbito familiar, ni impulsadas desde éste para su tratamiento a través de los servicios y recursos normalizados, conlleven, no obstante su incipiencia o levedad, un efecto prodrómico, desencadenante o favorecedor de la marginación, la inadaptación o la desprotección del menor y e) Cualesquiera otras de las contempladas en el artículo anterior que, de persistir, pudieran evolucionar y derivar en desamparo del menor.

Y, por último, en la Comunidad Autónoma de Castilla – La Mancha[7] se consideran situaciones de riesgo las siguientes: a) La negligencia en la atención física, psíquica o educativa al menor por parte de sus padres, tutores o guardadores, de acuerdo con cualquiera de los siguientes criterios: 1. Que existan omisiones de carácter leve en el cuidado del menor, con una probabilidad reducida de producirse un episodio severo de forma inmediata, y sin que tales omisiones supongan un grave perjuicio para su salud física o emocional; 2. Que el menor esté some-

---

[6] Artículo 48 de la Ley 14/2002, de 25 de julio de promoción, atención y protección a la infancia.

[7] Artículo 28 de la Ley 3/1999, de 31 de marzo, del Menor.

tido a un patrón o a episodios aislados de descuido de carácter leve que inciden en varias áreas concernientes a sus necesidades principales; b) La utilización del castigo físico o emocional que perjudique el desarrollo del menor, sin que se produzcan episodios severos ni aparezca un patrón crónico de violencia y c) Cualesquiera otras que deriven en una situación de riesgo, conforme al concepto expresado en la presente Ley.

No quisiéramos acabar este apartado sin aludir a otro aspecto en torno al concepto de situación de riesgo cual es el de la graduación en niveles diversos según la naturaleza e intensidad de desprotección del menor y a cuyo amparo es posible contemplar una diferenciación tanto en el contenido de las medidas de protección que se dispensan como en el órgano competente para su aplicación.

Este sistema ha sido acogido por dos Comunidades Autónomas. Concretamente, la del País Vasco[8], y, de una manera más detallada, la de Castilla y León[9], donde se distingue un riesgo leve, un riesgo grave (situaciones en las que se cuenta con colaboración de los padres, tutores o guardadores) y, por último, un riesgo muy grave (situaciones en las que no se cuenta con dicha colaboración).

II. EL PROCEDIMIENTO DE DECLARACIÓN DE RIESGO

2.1. Consideraciones generales

La adopción por parte de cada Comunidad Autónoma de cualesquiera de las medidas de protección establecidas en sus respectivos ordenamientos requiere de la instrucción de un procedimiento. La declaración como de riesgo de la situación de desprotección en la que se encuentra el menor no constituye una excepción.

En las Comunidades Autónomas se ha establecido, con mayor o menor grado de detalle, un procedimiento de naturaleza administrativa dividido en varias y distintas etapas (fases de iniciación, instrucción y resolución), entre cuyos principios comunes básicos destacamos los siguientes:

---

8 Disposición Final primera de la Ley del País Vasco 3/2005, de 18 de febrero, de Atención y Protección a la Infancia y la Adolescencia.

9 Artículo 9 del Decreto 131/2003, de 13 de noviembre por el que se regula la acción de protección de los menores de edad en situación de riesgo o de desamparo.

a) La primacía del interés superior del menor sobre cualquier otro interés legítimo que concurra;
b) La subsidiariedad progresiva de la actuación administrativa en relación a los deberes y funciones inherentes a la patria potestad;
c) El derecho del menor a un procedimiento sin dilaciones innecesarias;
d) El carácter eminentemente educativo y socializador de todas las medidas y actuaciones que se adopten en relación con los menores;
e) La objetividad, imparcialidad y seguridad jurídica en las actuaciones de atención y protección;
g) La garantía, siempre que sea posible, del carácter colegiado y la interdisciplinariedad en la toma de decisiones;
h) El derecho del menor, cuando tenga suficiente juicio, a ser oído en el procedimiento;
i) La confidencialidad y reserva en relación con todas las actuaciones que se lleven a cabo.

Antes de adentrarnos en el análisis de las tres fases del procedimiento, vamos a indicar brevemente qué personas deben instar el mismo, qué menores pueden ser declarados en situación de riesgo en cada Comunidad Autónoma y, finalmente, cuál es el órgano competente para conocer del mismo.

2.1.a. La legitimación activa

En aras de una mayor y más eficaz protección de los menores, en todas las Comunidades Autónomas se contempla una legitimación activa muy amplia; podría calificarse de *pública*, acorde con el objetivo prioritario de promocionar las actuaciones precisas para concienciar a la población de la necesidad de comunicar y denunciar la existencia de factores de riesgo (o de situaciones de desamparo) que afecten a los menores, a cuyo propósito ayuda la garantía de reserva absoluta y anonimato de los comunicantes, no facilitándose en ningún caso copia de los informes emitidos o denuncias presentadas.

En efecto, en la legislación objeto de estudio se establece que toda persona que detecte cualquier situación de riesgo debe ponerlo en conocimiento bien de la Entidad Pública (por ejemplo, a los servicios sociales de la Comunidad Autónoma o de las Corporaciones Locales) o bien de la Autoridad Judicial, del Ministerio Fiscal e incluso de los Cuerpos y Fuerzas de Seguridad del Estado, sin perjuicio de prestar al menor el auxilio necesario e inmediato que demande tal situación de riesgo[10].

Junto a este deber que afecta a toda la sociedad, en general, el legislador autonómico consciente de que es a la propia Administración Pública a quien está encomendada en general la protección de los menores y, en particular, el desarrollo de las actuaciones necesarias para la detección de las situaciones de riesgo, ha establecido un deber especial de denuncia por razón de su profesión o función para determinadas autoridades, servicios públicos y entidades. Nos referimos al que atañe a los centros y servicios sociales, sanitarios (responsables de los servicios y centros sanitarios y el personal sanitario de los mismos); educativos (titulares de los centros educativos y el personal de los mismos), y a todas las instituciones y entidades, tanto públicas como privadas (en especial, aquellas asociaciones, fundaciones u otras entidades privadas sin ánimo de lucro que hayan sido autorizadas por la Administración de la Comunidad Autónoma para desempeñar actividades y tareas de atención integral a los menores).

La pregunta que cabe hacerse a continuación es si el propio menor de edad está legitimado para instar el procedimiento y con qué medios cuenta para ello.

En respuesta a este interrogante debemos afirmar que es común en la legislación de todas las Comunidades Autónomas establecer la posibilidad de que los menores puedan poner en marcha el expediente de declaración de situación de riesgo. Y es que si a favor de alguna persona el ordenamiento jurídico debe reconocer, con más motivo que respecto a los demás, la posibilidad de solicitar que se inicie el mismo, ésta es la del menor incurso en tal situación. En él reside, sin duda, el mayor interés en que no continúe la situación que está poniendo en peligro su desarrollo integral.

El ejercicio de la defensa de este derecho podrá realizarlo por sí mismo cuando lo permitan las leyes[11] y, en todo caso, mediante sus representantes legales, siempre

---

[10] A este respecto hay que añadir que se considera como infracción administrativa grave (e incluso, muy grave, según las circunstancias y la incidencia que la situación de riesgo haya podido tener sobre el menor), y sin perjuicio de las posibles repercusiones civiles y penales, la omisión de dicho deber (hemos de reconocer que se echa en falta cierta uniformidad entre Comunidades Autónomas en relación con las cuantías de las sanciones aplicables).

[11] La Ley de Régimen Jurídico de las Administraciones Públicas y del Procedimiento Administrativo Común dispone en su artículo 30 que "tendrán capacidad de obrar ante las Administraciones Públicas, además de las personas que la ostenten con arreglo a normas ci-

que éstos no sean parte interesada ni tengan intereses contrapuestos a los suyos, o a través de otras personas que por su profesión o relación de especial confianza puedan transmitir su opinión objetivamente. A tal fin, a los menores se les garantiza el derecho a: a) Solicitar la protección y tutela de la entidad pública competente; b) Poner en conocimiento del Ministerio Fiscal las situaciones que consideren que atentan contra sus derechos y c) Solicitar de las Administraciones públicas asesoramiento y orientación en la tramitación de los procedimientos en los que se encuentren incursas.

Cuando el legislador autonómico ha tenido que decidir cómo plasmar esta concreta posibilidad para los menores, suponemos que se planteó las posibilidades reales que estas personas tienen de instar el procedimiento de riesgo. Y es que, descendiendo un peldaño más en el desenvolvimiento de dicha legitimación, resulta fácil adivinar que los menores de edad, en la mayoría de los casos, no van a encontrarse en condiciones idóneas para tomar iniciativa alguna sobre todo por el estado de sujeción en el que se halla con relación a sus padres o tutor o bien, incluso, por la falta de proximidad de la Administración Pública y por la nota de autoridad inherente al cargo de juez o de fiscal. En consecuencia, en la práctica deberá ser la entidad pública a través del órgano competente[12], la autoridad judicial y el Ministerio fiscal en cumplimiento de su tarea de vigilancia permanente sobre los menores, u otras personas, familiares o no, próximos al menor en situación de riesgo quienes tengan que acercarse al mismo para, llegado el caso, asumir o inferir su denuncia y actuar en consecuencia[13].

2.1.b. Legitimación pasiva

Sin perjuicio, lógicamente, de que la familia sea considerada destinataria principal de la actuación administrativa en los supuestos de declaración de ries-

viles, los menores de edad para el ejercicio y defensa de aquéllos de sus derechos e intereses cuya actuación esté permitida por el ordenamiento jurídico-administrativo sin la asistencia de la persona que ejerza la patria potestad, tutela o curatela. Se exceptúa el supuesto de los menores incapacitados, cuando la extensión de la incapacitación afecte al ejercicio y defensa de los derechos o intereses de que se trate".

[12] Siguiendo las directrices que en orden a su acción para con los menores establece la L.O. 1/1996.

[13] A estos efectos se establecerán los medios y sistemas para que el propio menor pueda exponer ante la Administración o los servicios sociales su situación personal, demandas genéricas o peticiones concretas con garantías de confidencialidad, atención inmediata, orientación técnico-profesional y activación de los dispositivos y recursos específicos precisos.

go, en la medida en que la intervención sobre ella pretende contribuir a la protección del menor, la cuestión que abordamos aquí es qué menores de edad pueden ser declarados en situación de riesgo.

A este respecto, el ámbito subjetivo de aplicación de las medidas protectoras en estos casos de riesgo se refiere a los menores de dieciocho años que residan (que tengan su domicilio) o se encuentren transitoriamente en la Comunidad Autónoma de que se trate, independientemente de su situación legal (sea cual sea su nacionalidad y su vecindad civil), salvo que los mismos hayan alcanzado anteriormente la mayoría de edad en virtud de la legislación civil aplicable y sin perjuicio de las facultades que pudieran corresponder a otras Administraciones.

Dos regulaciones merecen ser destacadas en este momento:

— Por un lado, el artículo 2.2 de la Ley 7/1999, de 28 de abril, de protección de la infancia y la adolescencia de Cantabria, va más lejos y dispone que "para los menores de edad que tengan su residencia habitual en la Comunidad Autónoma de Cantabria, pero que por cualquier circunstancia se encuentren situación de desprotección general fuera de aquélla, la Administración de la Comunidad Autónoma de Cantabria dispensará idénticas medidas de protección, facilitando su retorno".
— Por otro, el apartado 2 del articulo 52 de la Ley 3/2005, de 18 de febrero, de Atención y Protección a la Infancia y la Adolescencia del País Vasco, se refiere al *nasciturus* de una manera expresa al tratar de las situaciones de riesgo, en estos términos: "Cuando las Administraciones públicas competentes tengan conocimiento de que peligra el normal desarrollo del *nasciturus*, lo pondrán en conocimiento del Ministerio Fiscal a fin de que adopte las medidas que estime oportunas para garantizar su bienestar hasta el momento del nacimiento. Todo ello, sin perjuicio de los supuestos contemplados en la Ley Orgánica 9/1985, de 5 de julio, de Interrupción Voluntaria del Embarazo".

2.1.c. Órgano competente

Tras el examen de la legislación autonómica y de acuerdo con lo dispuesto en el Código Civil, y en la Ley Orgánica 1/1996, de 15 de enero, de Protección Jurídica del Menor podemos afirmar que la entidad competente en todas ellas es la Administración Autonómica en su ámbito territorial, para el ejercicio de las funciones de protección y tutela de los menores.

Presupuesta esta competencia y como expresión del principio de desconcentración, la iniciación, ordenación, tramitación y resolución de los expedientes de declaración de situación de riesgo en cada Comunidad Autónoma se ejercen a través del órgano que determinen las normas de estructura orgánica aprobadas en cada una de ellas[14].

2.1.d. El procedimiento de declaración de situación de riesgo. Sus fases

i. Fase de iniciación

El procedimiento se inicia por el órgano administrativo competente a iniciativa de las personas físicas o jurídicas legitimadas[15] (o, en ocasiones, como consecuencia de un expediente de desamparo a cuya finalización se estima conveniente la adopción de las medidas de protección propias de una situación de riesgo).

Se procede entonces a realizar las primeras averiguaciones para la comprobación inicial de los hechos, así como para alcanzar una primera valoración sobre la presunta situación de riesgo, su entidad, importancia y el tipo de actuación tuitiva.

Siempre que sea posible, las comprobaciones iniciales han de incluir un primer encuentro con el menor de edad y los padres (tutores o demás guardadores), procurando en todo caso evitar intromisiones en la esfera de la intimidad así como dilaciones innecesarias. A la vista de ello, si la situación del menor así lo aconseja, se podrían adoptar medidas provisionales dirigidas a su inmediata protección[16].

---

[14] Dentro de este contexto hay que añadir que las Administraciones Autonómicas tienen prevista, en general, la posibilidad de habilitar para la ejecución de las medidas protectoras –consecuencia de la declaración de riesgo– a Instituciones colaboradoras siempre que en sus estatutos figure como fin la protección de los menores, y cumplan con las condiciones impuestas legalmente. La competencia para la declaración permanece siendo de titularidad administrativa, de modo que, en estos casos, es la mera ejecución la que se delega.

[15] Vid., *supra*, legitimación activa.

[16] Esta posibilidad aparece genéricamente contemplada en el artículo 72.2 LRJAP: "Antes de la iniciación del procedimiento administrativo, el órgano competente, de oficio o

Una vez finalizadas estas averiguaciones, si se estima que no concurre causa alguna para declarar la situación de riesgo, se ha de dictar resolución motivada expresando dicha circunstancia y ordenando el archivo del expediente. Si, por el contrario, se considera que sí existe causa, se dicta resolución motivada expresando dicha circunstancia, procediéndose a la iniciación del procedimiento y la continuación de las actuaciones.

La resolución deberá ser comunicada –a la mayor brevedad posible– a los padres, tutores (u otros guardadores) y, por supuesto al menor, de una manera comprensible y adecuada a sus condiciones personales.

ii. Fase de instrucción. En especial, el derecho del menor a ser oído

En la fase de instrucción se han de practicar cuantas actuaciones resulten necesarias para el mejor esclarecimiento de la situación del menor y se aceptan cualesquiera medios de prueba admitidos en derecho (entrevistas, exploraciones, visitas domiciliarias, etc.) que propongan los interesados. Se trata, en definitiva, de una fase de evaluación en la que se recaban cuantos datos relevantes puedan aportar las personas y organismos que conozcan de las circunstancias personales y socio-familiares del menor, de sus necesidades.

El estudio del menor, que se llevará a cabo por profesionales especializados, y las comprobaciones acerca de su situación personal se realizarán en la forma y condiciones menos traumáticas para aquél[17].

En lo que concierne al derecho de los menores a ser oídos es punto de encuentro de todas las Comunidades Autónomas el establecer como uno de los cri-

---

a instancia de parte, en los casos de urgencia y para la protección provisional de los intereses implicados, podrá adoptar las medidas correspondientes en los supuestos previstos expresamente por una norma de rango de Ley. Las medidas provisionales deberán ser confirmadas, modificadas o levantadas en el acuerdo de iniciación del procedimiento, que deberá efectuarse dentro de los quince días siguientes a su adopción, el cual podrá ser objeto del recurso que proceda. En todo caso, dichas medidas quedarán sin efecto si no se inicia el procedimiento en dicho plazo o cuando el acuerdo de iniciación no contenga un pronunciamiento expreso acerca de las mismas".

[17] Si durante el proceso se detecta la existencia de riesgos fundados para la integridad del menor, se actuará por vía de urgencia en su interés, pudiendo declararse la situación de desamparo.

terios prioritarios el que las resoluciones que hayan de adoptarse, en general, en los diversos procedimientos de protección no se tomen prescindiendo de la intervención de los menores, sino teniendo en cuenta su opinión, porque éstos, en la nueva concepción de las personas menores de edad, antes que meros sujetos pasivos de la actuación administrativa, deben ser reconocidos como auténticos partícipes y protagonistas de cuantas decisiones afecten a su situación personal, familiar y social[18].

La audiencia al menor deberá, no obstante, atenerse a prescripciones y criterios también establecidos en la legislación de las Comunidades Autónomas, como son: a) condiciones de discreción, intimidad, seguridad y ausencia de presión, cuidando, incluso, de preservar su intimidad, y asegurando su ejercicio sin la presencia de sus padres, tutores o guardadores cuando sea preciso por motivos de urgencia o conflicto de intereses con aquéllos; b) hay que tener en cuenta su edad y condiciones de madurez y, en todo caso, habrá que escucharle si tuviere doce años cumplidos; c) se ha de garantizar que el menor puede ejercitar este derecho por sí mismo o a través de la persona que designe para que le represente, cuando tenga suficiente juicio; d) cuando el menor solicite ser oído directamente, o por medio de persona que le represente, la denegación de dicha audiencia debe ser motivada y comunicada al Ministerio Fiscal.

iii. Fase de decisión. La resolución por la que se declara la situación de riesgo

Una vez finalizada la instrucción, procede dictar la resolución que ponga punto y final al procedimiento y que de una manera expresa declare si el menor se encuentra o no en situación de riesgo.

En cuanto al plazo en el que se ha de dictar la resolución, no suelen establecer las legislaciones un plazo determinado aunque sí, en todas, se apuesta como ya se ha indicado que, en interés del menor, el procedimiento ha de durar lo mínimo indispensable. Una excepción a esta regla general la representa el artículo 21 del Decreto 58/2002, de 30 de mayo, por el que se desarrollan en la Comunidad Autónoma de Cantabria los procedimientos relativos a la protección de menores, que prevé un plazo máximo para resolver de seis meses (transcurrido este plazo

---

[18] Tal como afirma la Exposición de Motivos de la LOPJM.

sin que hubiera sido notificada la resolución expresa, se podrá entender caducado el procedimiento de protección) así como el artículo 67.2 de la Ley 14/2002, de 25 de julio de promoción, atención y protección a la infancia, de Castilla y León, en el que se prevé un plazo máximo para dictar resolución y notificación, de tres meses –prorrogables excepcionalmente– a partir del conocimiento o noticia del caso por cualquiera de los medios contemplados en la Ley. Como se aprecia, la disparidad legislativa es patente[19].

La resolución, que en todo caso habrá de ser motivada, indicará expresamente si el menor se encuentra o no en situación de riesgo y deberá ser notificada a los padres (tutores o demás guardadores); al Ministerio Fiscal y a la Autoridad judicial, quienes, a la vista de las actuaciones, actuarán de conformidad con sus atribuciones[20].

En lo que atañe a lo que podría llamarse el contenido material de la resolución, en ella se han de indicar las medidas de protección que proceden, su plazo de duración (la duración será la mínima indispensable para conseguir los objetivos que se persigan con ellas); los mecanismos previstos para su seguimiento, todo ello en aras de lograr los objetivos que persigue la actuación administrativa en estos supuestos de riesgo.

Empezando por estos últimos y de conformidad con las previsiones legislativas analizadas, en las situaciones de riesgo, la actuación administrativa tiene por objetivo procurar la atención de las necesidades del menor, mejorando su medio familiar y, específicamente, dentro de la voluntaria colaboración de los padres (tutores o demás guardadores), conseguir: a) La integración y el mantenimiento del menor en su entorno familiar; b) La disminución de los factores de dificultad social que incidan en la situación personal y social de los menores; c) La promoción de los factores de protección social de los menores con su familia y d) La prevención de situaciones de desarraigo familiar.

---

[19] Al no contemplar un plazo específico la legislación autonómica, serán aplicables las reglas del artículo 42 LRJAP. Por otra parte, siendo procedimientos iniciados de oficio, la falta de resolución en plazo supondría la caducidad del mismo (artículo 44 LRJAP).

[20] Sin perjuicio de la notificación escrita, y siempre que sea posible, se prevé legalmente la conveniencia de que la comunicación se haga también de forma presencial, facilitando información sobre el contenido de la resolución, las causas que dieron lugar a la intervención de la Administración y los posibles efectos de la decisión adoptada. Lo delicado de estas situaciones justifican esta previsión inusual en otros ámbitos de la actuación administrativa.

A tales objetivos, generales y específicos, se atiende fundamentalmente a través de medidas de apoyo familiar.

Estas medidas de apoyo dirigidas a cubrir las necesidades básicas del menor y mejorar su entorno familiar, con el objetivo de mantenerlo precisamente en él, pueden ser de carácter técnico (por ej.: intervenciones de carácter socio-educativo o terapéutico tendentes a la prevención de situaciones de desarraigo familiar; servicios prestados a la familia por las diferentes instituciones que faciliten el desarrollo de la vida familiar y permitan una mejor atención a los menores; ayuda a domicilio; programas de orientación, mediación y terapia familiar; asesoramiento y orientación técnica para facilitar el adecuado ejercicio de las funciones parentales y una dinámica familiar normalizada; la educación familiar para capacitar a las figuras parentales en sus funciones de atención, educación y cuidado de los hijos; etc.) o económico (prestaciones o ayudas de naturaleza económica que procederán cuando la causa determinante de la situación de riesgo sea la carencia o insuficiencia de recursos económicos).

Sin perjuicio de las medidas que se acaban de exponer y aunque por principio la intervención administrativa en las situaciones de riesgo se ha de llevar a cabo en el propio entorno familiar, si la situación en la que se encuentra el menor declarado en situación de riesgo así lo aconseja, se puede llegar a acordar su separación de la familia y proceder a establecer un acogimiento familiar, en tanto forma de ejercer la guarda administrativa.

En estos casos se trata de una medida de protección que tiene por finalidad general proporcionar al menor (para quien, insistimos, se ha acordado la separación de su familia en razón de la situación de riesgo en que se encuentra), una atención sustitutiva o complementaria en un contexto familiar o de convivencia adecuado.

Asimismo, la resolución debe ser inscrita en un Registro de naturaleza administrativa –creado en la mayoría de las Comunidades Autónomas, aunque no con la misma denominación– al objeto de garantizar la seguridad jurídica en la acción administrativa de atención y protección al menor y la adecuada ordenación de la misma.

Una vez sometido a la acción protectora, el menor ha de ser informado por la Administración sobre su situación personal, las medidas y actuaciones a adoptar, su duración y contenido, y de los derechos que le corresponden y asisten. Dicha información debe ser comprensible para él, adecuada a sus condiciones, continua y lo más completa posible a lo largo de todo el proceso de intervención.

En cuanto a la ejecución, en general, de las medidas de protección en situaciones de riesgo, corresponde al órgano competente de cada Comunidad Autónoma (puede ser único para todo tipo de medidas o variar en atención a la gravedad del tipo de medida que proceda[21]).

Como ya se ha indicado, aunque es la persona menor de edad la destinataria principal de la actuación administrativa, también lo es, directa e indirectamente, la familia que deberá colaborar en su aplicación.

Finalmente, conforme a lo dispuesto en el artículo 780 de la Ley de Enjuiciamiento Civil, las personas que tengan interés legítimo pueden oponerse ante la jurisdicción civil, sin necesidad de reclamación previa en vía administrativa, a las resolución administrativa por la que se ha declarado la situación de riesgo (también, en su caso, aquella que disponga el cese de dicha situación).

En este sentido, apreciada la situación de riesgo, los padres (tutores o demás guardadores) deben colaborar en la ejecución de las medidas de apoyo acordadas, pudiendo ser plasmada dicha colaboración en documento administrativo. La ausencia de cooperación por parte de la familia beneficiaria o la obstaculización al desarrollo de las medidas y actuaciones podrán fundamentar el cese de las mismas y la consideración sobre la posible adopción de otras, incluida la declaración de desamparo.

Es más, puede llegar a solicitarse la cooperación y asistencia de las Fuerzas y Cuerpos de Seguridad cuando las medidas protectoras acordadas no puedan ejecutarse con los medios de que disponga la autoridad administrativa competente.

Todas estas medidas de apoyo, orientación y ayuda deben ser objeto de seguimiento o revisión (la regla es de un mínimo de cada seis meses) y, en su caso,

---

[21] Así, por ejemplo, para la Comunidad Foral Navarra, el artículo 47 de la Ley 15/2005, ya citada, prevé que, sin perjuicio de la competencia de las Entidades Locales para la detección, declaración y ejecución de las medidas adoptadas en situación de riesgo, la ejecución de las mismas corresponderá al órgano competente de la Administración de la Comunidad Foral en los siguientes casos: "a) Cuando la declaración de la situación de riesgo determine la necesidad de la separación de la familia y la asunción de la guarda a solicitud de los padres, tutores o guardadores; b) Cuando la intervención, orientada a evitar la separación de la familia, implique actuaciones para las que no se cuente con la colaboración o el acuerdo de los padres o tutores…".

siempre en interés del menor, de modificación. De otro modo no es posible mantener un conocimiento y una constatación objetiva de la evolución del proceso de integración del menor así como de la conducta de los padres.

Por último, en cuanto a las causas que pueden dar lugar al *cese* de las medidas de protección acordadas tras una declaración de riesgo, con carácter general, destacamos las siguientes: a) Por alcanzar el menor la mayoría de edad u obtener, en su caso, el beneficio de la mayor edad; b) Por resolución judicial firme; c) Cumplimiento del plazo fijado para la medida y, en su caso, de su prórroga, siempre que esté garantizado el superior interés del menor; d) Desaparición de las circunstancias que motivaron la adopción de la medida y el interés del menor así lo aconseje; e) Fallecimiento o declaración de fallecimiento de la persona menor de edad y f) Cambio de residencia con carácter estable fuera de la Comunidad del menor protegido.

III. COORDINACIÓN ENTRE LOS DISTINTOS ÁMBITOS INVOLUCRADOS EN EL RIESGO. ESPECIAL MENCIÓN AL CASO DE MADRID

3.1. Justificación de la necesidad de mejorar la coordinación entre los distintos ámbitos implicados

En las situaciones de riesgo están involucrados distintos ámbitos tanto en el origen de las mismas, como en su desarrollo e intervención. Las situaciones de riesgo social en la infancia están determinadas por disfunciones o carencias que afectan a las familias y comprometen seriamente su capacidad para cuidar de sus hijos.

Actualmente existe un amplio consenso en la comunidad científica y profesional acerca de qué déficit o factores de riesgo tienen más influencia en la configuración de estas situaciones, y en que estos se manifiestan en los diferentes entornos en que interactúan las personas y los grupos familiares. Así, son factores de riesgo los relacionados con déficit personales de los padres o de los propios menores, como los trastornos psicopatológicos, el consumo de drogas o alcohol, los trastornos del comportamiento, la mendicidad, la falta de medios materiales básicos de subsistencia, situaciones de marginación, etc. En el plano de las relaciones, los conflictos y la falta de comunicación en el grupo familiar, las separaciones traumáticas, la falta de conocimientos y habilidades educativas de los padres, y el aislamiento social.

Pero también pueden ser desencadenantes de riesgo social infantil, problemas socio-ambientales externos a la familia, pero no por ello menos influyentes en ella, como son: el empobrecimiento del entorno social, la escasez de recursos sociales de apoyo a las familias, los aspectos culturales relacionados con los estilos educativos, la sensibilidad social acerca de las condiciones adecuadas de crianza de los niños, la protección y defensa que las instituciones puedan hacer de ellas, etc.

En definitiva, la ecuación que determina la existencia de situaciones de riesgo social en la infancia viene definida por la combinación de las situaciones estresantes o deficitarias a las que deben enfrentarse las familias y los recursos personales, familiares y sociales de los que dispongan para resolver estos problemas. El riesgo, por lo tanto, se manifestará cuando las dificultades que presenta un grupo familiar en un momento de su ciclo vital superan sus potencialidades o recursos disponibles.

La intervención, por lo tanto, debe ser integral y abarcar todos los factores de riesgo, desde los ámbitos específicos en los que se den estos factores (familia, escuela, salud, etc.). En la mayoría de los casos se hace necesaria la intervención de un servicio especializado en familias y menores en situación de riesgo, con el objeto de valorar la situación e intervenir en la misma a nivel familiar y en los efectos de estas situaciones en los menores. Pero este servicio no puede integrar todas las intervenciones que se deban requerir para restaurar las situaciones de riesgo[22].

La coordinación entre los distintos profesionales que intervienen con la familia se hacen necesarias desde el inicio de la intervención. Para ello, deben reunirse los profesionales que intervienen en cada familia (de los centros de servicios sociales, de los centros educativos, centros de salud, etc.) con el objeto de realizar un diseño de intervención conjunto en el que cada profesional tiene designadas unas tareas. Una vez realizado este diseño, debe abordarse la intervención en constante coordinación entre los distintos profesionales.

3.2. El caso concreto del Ayuntamiento de Madrid

En este sentido y concretamente en el Ayuntamiento de Madrid se realizan estos diseños y coordinaciones en los ETMF (Equipos de Trabajo del Menor y la Familia), a la par de otras coordinaciones telefónicas y presenciales entre los profesionales. Se organizan estas reuniones de la forma siguiente:

---

[22] No podrá abordar a su vez la intervención de salud mental de una madre, el problema de drogodependencia de un padre, las dificultades escolares o retraso escolar de los menores y demás posibles factores de riesgo que estén o hayan afectado a los menores.

En el Convenio de Colaboración suscrito por el Ayuntamiento de Madrid y el Instituto Madrileño del Menor y la Familia de la Comunidad de Madrid de 1998, se establece la constitución de los ETMF (puestos en marcha en el Ayuntamiento de Madrid en 1996), que se configuran como órganos técnicos de coordinación entre los profesionales de los Servicios Sociales Municipales de protección de menores entre sí, y de éstos con otros servicios de protección, particularmente con el Instituto Madrileño del Menor y la Familia, con otros sistemas de bienestar social (sanidad y educación) y con las entidades de iniciativa social cuya actividad incide en la protección de menores.

Los ETMF se reúnen semanal o quincenalmente, participando siempre los Servicios Sociales Municipales (Generales y Especializados en familia e infancia), al menos mensualmente un técnico de Comisión de Tutela del Menor y de las Residencias de protección de menores y, siempre que es preciso, otras instituciones y recursos relevantes para las situaciones de menores que se vayan a valorar.

La Comisión de Tutela del Menor (CTM) es el órgano competente de la Comunidad Autónoma de Madrid para asumir una medida de protección si la situación de riesgo valorada por el equipo así lo requiere (como viene establecido por la Ley de Protección del Menor, cuando la situación de riesgo es de tal gravedad o dimensión que se trata de una situación de desamparo).

Las funciones del ETMF son: la valoración colegiada e interdisciplinar y el seguimiento del riesgo social, el desamparo y el conflicto social en que se puedan encontrar los menores; la realización del diseño de intervención a través del proyecto de apoyo familiar; y seguimiento de la evolución de la situación tras las medidas de intervención adoptadas, tanto si se ha llevado a cabo una medida de protección como si no.

En Madrid, en cada uno de los veintiún distritos municipales hay al menos un Centro de Servicios Sociales, siendo actualmente veintiseis los que configuran la red de atención social primaria. Los Centros de Atención a la Infancia, centros especializados en familia e infancia, han ido creciendo en los últimos años y en la actualidad existen ocho centros que atienden a la población madrileña. Cada Centro cuenta con varios equipos de trabajadores sociales y psicólogos, con el objeto de realizar de manera interdisciplinar sus intervenciones.

Cuando el Centro de Servicios Sociales detecta una situación de posible riesgo para un menor, pone en marcha el itinerario establecido para su atención. Dicha situación puede ser detectada directamente o puesta en su conocimiento por otras instituciones o recursos relacionados con los menores (profesionales del ámbito de salud, de la educación, de los propios servicios especializados en familia e infancia, los educadores sociales, los juzgados de familia, etc.).

El Centro de Servicios Sociales realiza en estos casos una primera valoración de la situación, y si valora que la situación excede a sus competencias por ser una situación de riesgo para los menores y estima que es necesaria la intervención de los Servicios Sociales Especializados, entonces presenta el caso al Equipo de Trabajo del Menor y la Familia (ETMF), donde todos los profesionales que están interviniendo o pueden intervenir en dicho caso, valoran cual es la situación actual de los menores y acuerdan cual será la intervención más adecuada, realizando el diseño de intervención conjunto para el menor y su familia. En estos diseños de intervención se establece las funciones a realizar por cada dispositivo y se marcan unos plazos para dicha intervención. Una vez pasados estos plazos se revisan los casos y la propia intervención, para la evaluación de la misma, el mantenimiento de la misma o la elaboración de un nuevo diseño en la intervención o modificaciones en el anterior.

Los Centros de Atención a la Infancia (CAI) son los dispositivos de segundo nivel, como hemos dicho, Servicios Sociales Especializados en Familia e Infancia, de la Red de Servicios Sociales del Ayuntamiento de Madrid. Su función es la atención psicosocial a menores en situación de desprotección (riesgo o desamparo) y a sus familias, inscribiéndose sus funciones dentro de la red publica de protección de menores.

La función general de los CAI es la de intervenir en aquellas situaciones de desprotección de menores en las que las funciones parentales de crianza y protección están desvirtuadas o alteradas, perjudicando por ello el adecuado desarrollo evolutivo de los mismos y su crecimiento como sujetos autónomos.

El nivel de actuación específica, como servicio especializado, esta dirigido a la valoración, diagnóstico y tratamiento, de las dificultades detectadas en el sistema familiar y social que ponen al menor en situación de desprotección.

Así pues, los cometidos, derivados de la función general de los CAI, se concretan en:

— Participación junto a los profesionales de los Servicios Sociales Generales, y otras instituciones, en la detección de casos de menores en situación de riesgo social o desamparo.

— Asesoramiento y apoyo técnico a los Servicios Sociales Generales en la atención a los menores. Esta función se realiza fundamentalmente a través de su participación como recurso especializado en los ETMF.
— Valoración de la situación y problemática psicosocial del menor y su familia, y, en su caso, si procede, promover la adopción de una medida de protección por parte de la Comisión de Tutela del Menor.
— Orientación y tratamiento psicosocial especializado, dirigido a prevenir y/o reducir los factores de riesgo, situaciones carenciales y/o conflictivas, fomentando la convivencia familiar y favoreciendo el desarrollo integral del menor y su adaptación al medio familiar y social, tanto en los casos que se haya adoptado alguna medida de protección, como en los que el menor continúa en el domicilio familiar.
— Coordinación con instituciones y recursos sociales, educativos y sanitarios de los diferentes distritos municipales para el desarrollo de programas preventivos y la atención integral de los menores.

Lo que origina la intervención del CAI en un caso es la apreciación de la situación de desprotección en que se encuentra el menor, si bien la intervención a realizar tiene como sujetos de dicha intervención tanto al menor como a sus padres o cuidadores.

Así pues, la población objeto de atención en los CAI son los menores (niños y adolescentes) en situación de riesgo social y/o desamparo y sus familias.

Para poder realizar estas funciones los equipos de los Centros de Atención a la Infancia deben mantener, además de las coordinaciones que se realizan en las ETMF, constantes coordinaciones con los distintos servicios que intervienen para un adecuado manejo de las distintas situaciones. Al intervenir con una familia, los profesionales de los CAI, necesitan saber si se esta llevando a cabo la intervención en Salud Mental del padre o este la abandonó, si el padre acude o no a su tratamiento en un centro de drogodependencia, si el menor esta recibiendo la atención necesaria de apoyo escolar en el colegio, etc.

Las coordinaciones se hacen necesarias no sólo para una adecuada intervención integral de las familias sino, además, para consensuar en algunos casos la necesidad de que se asuman diferentes medidas de protección.

En estos últimos años se ha ido realizando un esfuerzo por mantener y agrandar las coordinaciones entre los distintos profesionales intervinientes, con lo que se ha garantizado en muchos casos, el no duplicar intervenciones y el realizar una intervención multidisciplinar e integral donde cada profesional tiene unas funciones determinadas. A la par se ha realizado una sensibilización mayor de los distintos colectivos fuera del ámbito de protección, colectivos que trabajan directamente o indirectamente con los menores, de la necesidad de asumir su papel en una intervención integral con los menores y de una constante coordinación de la misma.

Con la nueva La Ley reguladora de los Consejos de Atención a la Infancia y la Adolescencia de la Comunidad de Madrid[23], se establece la necesidad, obligatoriedad y modo de coordinarse los diversos recursos que se ocupan e inciden en la calidad de vida de los menores (recursos sociales, educativos, de salud,...). Esta Ley avala de alguna forma lo que ya se esta realizando en las ETMF y legitima a los distintos consejos locales en sus funciones de valoración, coordinación e intervención conjunta con los distintos profesionales.

Como hemos visto, el concepto de riesgo social es un concepto jurídico indeterminado. Sin embargo, existe un consenso bastante generalizado entre la comunidad de profesionales del ámbito psicosocial para entender éste como aquellas situaciones en las que las necesidades básicas de los menores no están cubiertas de forma adecuada, dando origen en distinto grado a situaciones de maltrato familiar y social. La intervención debe ir encaminada a restaurar dichas situaciones de riesgo desde los diferentes ámbitos y en una constante coordinación de los distintos servicios.

Otro aspecto de la coordinación entre los distintos ámbitos que intervienen con el menor en situación es riesgo, que ha resultado beneficioso a la vista de la experiencia, es la formación conjunta de los distintos profesionales en distintos aspectos a trabajar. Es verdad que hay temas de formación que deben establecerse por equipos e incluso por disciplinas, pero la formación conjunta siembra las bases para una buena coordinación posterior entre los distintos ámbitos.

También la práctica ha puesto de manifiesto la utilidad de los llamados protocolos de actuación para facilitar una buena y adecuada coordinación entre todos los profesionales. Lamentablemente, no siempre se cuenta con dichos protocolos, singularmente ante las nuevas realidades sociales.

---

[23] Ley 18/1999, de 29 de abril, reguladora de los Consejos de Atención a la Infancia y la Adolescencia de la Comunidad de Madrid.

IV. RECURSOS Y MEDIOS ADECUADOS PARA INTERVENIR EN LAS SITUACIONES DE RIESGO

4.1. Diagnóstico sobre la situación de los recursos disponibles para intervenir en las situaciones de riesgo

Los cambios sociales que vienen afectando especialmente a las familias y que en muchos casos se deben a cambios estructurales, económicos y culturales en nuestra sociedad, requieren un compromiso de las instituciones para analizar la influencia de estos aspectos en las capacidades de las familias, como núcleo privilegiado para asegurar el desarrollo personal, la socialización y el bienestar de sus miembros y que asegure los apoyos necesarios para que puedan llevar a cabo su trascendental función social.

La prevención de los factores de riesgo y el apoyo social a la familia antes de que lleguen a darse situaciones de desprotección infantil deben inspirar prioritariamente los programas que se desarrollen en las diferentes instituciones con competencia en la atención a la infancia y la familia.

Es necesario reconocer también el esfuerzo de los profesionales que trabajan en el ámbito de la protección social de la infancia, tanto desde la Administración como desde las entidades privadas, para mejorar sus intervenciones, casi siempre en un marco de escasez de recursos adaptados a las nuevas necesidades que viene planteando esta población.

La dotación presupuestaria de los programas sociales, tanto para prevenir como para compensar el riesgo y la desatención infantil, por lo general, son insuficientes. Los nuevos retos a los que se ha de responder dibujan a veces un panorama confuso para los profesionales y las instituciones por falta de experiencia y preparación para abordarlos y resolverlos adecuadamente.

Sin embargo, la larga trayectoria del sistema público de servicios sociales permite ya reconocer estrategias y metodologías perfectamente identificadas como exitosas y eficaces para la reducción de la mayor parte de los problemas sociales que nos afectan. En muchos casos ya no se trata de implementar programas experimentales en tal o cual sector para comprobar su eficacia, sino de consolidar y extender las experiencias que ya la han demostrado.

Las competencias de los Servicios Sociales Municipales en materia de Protección de Menores se centran fundamentalmente en promover cuantos recursos de apoyo a las familias sean necesarios, con el objetivo final de preservar la convivencia de los menores en su entorno familiar, y su mejor protección y desarrollo. En este sentido convergen la mayor parte de los dispositivos y programas para la atención de los menores y sus familias.

En relación a las nuevas realidades sociales y concretamente, dentro del acelerado dinamismo de las sociedades avanzadas, se están dando importantes cambios y apareciendo situaciones hasta ahora desconocidas, que afectan directamente a la correcta socialización de nuestra infancia. El colectivo que se recoge bajo el epígrafe de infancia en situación de riesgo se suele definir como un grupo en proceso de desadaptación social por causas básicamente familiares.

Actualmente, la complejidad del mundo social, las crisis económicas, las crisis de esquemas referenciales, el trabajo de ambos padres fuera del hogar, etc., provocan situaciones frecuentes de fragilidad y vulnerabilidad de la familia. Las unidades familiares son hoy menos permanentes, más móviles y no pueden contar tanto con el apoyo de la familia extensa.

La fragmentación y disolución de las unidades convivenciales y el aumento de las de un solo adulto son situaciones hoy patentes. La vida familiar experimenta rápidas transformaciones, aceleradas por las influencias de los avances tecnológicos y los cambios sociales a las que se va adaptando.

Estas nuevas realidades marcadas por los cambios sociales son los nuevos tipos de maltrato[24], como son el síndrome de alienación parental (que vemos en aumento en nuestros Juzgados de Familia), el *bullying* que esta tan presente en nuestras escuelas; la falta de límites en nuestros adolescentes y también en los más pequeños, que hace frecuente que se den situaciones de maltrato de los menores a sus padres; ausencia cada vez más marcada de una red de apoyo social y familiar; aumento de las nuevas estructura familiares y sus dificultades en sus adaptaciones, como son las familias monoparentales, familias reagrupadas, familias reestructuradas, etc.; el vertiginoso proceso migratorio, con las dificultades de adaptación e integración que conllevan y que son nuevas realidades con las que los distintos servicios han tenido que intervenir sin los recursos y preparación necesarias para ello; y así unas nuevas realidades para las que intervenciones y recursos instaurados no dan respuesta satisfactoria[25].

---

[24] Vid. infra, VI. Las nuevas realidades, páginas 73 y siguientes.

[25] Desde el enfoque socio-ambientalista se acentúa la importancia de los factores ambientales y sus programas de intervención hacen hincapié en los apoyos a las familias. El en-

Los programas para el bienestar de la familia se pueden desarrollar e implementar mejor si se basan en las funciones de las familias que, como hemos visto, pueden ser de distinta índole (biológicas, psicológicas, socioculturales, económicas, educativas).

Los programas para el bienestar de la familia suelen tener como objetivo la prevención (programas de fortalecimiento) o el tratamiento (programas de intervención). En ocasiones, hasta desde el punto de vista preventivo, las descripciones de la familia se centran en los problemas o defectos (aspectos patológicos) de la institución familiar. Pero algunas investigaciones han permitido identificar los puntos positivos o cualidades de las familias "sanas" en los que apoyar la intervención: la valoración de sus miembros, el dedicar tiempo a estar juntos, las que tienen buena comunicación, las que tienen valores elevados, las que poseen los recursos y/o habilidades para manejar las crisis de manera positiva, etc.

Tanto los programas preventivos como los de intervención deberían desarrollar determinadas habilidades básicas que se derivan de las funciones y cualidades de la familia sana, como aprender a comunicarse, acentuar lo positivo, expresar los distintos sentimientos, aprender a cooperar, aprender a negociar y aprender a dejar que los hijos puedan llegar a ser adultos independientes.

Los programas preventivos o de fortalecimiento de la familia deben usar los grupos de apoyo a las funciones parentales, la educación sobre la vida familiar, los servicios de apoyo económico, las escuelas de padres, las cooperativas de consumo o de cuidado de los hijos, los refugios de temporada, etc.

Los programas de intervención para tratar crisis familiares (separaciones. malos tratos en el hogar, fallecimiento de algunos de los cónyuges, etc.), con carácter de servicios de urgencia o de tratamientos intensivos, ofrecen su ayuda para lograr que la familia estabilice su vida y tenga garantizada la cobertura de las necesidades básicas y de protección. Pueden ofrecer grupos o intervenciones

---

foque conductista, en cambio, se centra en la idea de que las situaciones de riesgo están causadas, fundamentalmente, por las dificultades de los padres en desarrollar su rol parental y en cubrir las necesidades básicas de sus hijos; por otro lado, las perspectivas psico-dinámicas ven la conducta como algo sintomático causado por experiencias pasadas que mucho tienen que ver con las habilidades afectivas familiares. Por último, el enfoque sistémico parte de la premisa de que el individuo con problemas forma parte de un sistema, básicamente familiar, con dificultades. *Vid.*, GUASCH, M. y PONCE, C., en Balseéis, M.A., *La infancia en riesgo social desde la sociedad de bienestar*, Universidad de Lleida, 2005.

de recuperación después de una crisis, ayudas económicas de emergencia, hogares de acogida, redes de apoyo natural, asesoramientos en tareas domésticas, etc. y una intervención especializada que valore la situación y realice los tratamientos adecuados para garantizar que no se den nuevos factores de riesgo o en nuevas situaciones de crisis la familia esté preparada para solventar sus dificultades de forma saludable sin la necesidad de intervención por los servicios o, si ésta fuera necesaria, la propia familia haría la demanda.

Además de los distintos programas que deben poner en marcha la intervención preventiva y de intervención con las familias de menores en situación de riesgo, se hace necesario también no solo la ampliación de programas presentes, en su mayoría saturados y sin dar la respuesta adecuada por no poseer suficientes recursos, sino además la instauración de nuevos programas y recursos desde los distintos ámbitos que vayan dando respuesta a las nuevas necesidades y las nuevas realidades de los menores y sus familias.

En la realidad de la intervención actual con menores en situación de riesgo nos encontramos con un esfuerzo por parte de las Administraciones por ampliar servicios y crear otros novedosos, pero sin llegar a ser suficientes en la mayoría de los casos. No solo en el ámbito de la protección, sino también en los distintos ámbitos que intervienen con menores[26].

Por otra parte, parece necesaria una sensibilización social en la educación de los menores y para ello sería muy conveniente la colaboración de los medios de comunicación. Es difícil educar en la paz a nuestros hijos, si los medios terminan bombardeándoles con escenas violentas y agresivas en su propia programación[27].

---

[26] Así, pese al aumento de la plantilla de profesionales y de la puesta en funcionamiento de nuevos programas y recursos, no siempre se alcanza a realizar una intervención adecuada u oportuna. En el ámbito escolar ocurre algo parecido, pese a la mayor y mejor dotación de los centros en los últimos años (equipos de orientación, profesionales de apoyo y otros servicios), en parte por no contar con una preparación adecuada para afrontar las nuevas realidades sociales. Y en el ámbito de la salud, más concretamente en salud mental, los centros están saturados y las intervenciones, en muchos casos, no responden a la deseable frecuencia, dado que la demanda excede en mucho a las posibilidades de actuación.

[27] Por ejemplo, los datos muestran que los niños ven un promedio de tres horas diarias la televisión y más de 10.000 actos violentos por año. El 73% de programas de TV en general, tienen escenas violentas. Los datos nos muestran que los niños son los receptores

Las "*Bases para la elaboración de una estrategia integral para la infancia y adolescencia en riesgo y dificultad social*"[28] recogen una serie de medidas de respuesta frente al fenómeno del maltrato infantil, que nos dan algunos indicadores y estrategias que podrían ponerse en marcha para mejorar tanto la intervención como la prevención en situaciones de riesgo, como son las siguientes:

- Desarrollo de programas de prevención, detección, intervención y seguimiento en todos sus niveles de intensidad, desde el abandono hasta la explotación sexual o laboral.
- Sensibilización y formación especializada de los profesionales, constituyendo equipos multiprofesionales debidamente dotados de recursos personales y materiales.
- Implantación de un sistema global de registro de casos según los diferentes ámbitos de detección, que permita conocer las características epidemiológicas del maltrato físico y emocional, del abuso sexual y laboral así como de la negligencia en la infancia.
- Realización de cursos, seminarios, asignaturas en centros docentes y universidades sobre la existencia del maltrato infantil, destacando en el ámbito educativo la prevención de las situaciones de abuso de poder entre iguales.
- Ampliación, mejora y difusión de los programas de atención al maltrato infantil, agilizando las actuaciones judiciales para su protección.
- Atención a las situaciones de riesgo.
- Detección precoz de las situaciones de maltrato y abuso sexual en la familia.
- Incremento de los medios personales y materiales dedicados a la atención, tratamiento policial e investigación de los delitos y faltas relacionados con la violencia contra los menores.
- Realización de campañas de concienciación de la población y fomento de la investigación continuada en la materia.

---

de los programas más violentos, siendo los dibujos animados el tercer bloque de programas violentos. El mayor nivel de violencia se manifiesta en las películas y telefilmes, espacios visionados frecuentemente por los niños. En relación a los contenidos violentos, la CEACCU (Confederación Española de Amas de Casa, Consumidores y Usuarios) destaca que durante la programación infantil del sábado por la mañana con una mayoría de espectadores de entre 4 y 12 años, se da un acto violento cada tres minutos y un arma de fuego cada 15 minutos.

[28] Ministerio de Trabajo y Asuntos Sociales – Universidad Autónoma de Madrid, diciembre 2003.

— Homogeneización de los criterios y protocolos a seguir en las distintas situaciones de sospecha y casos manifiestos.
— Provisión de los recursos necesarios para la atención a las víctimas.
— Intervención psicológica con los abusadores.
— Elaboración de planes de prevención del maltrato institucional, implantando un sistema de alerta frente al mismo y definición de estándares de calidad en la atención protectora.

En este sentido y desde la prevención, la mayoría de los casos en los que se sospecha la existencia de maltrato tienen un elemento común: el desconocimiento de los propios progenitores de pautas de crianza apropiadas y de los derechos y necesidades de los niños.

Para erradicar estas situaciones que se perpetúan generación tras generación habría que comenzar a trabajar desde la base, aplicando modelos preventivos que incluyan tanto a las familias como a los niños, estableciendo programas de aprendizaje de habilidades sociales…, trabajando en colaboración con las familias en riesgo.

Por tratarse de un tema en el que tantos elementos actúan como factores de riesgo, debemos incidir en una intervención global en la que queden reflejados todos los marcos que constituyen el entorno habitual de los niños: familia, escuela, barrio, asistencia sanitaria, recursos formativos, plano institucional, jurídico, policial..., y trasladar a los servicios sociales la necesidad de establecer modelos de prevención a largo plazo; pero no sólo eso, sino también la de implementar recursos que permitan establecer una rápida actuación en aquellos casos que ya han sido detectados, y mejorar la diligencia en aquellos otros en los que sólo existe una sospecha.

4.2. Prevención primaria, secundaria y terciaria

Desde la *prevención primaria* se trataría de evitar la existencia de una serie de situaciones sociales, de actitudes, de formas de relación social, familiar y económica que se supone provocan la aparición de otra serie de problemas que situarían a los sujetos en una situación de riesgo para el maltrato infantil[29]. La

[29] Para situarnos en ejemplos más concretos se trataría de reducción de factores que favorecen la aparición del alcoholismo, las toxicomanías, la erradicación de situaciones de

prevención primaria implica una actuación sobre toda la población y debe tener un enfoque comunitario e interdisciplinar, utilizando como herramientas la educación y las técnicas sociales más que individuales.

Algunas propuestas concretas para intervenir en esta línea son:

— Mejora de la dotación en materia de tiempo libre para la infancia especialmente más desprotegida.
— Realización de estudios epidemiológicos que desvelen la magnitud real del problema.
— Formación y sensibilización de los profesionales que intervienen con niños y adolescentes en situación de riesgo y/o conflicto social (ámbito policial, jurídico, sanitario...).
— Impulso de la educación infantil de 3 a 6 años en los colegios del barrio.
— Especial atención y dotación de recursos a los programas de absentismo escolar.
— Impulso de los programas que intervienen en el ámbito familiar, especialmente en aquellos entornos en los que existen indicadores claros del riesgo de aparición de maltrato.
— Implementación de recursos formativos que generen una inserción real en el ámbito laboral, dirigidos a jóvenes en riesgo de exclusión social; impulso de las posibilidades de inserción laboral dirigida a los jóvenes sin cualificación profesional.
— Puesta en marcha de actividades de planificación familiar, de sensibilización hacia la maternidad/paternidad, en coordinación con todos los recursos de la zona cuya presencia se encuentre inmersa de manera transversal en la dinámica habitual de los adolescentes del barrio.

Desde una *prevención secundaria* se asume que las actividades derivadas de la prevención primaria no pueden evitar, a corto o medio plazo, que existan múltiples y variadas situaciones de alto riesgo o de relativa inminencia para la aparición de maltrato o abandono infantil, de modo que esta modalidad de prevención se centra en el reconocimiento de la existencia de una serie de grupos sociales, familias o individuos que poseen una serie de características concretas que les hacen poder ser catalogados como de alto riesgo para desarrollar de manera in-

---

pobreza, la disminución de embarazos no deseados, de situaciones de aislamiento social, la modificación de las actitudes existentes en la sociedad hacia el castigo físico, etc.

minente el problema del maltrato. Se trata de sujetos especialmente vulnerables para ser maltratados o maltratantes, siendo el objetivo de la prevención secundaria la detección precoz de esta población y la modificación de su situación. El gran problema es que actualmente no existen recursos específicos destinados a poner en marcha este tipo de programas, la carencia es total. Es importante destacar que muchas de las situaciones que no son detectadas hasta que las consecuencias del maltrato o abandono son graves pueden ser captadas si se mantiene un contacto estrecho con las familias de alto riesgo.

En cualquier caso, las propuestas a trabajar en esta línea tendrían que abordar los siguientes objetivos:

- Aumento del conocimiento de los padres acerca del desarrollo del niño y de las exigencias de la maternidad/paternidad.
- Aumento y mejora de las habilidades de los padres para hacer frente a las situaciones estresantes que presentan los niños y su cuidado.
- Creación de módulos de inserción para familias que por sus características puedan generar dinámicas de malos tratos (en programas de desintoxicación, tratamientos psiquiátricos, bajas laborales...).
- Mejora de la vinculación con el niño, los lazos de tipo emocional y la comunicación mutua.
- Reducción de las exigencias derivadas del cuidado de los niños.
- Educación de las madres (dieta, consumo de tóxicos, higiene y cuidado, detección de posibles complicaciones...).
- Mejora de los sistemas informales de soporte social de las madres.
- Evitar al máximo cualquier impacto emocional en los niños: discusión abierta de los propios sentimientos, fomento de la comunicación, etc.

Por último, la *prevención terciaria* se focaliza en situaciones de protección. Generalmente nos encontramos con jóvenes que han accedido a los servicios de protección tras ser detectada su situación de maltratados. Se trata de un maltrato por omisión en la mayoría de los casos, traducido en abandono y negligencia. Cuando hablamos de jóvenes inmigrantes hay que referirse a otros factores, principalmente la situación política, social y económica de sus países de origen.

Una vez que estos jóvenes han accedido al circuito de protección, que se encontraría dentro del nivel de prevención terciaria si continuamos con la tipología que hemos venido utilizando hasta ahora, se encuentran a salvo del maltrato del que han sido víctimas. Pero también debemos hacer referencia a otro tipo de maltrato: se trata del maltrato institucional. En este punto, encontramos grandes carencias en los sistemas de protección y es por ello que vemos necesario lanzar una serie de propuestas:

- Mayor conocimiento de los casos: es importante recabar información sobre las familias de procedencia, sobre posibles recursos que hayan intervenido desde cualquier otro nivel (familiar, escolar...), para poder plantear una intervención lo más adaptada posible a cada uno de los sujetos.
- Creación de recursos adecuados: en la actualidad no existen recursos apropiados para todos los niños/jóvenes; en muchas ocasiones la falta de intervención individualizada conlleva la perpetuación de una problemática que se repetirá a largo plazo en las sucesivas generaciones.
- Clarificación de criterios para acceder a los diferentes recursos: grupos homogéneos permiten maximizar las probabilidades de realizar una intervención de calidad.
- Objetividad de los profesionales: conocimiento de la realidad del caso y de sus posibilidades de aprovechamiento del recurso de protección.
- Especial atención a la coordinación entre los distintos profesionales que comparten objetivos: rentabilizar la intervención debe ser una exigencia desde un punto de vista social y ético.
- Consenso en las decisiones entre los distintos profesionales que abordan cada caso.
- Diligencia en los procesos, especialmente cuando hablamos de niños/jóvenes inmigrantes, ya que la lentitud supone en la mayoría de los casos la pérdida de oportunidades de inserción.
- Creación de recursos formativos destinados a procurar la inserción real de los jóvenes, facilitando su desvinculación del circuito institucional en el que se hallan inmersos.

V. TRABAJO INTERDISCIPLINAR

Desde el punto de vista profesional, el trabajo psicosocial con familias se ha caracterizado en las últimas décadas por un cambio en los requerimientos teóricos: se propugna hoy una intervención multiprofesional (y no del profesional "especialista") preventiva (y no sólo curativa o paliativa), centrada en la familia y en el entorno, integrando los planos físico, psicológico y social, implicada en políticas integrales de atención a la infancia y familia, promotoras de la calidad de vida (y no en políticas de servicios sociales protectores) y el uso de metodologías de evaluación de situaciones y de riesgos y de valoración de programas (y no análisis de problemas individuales).

Estos planteamientos, basados en los principios actualizados de la normalización y la descentralización de los recursos, ha llevado a un amplio desarrollo de los servicios y programas que se ofertan al ciudadano, y desde las diferentes instituciones que trabajan en el campo de la infancia y la familia.

Para que estas ofertas se adapten a las nuevas necesidades que genera el proceso de cambio social se impone: revisar las técnicas de intervención, centradas ahora en la capacitación y potenciación de los individuos y grupos para resolver sus necesidades, entrenándolos en habilidades de resolución de problemas, apoyo social, grupos de auto ayuda, etc.; diseñar programas y recursos diversos y flexibles, analizando previamente la demanda y ajustando recursos y necesidades; y establecer cauces de comunicación entre los profesionales de los diversos programas para promover intervenciones globales y optimizar los recursos existentes.

En los Servicios Sociales se trabaja con familias enfrentadas a situaciones de pobreza, marginación, emigración, desestructuración, desorganización y desorientación ante un medio-ambiente distinto y diverso. En estos casos, el origen de las dificultades hay que buscarlo, más allá del individuo y la familia, en la multitud de fuerzas, situaciones y factores que constituyen el medio ambiente (ecología) familiar. La conceptualización del desarrollo humano desde el "modelo ecológico" (BRONFENBRENNER, 1979) concibió a la persona o grupo en interacción con otras personas o grupos, dentro de una red de grupos (microsistemas), que progresivamente van creando una interrelación (mesosistema), que participan indirectamente en situaciones en que "pasan cosas que le afectan" (exosistema), en el marco histórico-cultural en que les toca vivir (microsistema). A partir de esta primera formulación, se han desarrollado diversos modelos teóricos psicosociales que han explicado las relaciones persona-ambiente desde una perspectiva ecológica I[30].

---

[30] En el modelo ecológico, el individuo o grupo familiar, en cada uno de los niveles (o sistemas) está sometido a situaciones, dificultades y conflictos (considerados como factores

Desde esta perspectiva ecológico-sistémica, la intervención social en familias debe tener características propias: estudiar y tratar los diferentes sistemas, unir la investigación a la acción, atender a los aspectos positivos (calidad de vida), actuar sobre el medio comunitario y entender de manera distinta los roles profesionales (funciones variadas y trabajo en equipo interdisciplinario).

Partiendo de esta idea, la intervención en situaciones de riesgo contemplaría varias funciones:

a) *Sustitutoria*: por la que se puede asumir transitoriamente algunas funciones de la familia en determinadas situaciones (como enfermedad, hospitalización, etc.) en las que la ausencia de alguno de los miembros genere desestructuración, total o parcial, de la familia. Puede posibilitar alternativas de atención a aquellas personas que carezcan de una adecuada estructura de convivencia familiar.

b) *Asistencial*: esta función ayuda a mantener en el hogar y, en consecuencia, en el medio afectivo, social y cultural, a aquellas personas o familias gravemente afectadas en su desenvolvimiento personal y social, mejorando con ello su calidad de vida.

c) *Terapéutica*: tiene como objetivo la ayuda a ciertas familias para comprender sus problemas o desajustes y a buscar respuestas a ellos.

d) *Rehabilitadora*: se trata de contener los procesos de deterioro y los factores que degradan las condiciones de vida, atendiendo las carencias que no pueden ser controladas por sí mismos y fomentando procesos de recuperación de la autonomía o estrategias de mantenimiento de lo que quede de ellas.

e) *Educativa*: esta función pretende compensar a través de una atención familiar adecuada a aquellas familias con dificultades en su relación, hábitos, comportamientos, etc.

f) *Preventiva*: trata de evitar y/o minimizar los factores de riesgo que se acumulen sobre las familias objeto del Proyecto de Atención Familiar y pongan en peligro su estabilidad, evitando la posible institucionalización de miembros del grupo familiar (menores. ancianos, minusválidos).

---

de riesgo). A ellos se enfrenta el individuo o la familia con sus propios recursos y capacidades (que actúan como factores de compensación) y con los apoyos naturales que recibe de su red social (como factores de mediación). En ocasiones, dependiendo de los acontecimientos o sucesos vitales y de su forma de interpretarlos y afrontarlos (factores de precipitación) pueden determinar una disfunción familiar.

g) *Integradora*: procura facilitar la reorganización de la familia, propiciando la vuelta de los miembros que tuvieron que salir de la misma y la mejora de las relaciones de la familia con la comunidad, fomentando así su normalización.
h) *Promocional*: intenta que la familia aumente su capacidad de desarrollo de acuerdo con sus posibilidades y las del medio circundante, dotándola de mayor potencialidad para su autodirección.

Todas estas funciones se interrelacionan e interactúan entre sí, pero según el nivel y el grado de la intervención se dará prioridad a alguna de ellas frente a las demás. Además, todas van orientadas al objetivo último de autocapacitación de las familias para dar respuestas a sus propias necesidades psicosocioeducativas.

En este sentido los niveles de intervención podrían ser:

1) Ruptura de la familia o salida de algún miembro de la misma temporalmente, es decir, desde la incapacidad del grupo familiar de responder a sus propias demandas y necesidades.
2) Sustitución temporal de algunas de las funciones de la familia en situaciones de ausencia o sobrecarga excesiva de algunos de los miembros.
3) Apoyo directo a la familia, mediante profesionales o voluntarios que ayuden a sostener la integridad e integración de la familia (Servicio de Ayuda a Domicilio, Educadores Sociales, Consulta terapéutica, etc.).
4) Apoyo indirecto, mediante orientación y seguimiento desde fuera de la familia.
5) Referente de apoyo por parte del equipo, que se sitúa como recurso al que puede acudir la familia cuando lo necesite.

Para la adecuada realización de estas funciones se requiere un equipo multidisciplinar para que intervenga de manera complementada desde las distintas disciplinas sociales, psicológicas, educativas, sanitarias, jurídicas, etc., sin perder de vista la imprescindible coordinación.

VI. LAS NUEVAS REALIDADES

6.1. Introducción

Teniendo en cuenta todo lo hasta ahora dicho, podemos conceptuar el riesgo como punto de partida de este nuevo epígrafe, como aquella situación de desprotección que no llega a la gravedad suficiente como para convertirse en desamparo y que, por tanto, no supone una asunción de la tutela del menor afectado, ya que se puede trabajar desde la propia familia. El paso siguiente será determinar quiénes son responsables de que dicha situación no llegue a producirse.

En primera instancia, los responsables de los menores son sus padres o tutores, pero también la sociedad, el entorno en el que vivimos, los ciudadanos en general, que han de poner en conocimiento del órgano competente, todas aquellas situaciones que sospechen puedan suponer una vulneración de los derechos básicos del menor y, por último, las Administraciones públicas, a las que nuestra norma suprema les otorga un papel protagonista en esta materia. Al margen de los mayores o menores recursos con que cuente la respectiva Comunidad Autónoma, todas ellas tienen el deber de prevenir, detectar e intervenir en cualquier situación de riesgo en la que menores y adolescentes puedan verse inmersos.

Hoy en día, las cosas están muy cambiadas. Mucho. En muy poco tiempo, nuestro modelo de organización social, el patrón que guía las conductas y comportamientos del ser humano ha evidenciado modificaciones sensibles, producidas a un ritmo vertiginoso, en ocasiones difícilmente identificable si valoramos la cotidianeidad, el día a día de nuestras vidas. La observación de nuestros modos de vida, fotograma a fotograma, no siempre permiten calibrar los profundos cambios acontecidos en las bases que asientan nuestro orden social, las prioridades y referencias elementales que rigen nuestra existencia como individuos y como colectivo. Sin embargo, si echamos la vista atrás, no es difícil valorar la gran distancia que separa nuestros modos y maneras de vivir el hoy, el presente, el aquí y ahora, de las que desplegábamos hace relativamente poco tiempo. Y el ritmo de vida, las condiciones en las que nos desenvolvemos, trabajamos, ocupamos nuestro ocio, organizamos nuestros tiempos, nuestra existencia y la de nuestros hijos e hijas se han visto claramente modificados. En muchas ocasiones para peor.

Hablar de riesgo es hablar de situaciones en las que los menores "rondan" lo complejo, lo pernicioso, los sinuosos senderos que dificultan el adecuado desarrollo y crecimiento… Y el momento actual nos muestra, inmisericorde, espacios sensiblemente "oscuros" en el recorrido de nuestros niños y adolescentes, nuevas realidades, nuevos "riesgos", relacionados lógicamente con escenarios de vida sobrevenidos por el acontecer de nuestros ritmos y prioridades de adultos.

Tal y como se estructuraba y organizaba no hace tantos años nuestra sociedad, la educación de los menores venía encomendándose tradicionalmente a la familia y la escuela. Si bien, cada vez resulta más evidente que, en sociedades complejas como la nuestra, emergen otros actores que contribuyen de manera relevante a la formación de las personas y, en especial, de las más vulnerables. Se han producido cambios muy sustantivos a nivel social e individual de los que cabe destacar, entre otros, la actual organización de las ciudades que las convierte en espacios inhóspitos, poco transitables, llenos de ruido y humo que hacen de ellos, lugares poco favorecedores para las relaciones sociales. Los entornos familiares, tan cambiados debido al frenético ritmo de vida que se proyecta, dificultan, en parte, el ejercicio de la paternidad aunque, paradójicamente, en la actualidad se cuenten con más recursos que antaño. La escuela no ha sido menos y también ha sufrido de modo singular los cambios sociales de nuestra sociedad moderna.

El modelo de comportamiento adulto es de especial relevancia para el buen desarrollo del menor. Cuando los adultos muestran pautas de comportamiento contradictorias, estas producen un efecto negativo en el adecuado desarrollo de nuestros menores, y, por ello, se debe trabajar en el camino que fomente hábitos saludables en la escuela, la familia y la sociedad. Ello nos llevaría a conseguir un óptimo modelo de convivencia. Dado que la sociedad está recomponiendo sus valores a velocidades "intratables" puede ocurrir que los cambios sociales generen situaciones de riesgo en nuestros menores, adolescentes y jóvenes a pesar de encontrarse en entornos aparentemente normalizados, Por ello, los sistemas deben volver la cabeza hacia espacios donde antes no se miraba, porque no generaban la misma problemática y buscar soluciones a través de un renovado compromiso social. Vivimos en un mundo diseñado por y para los adultos. Con una organización social y laboral marcada por las prisas y la competencia, un mundo en el que parece que lo más importante es conseguir ser feliz sin mirar alrededor, un mundo cargado de materialismo e individualismo y carente de una mayor dosis de humanidad. Este ritmo desenfrenado afecta también la vida de los niños, niñas y adolescentes que componen nuestra base social, nuestro futuro.

En consecuencia, hay que prevenir en un primer estadio (la familia), detectar en un segundo nivel (escuela, servicios sociales, sanidad) y por último intervenir. Son variadas las situaciones que potencialmente pueden ser generadoras de riesgo para los niños y niñas que las viven. Exponemos brevemente algunas de las más destacadas.

6.2. Conciliación de la vida familiar y laboral: el difícil camino hacia la educación razonable

Hoy en día equilibrar las tareas del hogar y de la vida en familia con el trabajo que realizamos fuera, en otro espacio, viene concibiéndose como un hecho harto difícil para muchas familias. La falta de tiempo, las distancias y el alto grado de competitividad establecido, provocan una brecha entre los dos ámbitos con consecuencias que afectan a todos los miembros del grupo que "luchan" por encontrar y establecer un orden lógico y consecuente para ejercer las funciones que les vienen encomendadas, para conjugar sus responsabilidades laborales y las tareas educativas y de cuidado de los hijos.

La incorporación de la mujer al mercado laboral ha supuesto una verdadera revolución, la dignificación de su papel en la sociedad y una muestra más de la evolución social hacia la igualdad de género. Sin embargo, este cambio no ha ido acompañado de las necesarias transformaciones en la estructura social que permitan conciliar el trabajo fuera de casa y las labores domésticas, el cuidado y la educación de los niños, la tareas doméstica..., de las que antaño era protagonista única e indiscutible. En muchos casos, la mujer se incorpora al ámbito laboral por necesidad, autoafirmación y desarrollo personal, porque tienen la oportunidad de desarrollar los conocimientos para los que ha estado invirtiendo tiempo previamente, porque le garantiza la tan deseada independencia económica sin que, en muchos casos, se haya reflexionado lo suficiente sobre la necesidad de estructurar de otro modo los papeles, tiempos y responsabilidades.

Esto supone que, de vuelta a casa, las tareas para con los menores siguen estando allí. El menor requiere de atenciones básicas como la higiene y alimentación pero también de otras no menos fundamentales como el afecto, el apoyo escolar, el diálogo, la supervisión de lo que ve y escucha, las amistades que frecuenta, la recogida a la salida del colegio, etc.

Por un lado, las madres con escasos recursos económicos se ven forzadas al trabajo fuera de casa, en jornadas maratonianas, faltándoles ordinariamente los medios para suplir con servicios especializados la atención a sus hijos. De otro lado, si bien las madres con recursos parecen tenerlo más fácil para encontrar apoyo que "supla" su presencia, no es menos cierto que, en algunos casos, su alto grado de responsabilidad a nivel profesional implica una dificultad para disponer de tiempo libre. En definitiva, no son pocos los obstáculos para conciliar los dos mundos, el laboral y el familiar con independencia del status social de la madre. La conciliación de la vida familiar y la laboral se convierte, en muchos casos, en un verdadero quebradero de cabeza que supone, hoy por hoy, tal y como está estructurada nuestra sociedad, un coste que repercute indudablemente en nuestra infancia y adolescencia y por ende causa de importantes desajustes personales.

No es infrecuente leer o escuchar que los menores, a los que todos les debemos una infancia amable, sencilla y feliz, sufren lo que hasta hace relativamente poco tiempo era algo tan desconocido como es el estrés infantil. Al hablar de la infancia en la actualidad casi siempre se menciona como hecho destacado, por las consecuencias que ello han ocasionado en nuestros menores, la incorporación de la mujer al mercado laboral, si bien no parece ajustado focalizar la atención solo y exclusivamente en su papel. La falta de recursos suficientes para contratar a alguien que cuide de los hijos o la falta de apoyos para sufragar los gastos de una escuela infantil, etc. no son responsabilidad exclusiva de la mujer.

No se puede hablar de un único factor. Son muchos los elementos y los actores que participan en este proceso: el papel de los padres, la adaptación de los trabajos, los compromisos sociales, los recursos disponibles en los centros públicos o las relaciones con la familia extensa.

La situación dista de ser la deseada, pero hay caminos para conciliar vida laboral y familiar, siempre que se cuente con el esfuerzo de todos los implicados: entorno familiar, destacando el papel del padre, empresas y Administración pública[31].

Respecto al papel de los padres, parece que se empiezan a evidenciar cambios pues aunque son pocos los que renuncian a su profesión para ejercer el papel antes asignado a la mujer, se va incorporando cada vez con más interés y dedicación al desarrollo y educación de sus hijos. Aun así, la tendencia mayoritaria expone que el papel del padre sigue siendo secundario, es decir, aunque

---

[31] En muchos casos, las abuelas y los abuelos, que ya ejercieron en su día de madres y padres, se verán obligados a repetir el papel, aunque, a estas alturas de la vida, con menos energías y diferentes expectativas educacionales a las que han de tener los padres. Bien es cierto que puede servirles de aliciente ahora que, cumplidas sus responsabilidades, se ven relegados a un papel poco "aprovechado", socialmente hablando. El hecho de asumir nuevamente una responsabilidad parcial que han desarrollado en buena parte de su vida, puede devolverles cierto y razonable protagonismo perdido. Pero no pueden ser considerados la solución. Ni mucho menos.

es cierto que cada día colabora más, no tiene tareas fijas encomendadas, sino que actúa como apoyo de las tareas a las que la mujer por diversas circunstancias no puede hacer frente. No se puede generalizar, pero la realidad es que no se ha conseguido, todavía, que el rol femenino ejercido hasta no hace mucho lo desarrolle de forma completa el padre de familia. No por ello se debe dejar de valorar el esfuerzo que muchos hacen para cambiar situaciones que vienen siendo habituales y en las que han sido educados durante muchas generaciones. Las empresas, parte destacada e implicada en esta problemática social, deben hacer a su vez un esfuerzo por adaptarse a los nuevos cambios y facilitar así la conciliación de la vida familiar y laboral. Para ello deben buscar alternativas y recursos que permitan salvar el desajuste existente. Ya empiezan a verse cambios en este sentido, las empresas han "inventado" alternativas para compatibilizar ambas facetas: la flexibilización de horarios laborales, el trabajo desde casa, la reducción de la carga laboral o la posibilidad de trabajar en cualquier sitio y a cualquier hora son algunas de las propuestas planteadas y puestas en marcha en algunas empresas. Hay que concienciarse de que flexibilidad no significa trabajar menos, sino hacer posible que el rendimiento sea efectivo en menor tiempo, con el incentivo de que, de conseguirlo, se puede alcanzar una mejor calidad de vida[32].

Las consecuencias de este desajuste familiar y laboral afectan a todos los miembros de la familia pero aquí abordaremos las consecuencias que la individualización de los espacios en las familias genera en los más pequeños. La ausencia continua que las largas jornadas laborales exige a los padres, expone a los menores a situaciones complejas por cuanto les obliga a crecer sin referentes y normas en casa. Se observa que en la actualidad, los niños, niñas y jóvenes ca-

[32] Se pueden buscar otras vías como: ampliar el permiso de maternidad, fomentar ayudas mensuales para centros de educación infantil, permisos especiales para cuidar a menores, horario continuado con el fin de disponer de las tardes libres para recoger a los niños o disponer de más tiempo para la familia, trabajar dos días a la semana desde su domicilio, flexibilidad total de salida y entrada, baja en el caso de partos múltiples o niños con problemas, el abandono del lugar de trabajo por emergencia familiar, realizar un trabajo por medio de vídeo-conferencias con el objetivo de ahorrar tiempo, dinero y noches fuera de casa. Para conseguir estos y otros objetivos es necesaria la sensibilización de todos los agentes, y eso no es algo que se pueda cambiar en poco tiempo. Debemos ser constantes, pues la tendencia social, la costumbre tan marcada durante la historia, impide rapidez. Ni la sociedad ni el entorno profesional están aún suficientemente adaptados para admitir estos cambios.

recen de diálogo fluido con sus mayores, no comparten juegos como antaño en la calle con sus iguales, lo que a la larga fomenta la cultura de la habitación, la exposición durante más horas de las deseadas delante de la pantalla de televisión, video, ordenador, teléfono, etc., lo que a su vez genera un paulatino aislamiento de su entorno social. Se tiende, cada vez más, al individualismo.

El hogar de antes al que todos acudían para compartir charla, comida, discusión y juegos ahora se ha terminado convirtiendo en un espacio cerrado en el que cada miembro tiene su propio desarrollo y que carece, en muchos casos, del calor, del afecto deseado para crear la armonía necesaria para el desarrollo y educación de nuestros menores. Esta coyuntura y suerte de hechos y acontecimientos, relativamente novedosos, exigen asumir que hemos de cambiar la corriente. La educación requiere tiempo suficiente para dialogar, cuidar, supervisar, apoyar, castigar, abrazar... a nuestros menores. Y este no es pequeño reto. Las dificultades para adaptarnos bien al equilibrio razonable entre nuestras necesidades de adultos y las necesidades de nuestros niños y adolescentes siembran el germen de espacios de riesgo para el desarrollo integral saludable de los mismos. No puede mirarse permanentemente hacia otro lado. La responsabilidad social debería llevarnos a la adopción de medidas prioritarias en estos ámbitos.

6.3. Tecnologías de la Información y la Comunicación: usos adecuados e inadecuados

Ya se ha dicho. Es necesario contar con más tiempo para educar a nuestros niños y niñas, sobre todo teniendo en cuenta que hay múltiples espacios donde los menores, adolescentes y jóvenes acceden con mucha facilidad y donde encuentran a determinada información que puede no ser apta o de difícil comprensión para su edad. En esta nueva era de las tecnologías parece que los menores ya traen incorporado de serie el manejo de aparatos electrónicos. La facilidad con que se mueven en el llamado ocio digital sorprende a muchos adultos que, aun haciendo verdaderos esfuerzos, siguen encontrando dificultades para acceder o utilizar estas nuevas herramientas. La aparición de estas nuevas tecnologías no deben ser vistas como una amenaza sino como elementos que pueden acercarnos a otras realidades, facilitarnos el trabajo, ampliarnos el ocio, aportarnos información... Sin embargo, el problema surge cuando se hace un uso indebido de ellas o bien se hace un uso excesivo, esto es, se abusa de las mismas[33].

El manejo de estas nuevas herramientas no tiene límite para los más pequeños. Las tecnologías de la información y de la comunicación se han ido incorporando a nuestras vidas casi sin darnos cuenta; la publicidad que se hace de las mismas, el merchandising ha sido tan abrumador que los menores han hecho de estos aparatos objetos propios del entorno en el que se desenvuelven sin, por su edad, a penas ser conscientes de los riesgos que su mal uso puede acarrearles. El hecho de que Internet, la telefonía móvil, los videojuegos e incluso la televisión hayan entrado a formar parte de nuestras vidas de manera tan relevante y protagónica exige que los adultos adoptemos las cautelas necesarias para supervisar, en el mejor y más amplio de los sentidos, el acceso y uso que de aquéllas hacen nuestros menores. Las consecuencias del mal uso y del propio abuso suelen acarrear no pocos inconvenientes, suficientemente reconocidos ya, como para que nos tomemos decididamente en serio el tema en cuestión. El aprendizaje de patrones de conducta saludables es responsabilidad de los adultos, que precisa de atender adecuadamente las necesidades de los menores sin que ello implique prohibir el acceso a un nuevo mundo lleno de posibilidades, de conocimiento e interacción virtual.

Pero más importante aún es saber qué hacer, cómo proceder para aumentar los aspectos positivos y reducir los riesgos, las consecuencias negativas de este complejo entorno de conductas, interacciones, procesos de comunicación y juego… que pueden enmarcarse en el concepto genérico de ocio digital. Según el reciente Estudio "Actitudes y Opiniones sobre la Infancia y la Adolescencia"[34] realizado por el CIS por encargo del Defensor del Menor en la Comunidad de Madrid, los menores emplean su tiempo libre fundamentalmente en usar el or-

---

[33] Un estudio de la Asociación de Consumidores y Usuarios (AVACU) encargado por la Consejería de Educación de la Comunidad Valenciana (noviembre 2006) da cuenta de los siguientes datos relativos a la franja de población 7-16 años:

— El 41,3 % dispone de televisor en su propio dormitorio.
— El 67,38 % dispone de consola y el 52,38 % de consola portátil.
— El 62,91% dispone de conexión a Internet.
— El 89,36 % dispone de ordenador y el 61,15% de teléfono móvil.
— El 8,99% de los niños entre 7 y 8 años disponen ya de teléfono móvil propio.

[34] ÁLVAREZ, M.R. *Actitudes y Opiniones de los Españoles ante la Infancia y la Adolescencia.* Defensor del Menor, Madrid 2006.

denador y navegar por Internet (40,6%), en ver la televisión, jugar a videojuegos (35,9%), y hablar, jugar o mandar mensajes con el móvil (25,1%). Y según los datos del referido estudio, se trata de actividades que suelen realizar solos y sin control de adultos.

Videojuegos, telefonía móvil e Internet suponen un espacio especialmente intenso para niños y adolescentes, especialmente atractivo y ameno como para pensar, sin más, que puede tener una influencia difusa en sus maneras de concebir, interpretar y dar sentido a la realidad que les circunda. Hablamos de potentes medios de aprendizaje, sí, pero también de influencia en el desarrollo de aquéllos. Se trata de modos de ocio y acceso, interacción con y respuesta a la realidad utilizados sin solución de continuidad en un mundo virtual que invade nuestros modos de comunicación de manera persistente y contumaz. Su uso es imprescindible. Pero no podemos perder de vista sus riesgos.

El Defensor del Menor dispone de datos suficientes sobre el ámbito abordado que merecen ser adecuadamente analizados si queremos mantener la mente ágil sobre nuestra influencia supervisora del comportamiento infantil y adolescente. Especialmente interesantes son los estudios y las investigaciones sobre los usos y abusos de Internet por los menores de edad[35], los videojuegos[36] y la telefonía móvil[37].

El abuso del ocio tecnológico representa un hecho aún poco detallado pero que indudablemente se está presentando cada vez con más insistencia en los contextos profesionales. Obviarlo sería una irresponsabilidad que una sociedad moderna e inteligente no debe permitirse.

Algunas Administraciones han ido dando pasos para adecuar sus respuestas institucionales a las adicciones más tradicionales a los nuevos escenarios de adicción ligados al ocio digital. Existen ya programas de prevención y atención de la adicción a las nuevas tecnologías que pretenden, entre otros objetivos, conseguir

---

35 DEFENSOR DEL MENOR: Estudios e Investigaciones 2002. *Seguridad infantil y costumbres de los menores en Internet* y DEFENSOR DEL MENOR: Estudios e Investigaciones 2004; *Cibercentros y seguridad en Internet.*

35 DEFENSOR DEL MENOR: Estudios e Investigaciones 2005, *La protección del menor en la regulación de los videojuegos.*

37 DEFENSOR DEL MENOR: Estudios e Investigaciones 2005. *Seguridad infantil y costumbres de los menores en el empleo de la telefonía móvil*, en www.defensordelmenor.org/publicaciones.

que jóvenes y padres se conciencien del riesgo que conlleva el uso indiscriminado de las tecnologías de la información en la aparición de nuevas adicciones, así como proporcionar herramientas necesarias para habilitar usos razonables y evitar posibles dependencias.

6.4. El lado oscuro de la cultura de la noche: drogas y alcohol

Las encuestas y datos oficiales relativos al consumo de drogas y alcohol entre adolescentes confirman su continuo crecimiento, lo que exige un replanteamiento de las políticas de prevención existentes.

Nuestros adolescentes acceden con demasiada facilidad a determinadas sustancias como el alcohol, el cannabis, la cocaína y las drogas de síntesis, e incluso los inhalantes de venta en las droguerías. Se confirma que no sólo aumenta el número de jóvenes que caen atrapados en las redes del alcohol y las drogas sino que cada vez, se inician en el consumo a edades más tempranas. La amenaza se extiende a otros espacios, y si antes el lugar de consumo era preferentemente en salas de ocio y fiestas privadas durante los fines de semana, ahora el tráfico de drogas y su consumo se acerca a las puertas de los centros escolares[38].

Para intentar evitar este grave problema es preciso intensificar el control del tráfico al por menor, además de una mayor vigilancia en los alrededores de los centros educativos, y en los lugares de ocio de fin de semana, facilitando y apoyando el compromiso y las iniciativas que en este sentido pongan en marcha las empresas privadas de este sector[39]. Para evitar el crecimiento del consumo y su extensión a otros espacios, la policía y la Guardia Civil extendieron su vigilancia

---

[38] Un estudio sobre el consumo de drogas en jóvenes y adolescentes realizado por el Ayuntamiento de Madrid y publicado en 2006 revela que la mitad de los madrileños entre 14 y 24 años consume estupefacientes. El cannabis, el tabaco y el alcohol son, por este orden, las adicciones más comunes. La proporción de hombres consumidores sigue superando a las mujeres. Según la encuesta de 2004 del Ministerio de Sanidad, casi 6.000 adolescentes consumen cocaína a diario y 29.000 fuman cannabis. Para el CIS, un 65,6% de españoles cree que el principal problema de los adolescentes es la droga, incluyendo el alcohol. A este respecto, el estudio realizado por el Ayuntamiento de Madrid, citado previamente, reconoce que más del 28% de los adolescentes madrileños afirman consumir alcohol de forma abusiva los fines de semana.

[39] Según el Estudio del Problema de las Drogas de la Cámara Alta, uno de cada cinco decomisos de drogas realizado durante el año 2006 se ha llevado a cabo en zonas de ocio y colegios, creciendo el número de incautaciones un 25,23% respecto del año 2005.

a más de 3.300 centros con el fin de desactivar puntos de venta e intervenir la droga incautada. El botellón es ejemplo claro de las nuevas formas de reunión y socialización que imperan entre los jóvenes, que se reúnen en lugares públicos como parques o espacios abiertos de la vía pública para consumir bebidas, generalmente alcohólicas, tabaco y en ocasiones drogas.

Debemos continuar avanzando en la evaluación de los programas de forma sistemática, para contar con sensores permanentes, que permitan monitorizar muy de cerca los patrones de consumo de los adolescentes y ajustar las actuaciones a la cambiante realidad de este fenómeno, así como para identificar los factores de riesgo de determinados entornos sociales y características familiares y personales, que abocan a los chicos y chicas al consumo y, realizar allí actuaciones intensivas de prevención selectiva. Constatado que el problema es de todos, es preciso un compromiso social.

Como alternativa a este lado indeseable de la cultura de la noche, se deben plantear alternativas a los jóvenes, se les deben facilitar otros espacios, fomentar la cultura diaria del deporte, de actividades lúdicas saludables, del voluntariado y del contacto con la naturaleza, propiciar su participación en talleres lúdicos y formativos. Asimismo, debe apelarse a las familias de nuestros adolescentes y jóvenes a que asuman como suya la preocupación por el abuso del alcohol y otras drogas y pedirles la corresponsabilidad imprescindible para crear un clima vecinal de consumo responsable y moderado en los adultos y una tolerancia cero para los menores.

6.5. Trastornos del comportamiento alimentario

El culto al cuerpo ha llegado a convertirse en una obsesión para muchos adolescentes, en su mayoría mujeres (el 90% de los enfermos que padecen estos trastornos de la alimentación). Entre las causas que llevan a los jóvenes a sufrir estos trastornos están la importante presión social que apoya la cultura de la delgadez, así como factores individuales como el miedo a madurar, déficit de autoestima, perfeccionismo, dificultades para ser autónomo, excesivo autocontrol, etc.

Desde edades tempranas intentan alcanzar la delgadez que se identifica erróneamente como símbolo de belleza. En ocasiones las autoridades han constatado que se ha visto incrementado el caso de enfermos de bulimia o anorexia que no encuentran apoyo de su entorno más próximo, en muchos casos, porque desconocen la manera idónea de tratar la enfermedad.

Un nuevo modo de desprotección de los menores –y el subsiguiente riesgo– es la cultura imperante de la imagen, de la delgadez como un valor de éxito. Es preocupante la incidencia de la anorexia y la bulimia, dos enfermedades que están atacando de forma especial a las adolescentes y que resultan difíciles de atajar, de manera que sus consecuencias pueden ser fatales para las afectadas tanto sobre el estado físico como emocional. La lucha contra estas enfermedades requiere de una importante tarea de prevención, especialmente aplicada en el ámbito familiar, desde donde debemos inculcar hábitos alimenticios saludables y controlar lo que comen nuestros hijos, tratando de estar presentes en sus comidas, equilibrar las mismas, etc.; desde el entorno escolar supervisando estos comportamientos y fomentando la práctica deportiva como herramienta preventiva. Pero también requiere un cambio de mentalidad social, que los modelos a seguir dejen de ser los de la extrema delgadez. Para ello, se necesita la implicación comprometida de todos: la industria de la moda, las marcas textiles, los medios de comunicación, agencias publicitarias para que rechacen modelos que carezcan de unos requisitos básicos y fomenten cuerpos esbeltos y saludables binomio que resulta de todos puntos más estético y menos dañino.

6.6. Violencia juvenil

Son muchas las noticias en los medios acerca de la violencia en general, y en particular la que afecta a menores, pues además de la denominada "doméstica" que no cesa de manifestarse explícitamente, empieza a desbordarnos la "escolar" y la de "hijos contra padres", por no hablar de la inherente a determinadas pandillas o grupos de adolescentes y jóvenes o, incluso, la denominada violencia callejera, con connotaciones políticas incuestionables –"kale borroca"– entre otras.

6.6.a. Violencia escolar

Este es un fenómeno que ha existido siempre, asentado en una forma de percibir la realidad en la que el acosador se siente superior, exento de culpa, no empatiza con la víctima y además, en ocasiones, se ve apoyado y jaleado por otro grupo de compañeros, bien por miedo a ser víctimas también, bien por formar parte del grupo del acosador. Otros, a disgusto con lo que ven quieren ayudar pero no saben cómo, otros ayudan a sabiendas de que pueden convertirse en acosados... Los profesores en ocasiones no han sido capaces de identificar el problema por la sutileza con la que, en ocasiones, se practica.

Lo novedoso de estas situaciones es el uso de las nuevas tecnologías para grabar y reproducir vejaciones y actos violentos, una nueva vertiente que habrá que tener en cuenta para la prevención y tratamiento.

Se trata de un fenómeno[40] demasiado frecuente en nuestras aulas y pasillos[41], que no siempre, siendo benévola, ha sido precisamente un fenómeno adecuadamente abordado y tratado en los contextos en que se ha venido produciendo y altamente agresivo para al alumnado implicado de una u otra manera. Más que la cantidad de casos que se producen, preocupan sus graves consecuencias en el desarrollo de la personalidad del menor, ya sea víctima (a la que provoca angustia, ansiedad, terror a ir al colegio, fracaso escolar, depresiones, pérdida de autoestima y, en los casos más graves, ideas suicidas), agresor (que en su madurez puede asumir de forma permanente ese rol a través del «*mobbing*» en el trabajo o de la violencia doméstica y de género en casa) o mero testigo (otros escolares asisten mudos al llamado «*bullying*» y corren el riesgo de asumir de por vida una actitud de pasividad y tolerancia frente a la violencia).

La Instrucción 10/2005 dictada por la Fiscalía General del Estado sobre el tratamiento del acoso escolar desde el sistema de justicia juvenil apuesta por un «primer nivel de lucha» contra el fenómeno que, a través de la intervención de padres, profesores y comunidad escolar, se centre en la prevención de las actitudes de acoso. Según la Fiscalía el margen de actuación de los centros escolares es, además, tan amplio como eficaces son las medidas que pueden adoptar: incremento de la vigilancia, reorganización de los horarios del profesorado para atender a las necesidades de los alumnos afectados, intervención de mediadores, cambios de grupo, etcétera.

6.6.b. Bandas juveniles

En los últimos años se ha producido un notable incremento de la presencia y actuaciones delictivas de grupos o bandas violentas, convirtiéndose en un pre-

40 *http://www.defensordelpueblo.es/documentacion/informesmonograficos/ViolenciaEscolar2006.pdf* y "Convivencia, conflictos y educación en los centros escolares de la Comunidad de Madrid", MARCHESI, A.; MARTÍN, E.; PÉREZ, E. M.; DÍAZ, T. Instituto IDEA: Defensor del Menor: Estudios e Investigaciones 2006.

41 Entre el 3 y el 5% de los alumnos sufren este fenómeno, considerando sólo aquellos casos con repercusiones psicológicas graves, con mayor intensidad al final de la educación primaria y primer ciclo de la secundaria.

ocupante fenómeno social. Hay que entender este fenómeno como fruto de la confluencia de diferentes factores y, por tanto, necesita ser abordado desde diferentes enfoques, principalmente social, educativo, policial y judicial; la reclamación de una labor preventiva y pedagógica en el entorno escolar, la necesidad de desarrollar un trabajo específico de integración de los inmigrantes para favorecer el arraigo y la integración social, cultural y laboral, y la importancia de la atención a las víctimas de este fenómeno y a quienes intentan desvincularse de estos grupos, a través de procesos de integración y recuperación social.

6.6.c. Violencia intrafamiliar y violencia entre iguales

Según la última memoria de la Fiscalía General del Estado, "se constata un progresivo aumento de denuncias de padres por maltrato físico y psíquico por parte de sus hijos, personas violentas, a veces con problemas de alcoholismo y/o drogadicción, que viven a costa de sus padres, ya mayores, haciéndoles la vida imposible. En estos casos, los padres piden orden de alejamiento pero no quieren la prisión para sus hijos sino el tratamiento adecuado, lo que es muy difícil dado que es imprescindible la voluntad y consentimiento del interesado. Con frecuencia, también, los padres permiten a sus hijos volver a residir en su domicilio a pesar de la orden de alejamiento vigente, lo que provoca no pocas dificultades de encaje jurídico si las amenazas y/o lesiones se repiten".

El hecho se ha ido extendiendo por lo que, a la vista del aumento de casos, en algunas Comunidades Autónomas se ha creado un protocolo especial de actuación para los supuestos en los que los menores han sido internados por delitos relacionados con el maltrato y la violencia intrafamiliar[42].

La reciente modificación de la Ley de Responsabilidad Penal del Menor[43], que entró en vigor el pasado mes de febrero, ha querido tener en cuenta este fe-

---

42 Durante el año 2005, las Fiscalías del Menor recogieron más de 5.000 denuncias que algunos padres presentaron contra sus hijos por agresiones y amenazas. Este número sigue aumentando y, para muestra, los datos que ofrece la Fiscalía de Menores de Madrid que arrojan un preocupante incremento de la violencia que ejercen los menores en su entorno familiar, hasta el punto de que no habiendo concluido el año 2006, el número de delitos de este tipo duplicaba a los producidos en 2005.

43 Ley Orgánica 8/2006, de 4 de diciembre, de modificación de la Ley Orgánica 5/2000, de 12 de enero, reguladora de la responsabilidad penal de los menores (BOE núm. 290, de 5 diciembre).

nómeno otorgando una especial atención a la víctima de violencia intrafamiliar y acoso escolar introduciendo una nueva medida judicial, la prohibición de aproximarse o comunicarse con la víctima o con aquellos de sus familiares u otras personas que determine el juez.

Resultará a todas luces inútil intentar conseguir la erradicación de un tipo de violencia centrándonos en un ámbito específico con exclusión de los demás. Parece claro que la mejor manera de tratarlo con eficacia es enfocando el problema globalmente, en el marco de un plan director de naturaleza básica, que dirija las diversas estrategias, en las que existe una intensa participación de todos los sectores sociales implicados: profesionales de la enseñanza, alumnos, familias.

6.7. Hijos víctimas de crisis de convivencia de sus progenitores o rupturas matrimoniales conflictivas

Es obvio que, en numerosas ocasiones, la separación o el divorcio de los padres resulta la solución más adecuada para una pareja que se desmorona y que no puede mantenerse más tiempo unido. Sin embargo, es lamentable comprobar cómo los hijos de estas uniones sufren las consecuencias de la incapacidad de sus padres para afrontar como adultos generosos, responsables y sensatos las consecuencias indeseadas que toda ruptura conlleva. Se implica así a los hijos en un proceso de hostilidades, reproches, odios, resentimientos, miedos y angustias que los menores no son capaces de manejar y que les genera una gran inestabilidad emocional que, si perdura en el tiempo, puede generar consecuencias negativas, en su esqueleto psicológico, personal y relacional, en todas sus dimensiones y espacios de interpretación, adaptación, respuesta e interacción activa con el mundo circundante que les rodea.

Los hijos sufren lo que pasa. No hay duda. Lógicamente dependerá de sus edades y maduración, pero, en general, debe entenderse que aquéllos deben habituarse a un nuevo esquema de interacciones, distintas a lo habitual y, lo que es más importante, en un ambiente cargado de ansiedad, pérdida significativa de autoestima, sentimientos de culpabilidad y tristeza. No son infrecuentes las consultas a profesionales y especialistas, las conversaciones sobre por qué ha ocurrido y las dudas sobre cómo proceder. Una de las repercusiones más sustanciales suele afectar al desenvolvimiento escolar, globalmente considerado. Nos referimos en este contexto no sólo a posibles incidencias en el rendimiento académico, aspecto importante sin lugar a dudas, sino también a los efectos que puede acarrear en el comportamiento, actitudes y hábitos relacionales. De especial importancia han de ser considerados este tipo de impactos, toda vez que su detección y adecuado tratamiento pueden condicionar muy positivamente el desarrollo de aspectos significativos en la vida de los niños y adolescentes implicados.

El sentido común y el trato delicado de la dura situación vivida, son elementos básicos para favorecer la puesta en marcha de recursos que facilitan y acomodan el complejo camino que se abre en sus cortas vidas, seguros, en estas situaciones, de que sus padres van a saber responder y estar a la altura de las circunstancias. De no ser esto posible, debiera de facilitarse la mediación familiar como intervención apta para la resolución de conflictos y en consecuencia para el menor sufrimiento de todos los que componen el grupo afectado.

6.8. Fracaso escolar y absentismo

El último Informe de la OCDE[44] destaca que España "ha mejorado enormemente el nivel de educación en los últimos 30 años", si bien señala que "su punto débil es la Enseñanza Secundaria y el alto porcentaje de repetidores (casi uno de cada tres alumnos lo ha hecho al menos una vez…)". Concretamente indica que el 34% de nuestros alumnos no termina el bachillerato y un 28% de los alumnos, que ha alcanzado los 15 años, ha repetido en alguna ocasión. Los datos muestran una realidad preocupante: en la Educación Secundaria Obligatoria (ESO) que cursan menores con edades comprendidas entre los 12 y los 16 años, se contabiliza que un 30% no alcanza los objetivos previstos para su edad, o lo que es más parecido, treinta de cada cien alumnos que empezaron su escolaridad con perspectiva y largo recorrido y que han invertido una media de 12 años no llegan al final. La media del mundo desarrollado es del 12%. El titular de este estudio es muy elocuente: "España es el cuarto país de la OCDE con más fracaso escolar en secundaria".

Es probable que algunos jóvenes sean conscientes de que su carrera escolar va a fracasar, pues ven cómo su esfuerzo no es suficiente, su rendimiento no es el óptimo y las cosas no salen como se exige en el ámbito escolar. Si bien algunos, ante tal reconocimiento, duro pero real, desisten y optan por explorar otros caminos, a veces los menos recomendables, acaso los más fáciles, otros hubieran

---

[44] *Panorama de la Educación.2006*. Indicadores de la OCDE.

deseado encontrar el apoyo de unos padres, el refuerzo de un profesor, la autoestima y el valor suficiente para seguir luchando contra las adversidades. Este hecho, lamentable, hace necesaria la recapacitación e implicación de manera directa de todos los ámbitos afectados. Es preciso valorar cada caso, tender la mano al menor desmotivado, comprenderle, animarle y convencerle de que puede, que no debe abandonar, que sienta que alguien comparte y apoya su historia.

Aunque estamos hablando de fenómenos relacionados, las estadísticas de nuestro sistema educativo suelen hacer una clara diferenciación entre los menores que estando físicamente en el aula se evaden de la actividad escolar, de los que fracasan. Si bien el que fracasa no siempre acaba ausentándose, si se puede decir que todo el que se va físicamente del sistema ha sentido el fracaso interior.

El sistema educativo tiene una deuda pendiente con todos los que se fueron y se están yendo, mental o físicamente. Les debe, probablemente, no haberles podido ayudar adecuadamente, facilitarles los recursos materiales y personales necesarios cuando empezaron a fallar, a encontrar las primeras dificultades. Aunque no siempre el sistema educativo es el origen del problema ni el único responsable, pues hay otras causas; a veces, los escenarios familiares no son los más adecuados, no siempre el espacio físico, social, cultural, económico es el que se merecen todas las personas, tienen entre sus responsabilidades procurar los mecanismos, las herramientas, las estrategias, los medios y recursos que permitan mejorar las cosas, compensar las desigualdades, acelerar los ritmos y posibilidades de aprendizaje.

Para ayudar a los que tropiezan, a aquellos que viven de cerca la marginalidad, la exclusión, la desigualdad, hay que apuntalar bien las bases. Por ello, para prevenir el fracaso escolar, hay que empezar desde abajo, desde la Educación infantil, desde la Primaria. Una buena gestión de estos primeros años permite disminuir el porcentaje de niños que, en caso contrario, se autoexcluyen total o parcialmente del sistema educativo.

La problemática del absentismo escolar es un fenómeno complejo, multicausal, donde confluyen muchos factores. No sólo se ha de tener en cuenta al individuo, sus características personales o sus condiciones sociales. Se debe tener en cuenta que la escuela, sus modos de relación y su organización juegan un papel relevante en la configuración del fenómeno en su conjunto y en la experiencia particular de cada menor. Las escuelas a veces por sus condiciones –estrategias de enseñanza, horarios inflexibles, asignaturas fragmentadas, jerarquía entre las distintas materias, textos complejos y materiales didácticos inadecuados, evaluación altamente competitiva, actitudes y expectativas de profesores hacia los alumnos y sus padres, interrelación entre iguales y superiores, etc.– generan patrones de relación y de conducta que no siempre contribuyen a una respuesta que se adecue a las múltiples necesidades del alumnado que asiste, y que pudieran estar contribuyendo al absentismo y/o abandono escolar[45].

6.9. Menores extranjeros

Una de las consecuencias sociales más relevantes y contradictorias del fenómeno de la globalización es el incremento experimentado por los movimientos migratorios entre los países del mal llamado tercer mundo y los países desarrollados. En ese incesante trasiego, flujo de inmigrantes que llegan a los países desarrollados, destaca la presencia de un elevado número de menores que, aún no acompañados de adultos, luchan y buscan mejorar sus expectativas de futuro, como si lo fueran, incorporándose a la aventura migratoria. Se trata de personas doblemente vulnerables pues a su condición de inmigrantes unen su status de menores de edad, lo que debiera hacerlos merecedores de una especial tutela y protección por parte de aquellos países receptores.

Se trata de menores con un nivel de formación básico, esto es, apenas saben leer y escribir en su idioma materno, cuyas familias cuentan con escasos recursos económicos y que o bien han trabajado en su país de origen desde temprana edad o forman parte del alto porcentaje de menores no escolarizados o ausentes en la escuela. En algunos casos vienen solos y su desprotección es aún mayor; en otros aunque rodeados físicamente por amplios grupos familiares, no gozan de estabilidad ni recursos suficientes para conseguir un desarrollo social y educativo digno. La falta de recursos puede llevarles a la predelincuencia, alcoholismo, depresión o a la marginación social. Por eso, hay que mostrarles un futuro con posibilidades y esperanza, los niños y niñas vienen de realidades muy duras y precisan de un vínculo que en muchas ocasiones no han tenido.

Los países receptores debemos crear una cultura de sensibilización social que ayude y apoye a las familias que vienen de otros países, otras culturas, con el objetivo de conseguir, o al menos facilitar, la integración de los recién llegados de la manera más rápida y menos traumática posible. Hay que potenciar que cada

---

[45] *Vid., infra,* Capítulo II. La situación de desamparo.

menor tenga una realidad muy similar a la de cualquier otro joven del barrio, incluirlo en las actividades escolares, culturales, lúdicas, deportivas, etc. como el resto de sus iguales. La interculturalidad no puede ser entendida con resquemor y prejuicios, es una buena opción de crecer en valores, de aportar y que aporten, de enriquecer a la sociedad.

6.10. Conclusión

Es cierto que los factores que pueden dar lugar a una situación de riesgo o desamparo son amplios; las condiciones sociales que implican riesgo son numerosas: la pobreza, el alcoholismo, los abusos, el maltrato, etc.

También es cierto que algunos factores de riesgo tienen más peso que otros; en determinados supuestos hay situaciones que no conducen al riesgo salvo que se añadan otros factores que incrementen el mismo. En otros supuestos un solo factor de riesgo puede ser suficiente para complicar *a posteriori* el desarrollo emocional del menor, como por ejemplo un embarazo en la adolescencia o un grupo de iguales consumidor habitual de alcohol y drogas.

Para evitar o paliar estas situaciones, se precisa de la colaboración de aquellos profesionales competentes en la materia, que apoyen, según las necesidades de cada situación particular, a la familia y al menor a solucionar el problema. Así, los educadores de barrio, para mejorar conductas sociales, impartir charlas a los padres para reestructurar actitudes y maneras de educar; los servicios sociales, para prestar el apoyo psicológico y orientación en el caso de ser necesario, etc.

La infancia merece una protección social fundamentalmente desinstitucionalizadora, consistente en la búsqueda de soluciones alternativas en el entorno inmediato del menor, evitando el internamiento siempre que sea posible, mediante ayudas económicas y/o asistenciales a la familia, ayudas educativas o soluciones alternativas.

Dado que la definición de riesgo implica una dificultad del sujeto para adaptarse adecuadamente al entorno, es preciso trabajar con el menor y con los sujetos que le rodean para evitar así las carencias que le hacen difícil una integración social positiva.

Para ello es necesario prevenir el riesgo personal así como el ambiental, al que el menor o adolescente está expuesto. Es importante intervenir, desde distintos ámbitos, como son la sanidad, educación servicios sociales y familia.

Con el objetivo de llevar a cabo una intervención tendente a proteger el bienestar de la infancia, es preciso que los profesionales de distintos ámbitos aporten sus conocimientos y experiencias, que ayuden a desarrollar un catálogo en el que se especifiquen las causas de aquellos problemas que generan el riesgo social y las nuevas formas de intervención para su prevención y, en su defecto, solución.

La situación de riesgo social se caracteriza por un perjuicio para el menor afectado que, aunque importante, no alcanza la gravedad suficiente como para plantear y justificar la separación de su entorno familiar. Por tanto, la intervención que deben llevar a cabo los profesionales competentes debe centrarse en un trabajo multidisciplinar que haga partícipe a todos aquellos, que por su rol social, están en contacto con el menor; familia, escuela, comunidad, centro de salud, autoridades públicas y otros.

Después de haber realizado un rápido repaso por algunas de las situaciones que, a nuestro juicio, dejan ver de manera clara y explícita la desprotección en la que se encuentran muchos menores de nuestra sociedad, habría que terminar reflexionando sobre la necesidad de creer en el cambio. Una sociedad avanzada como la nuestra no debe cejar en el empeño de conseguir atajar situaciones difíciles con el mayor número de recursos posibles. Nuestros menores indefensos deben ser educados, atendidos, escuchados, alentados, mimados y, si es preciso, también reprendidos con el fin de promover una convivencia sana y pacífica, un correcto desarrollo emocional, personal y social basado en el diálogo y la empatía de todos los que componemos esta moderna sociedad.

CAPÍTULO II.
LA SITUACIÓN DE DESAMPARO

Julieta Moreno-Torres Sánchez
Asesora Técnica del Servicio de Protección de Menores.
Delegación Provincial de Málaga (Consejería para la Igualdad y el Bienestar Social)

Javier Ezquerra Ubero
Profesor Propio Adjunto de Derecho Internacional Privado
Universidad Pontificia Comillas

Susana Jiménez Bautista
Magistrado Suplente

CAPÍTULO II.
LA SITUACIÓN DE DESAMPARO

I. LA PROTECCIÓN DEL *NASCITURUS*: EL OLVIDO DE LA LEY, CONSECUENCIAS Y ALTERNATIVAS

A fin de comprender la importancia que tiene la protección del *nasciturus*, nos aproximaremos a los casos que en nuestra sociedad se están produciendo por el incremento de las toxicomanías en madres gestantes y los efectos que ello produce en el feto. Según un estudio realizado por el Servicio de Pediatría del Hospital Universitario Materno-Infantil de Las Palmas de Gran Canaria, se estima que uno de cada 10 recién nacidos puede haber estado expuesto a drogas durante el período intrauterino. Este tipo de maltrato existe en todos los estratos socioeconómicos, si bien es de mayor incidencia en los grupos de población más desfavorecidos. Señala igualmente el estudio que las drogas que mayor impacto producen en el recién nacido son la cocaína y la heroína; y el síndrome de abstinencia más llamativo y duradero lo presentaron los recién nacidos cuyas madres estaban en tratamiento con metadona. Precisa igualmente que es necesario tomar medidas preventivas para evitar el consumo de drogas en toda la población, y en especial al grupo de mujeres en edad de concebir, dado que la repercusión en el niño puede ser muy importante, no sólo para su morbilidad en el período neonatal, sino para su buen desarrollo físico, psicoafectivo y neurológico, así como para su correcta integración social durante los primeros años de su vida[1]. Igual de desalentadores son los datos relativos a la alcoholemia. Los niños que nacen de mujeres que han consumido alcohol durante la gestación padecen problemas como retraso mental, consistentes en mal aprendizaje, comportamiento anormal y malformaciones cardíacas y faciales, entre otros. En algunos casos, como los niveles de alcohol en la sangre del feto pueden ser muy elevados, el recién nacido sufre el denominado Síndrome Alcohólico Fetal que pone en peligro su vida[2].

Existen igualmente publicaciones desde el ámbito de la psicología, que destacan los efectos perniciosos en los menores que han sufrido el consumo de drogas prenatal. Destaca cómo los niños que han sido expuestos a sustancias tóxicas

[1] MARTÍ, M., y otros (miembros del Servicio de Pediatría del Hospital Universitario Materno-Infantil de Las Palmas de Gran Canaria) en «Repercusión en el neonato de la drogadicción materna», BSCP Can. Ped. 2001; 25- nº 3, *http://www.comtf.es/pediatria/Bol-2002-2/repercusi%C3%B3n%20en%20el%20neonato%20de%20la%20dro....%20(m.%20marti%20y%20otros).pdf*.

[2] Datos extraídos del artículo «Una mutación genética protege a los recién nacidos de los efectos del alcohol», del Diario El País de 3 de marzo de 2006.

en el útero, como el alcohol, el tabaco, las drogas, presentan una elevada probabilidad de que su sistema nervioso reaccione por exceso o por defecto a sensaciones básicas como el tacto y el ruido. También hay mayores probabilidades de que tengan dificultades auditivas y de lenguaje o con el pensamiento espacial y visual, así como con la planificación motora y la secuenciación de acciones. Cualquiera de estos factores es susceptible de aumentar la aparición de problemas de aprendizaje, impulsividad, comportamiento antisocial, dificultad para establecer relaciones con los compañeros y para leer claves sociales e incluso para organizar el pensamiento y mantener un sentido de la realidad[3].

Pues bien, la protección jurídica del *nasciturus*, desde el punto de vista del sistema de protección de menores, tal como veremos seguidamente, resulta insuficiente. El Preámbulo de la CNUDN señala que, como se indica en la Declaración de los Derechos del Niño, el niño, por su falta de madurez física y mental, necesita protección y cuidado especiales, incluso la debida protección legal, tanto antes como después del nacimiento. De la lectura completa de la LOPJM se infiere que se ha producido una omisión total sobre esta cuestión, ya que no existe mención alguna al respecto.

Por lo que respecta a la protección penal, examinada la jurisprudencia, no se hallan casos en que la madre haya sido condenada penalmente por las lesiones causadas por maltrato prenatal en los casos de toxicomanías y tampoco consideramos aplicables, para los supuestos que planteamos, los tipos penales regulados en los artículos 157 y 158 del Código Penal, enmarcados en el Título IV, titulado "De las lesiones al feto", en el Libro II relativo a los Delitos y sus penas, ya que en concreto, el artículo 158 dispone que *la embarazada no será penada a tenor de este precepto*.

En el debate mantenido con los profesionales de las distintas Comunidades, con motivo del Encuentro de profesionales sobre Los sistemas de protección de menores en la España de las Autonomías, que tuvo lugar en Madrid el 19 de octubre de 2006, se puso de manifiesto cómo la mayoría de participantes considera ésta una situación de riesgo y la trata desde medidas preventivas; sin embargo, en otras Comunidades se trata como situación de desamparo. Contra la declaración

---

3 Así lo señalan BRAZELTON, T.B. y GREENSPAN, S.I., *Las necesidades básicas de la infancia, lo que cada niño precisa para vivir, crecer y aprender*, Editorial Grao, Barcelona, 2005, pág. 85.

de desamparo hay que esgrimir el argumento de que, puesto que el menor no ha nacido, no existe la patria potestad, por lo que ésta no puede ser suspendida[4]. En concreto, las legislaciones autonómicas de Cataluña[5] y Rioja[6] aluden a medidas preventivas antes de nacer, y en el País Vasco se trata expresamente como situación de riesgo[7]. Con relación a Cataluña, los participantes en el Encuentro manifiestan que no existe una postura unánime sobre si se debe decretar el desamparo del *nasciturus* o no, pero de hecho se dictan algunas resoluciones de este tipo, y encontramos jurisprudencia al respecto sobre oposición al desamparo del *nasciturus*[8].

En cuanto a las posibles actuaciones que emprenden las Comunidades Autónomas para la protección del concebido, según el testimonio de los profesionales participantes, destacan las siguientes, una vez que han fracasado los intentos de ayuda que impliquen que la madre abandone el consumo o inicie una terapia para ello, o han sido rechazadas las ayudas sociales en casos ajenos a las toxicomanías:

---

[4] LINACERO DE LA FUENTE, M., *Protección jurídica del menor*, Montecorvo, Madrid, 2001, cit. pág. 44, señala que la respuesta negativa al desamparo del concebido se sustenta en la imposibilidad del ejercicio del contenido del artículo 154 del Código Civil.

[5] El artículo 2 de la Ley catalana 37/1991, de 30 de diciembre, sobre medidas de protección de los menores desamparados y de la adopción, dispone que *el organismo competente a que se refiere el artículo 1 tomará las medidas necesarias para conseguir la protección efectiva de los menores desamparados y, preventivamente, antes de nacer, cuando se prevea claramente la situación de desamparo del futuro.*

[6] El artículo 32 de la Ley 1/2006, de 28 de febrero, de Protección de Menores de La Rioja prevé que *la Consejería competente en materia de Servicios Sociales tomará las medidas necesarias para conseguir la protección efectiva de los menores desamparados, incluso antes de nacer, cuando se prevea claramente que el concebido, cuando nazca, se encontrará en situación de desamparo.*

[7] En la Ley 3/2005, de 18 de febrero, de Atención y Protección a la Infancia y la Adolescencia del País Vasco, el artículo 52.2. prevé que cuando las Administraciones públicas competentes tengan conocimiento de que peligra el normal desarrollo del *nasciturus*, lo pondrán en conocimiento del Ministerio Fiscal a fin de que adopte las medidas que estime oportunas para garantizar su bienestar hasta el momento del nacimiento. Todo ello, sin perjuicio de los supuestos contemplados en la Ley Orgánica 9/1985, de 5 de julio, de Interrupción Voluntaria del Embarazo.

[8] Entre otras, la Sentencia de la Audiencia Provincial de Girona de 8 septiembre de 2005 (JUR 2006\ 51682), en que se ratifica el desamparo del *nasciturus* hijo de madre toxicómana y con el antecedente de otros cuatro hijos retirados; o la Sentencia de la Audiencia Provincial de Barcelona de 3 de junio de 2004 (JUR 2004\ 209029).

a) Declaración de desamparo: hemos visto ejemplos de declaración de desamparo en Cataluña. En otras Comunidades se instruye el procedimiento de desamparo antes del nacimiento, pero la resolución no se dicta hasta el momento del parto. Y en otras se dicta resolución de desamparo pero sometida a condición suspensiva hasta el parto.
b) Comunicación al Ministerio Fiscal de la situación y a los centros hospitalarios de la respectiva provincia o Comunidad, de cara a que en el momento del nacimiento del menor se adopte, en su caso, medida de protección. Se denuncia a este respecto la ausencia de coordinación entre las distintas Comunidades, ya que es frecuente que las madres se trasladen a otra provincia o Comunidad para evitar el control.

En el debate suscitado surgieron las siguientes cuestiones, que, si bien no hallaron una respuesta común, plantearon alternativas de futuro, dignas de ser estudiadas para mejorar la protección del *nasciturus*:

a) Como medida alternativa al desamparo, sería preciso plantear la posibilidad del internamiento involuntario en centro de características adecuadas a la madre y al hijo[9]. Esta alternativa supone plantear un conflicto de derechos (la libertad de la madre, por un lado, y los derechos del concebido, por otro). Asimismo se plantea la posibilidad de que el padre solicite esta medida. Pero para ello sería necesario operar un cambio legislativo.
b) Respecto de las madres en tratamiento con metadona se cuestiona, dado los efectos adversos que provoca en el feto, que sea preciso detener este tratamiento en caso de embarazo. Coinciden los profesionales en que no se puede valorar la situación del mismo modo cuando lo que hace la madre es simplemente acudir a un dispensario de metadona que cuando sigue un programa de desintoxicación, pero que ciertamente el maltrato por el consumo de metadona se produce igualmente.
c) En cuanto a la retirada de menores en el momento del nacimiento, se cuestiona la legalidad de esta actuación. Más aún, en causas ajenas a las toxicomanías (abandono, dejación de funciones...), cabe la duda de

---

9 Sobre esta cuestión, IGLESIAS REDONDO, J.I., *Guarda asistencial, tutela ex lege y acogimiento de menores*, Cedecs, Barcelona, 1996, pág. 76, menciona el conflicto irresoluble entre la salud del concebido y la libertad de la madre, apuntando que puede dar lugar a la aplicación de la guarda asistencial judicial y la tutela *ex lege*.

si es preciso constatar que se repite la situación respecto de hijos anteriores o si son suficientes los antecedentes para la retirada.

II. CONCEPTO DE DESAMPARO Y PROCEDIMIENTO PARA SU DECLARACIÓN: PROBLEMAS DE APLICACIÓN PRÁCTICA. IMPUGNACIÓN JURISDICCIONAL DEL DESAMPARO

La vigente regulación del desamparo en el sistema de protección de menores español tiene su origen en la reforma efectuada en el Código Civil por la Ley 21/1987, de 11 de noviembre, por la que se modifican determinados artículos del Código Civil y de la Ley de Enjuiciamiento Civil en materia de adopción. En su exposición de motivos señala que *cambiando el criterio a que respondía el anterior artículo 239, se ha estimado, atendiendo a la urgencia del caso, que la situación de desamparo debe dar origen a una tutela automática a cargo de la entidad publica a la que corresponda en el territorio la protección de los menores*. Desde la publicación de esta norma, las Comunidades Autónomas han determinado progresivamente la forma de ejercicio de esta competencia, así como los órganos y el procedimiento encargado de su ejecución. Por su parte la Ley Orgánica 1/1996, de 15 de enero, de Protección Jurídica del Menor, de modificación parcial del Código Civil y de la Ley de Enjuiciamiento Civil, en su artículo 18 no ha introducido variación alguna al concepto de desamparo implantado por aquélla norma, y simplemente realiza una remisión a los artículos 172 y siguientes del Código Civil.

Por tanto, el concepto de desamparo que debemos analizar es el de este artículo, que dispone lo siguiente:

1. La entidad pública a la que, en el respectivo territorio, esté encomendada la protección de los menores, cuando constate que un menor se encuentra en situación de desamparo, tiene por ministerio de la Ley la tutela del mismo y deberá adoptar las medidas de protección necesarias para su guarda, poniéndolo en conocimiento del Ministerio Fiscal, y notificando en legal forma a los padres, tutores o guardadores, en un plazo de cuarenta y ocho horas. Siempre que sea posible, en el momento de la notificación se les informará de forma presencial y de modo claro y comprensible de las causas que dieron lugar a la intervención de la Administración y de los posibles efectos de la decisión adoptada.

Se considera como situación de desamparo la que se produce de hecho a causa del incumplimiento, o del imposible o inadecuado ejercicio de los deberes de protección establecidos por las leyes para la guarda de los menores, cuando éstos queden privados de la necesaria asistencia moral o material.

La asunción de la tutela atribuida a la entidad pública lleva consigo la suspensión de la patria potestad o de la tutela ordinaria. No obstante, serán válidos los actos de contenido patrimonial que realicen los padres o tutores en representación del menor y que sean beneficiosos para él.

El análisis lo vamos a efectuar tomando en consideración la doctrina escrita sobre esta cuestión y la jurisprudencia existente, pero desde la perspectiva práctica que han aportado los expertos participantes en el en el Encuentro de profesionales, ya que el punto de vista de éstos aporta una visión distinta y más cercana a la realidad de la forma en que se está aplicando este concepto y de los posibles problemas que se presentan en la vida diaria a la Administración, en los Juzgados y en los propios interesados. Para ello nos vamos a cuestionar ciertos aspectos de la propia definición, el procedimiento de aplicación, así como otras cuestiones conexas, como la coordinación de las actuaciones o el nivel de profesionalización existente en este ámbito.

2.1. Desamparo y guarda de hecho

Como se puede comprobar en la dicción del artículo 172.1 del Código Civil, el desamparo es una figura jurídica que surge ante situaciones en que los menores son privados de asistencia moral y material, pero además, esta privación ha de existir *de hecho*. Este término ha dado lugar a diferentes interpretaciones sobre cuándo ha de dictarse esta medida de protección.

Examinada la doctrina y la jurisprudencia observamos la existencia de dos teorías opuestas de aplicación de esta norma:

a) Por un lado, la postura que defiende el carácter puramente objetivo del desamparo: el desamparo es una situación de hecho, en la que lo que importa es el resultado de desasistencia del menor. Por tanto, el desamparo no puede ser considerado como una forma de sanción a los padres sino como una forma de protección del hijo. Ello implica que si alguien atiende al menor no existe situación de desamparo. A esta tendencia es a la que se adhiere buena parte de la doctrina[10].

---

[10] Señala VALLADARES RASCÓN, E., "La tutela de los menores en relación con el concepto legal de desamparo", en *Centenario del Código Civil*, Tomo II, Madrid, 1999,

Y en la legislación autonómica encontramos casos como el de La Rioja, que se decantan claramente por el criterio objetivo, aclarando ésta expresamente que si existe guardador de hecho no existe desamparo y se puede optar por la alternativa del acogimiento o de la tutela[11].

b) Por otro lado, la posición subjetiva, por el contrario, pone la nota determinante, además de en la situación de desasistencia moral o material del menor, en que las personas que teniendo la obligación legal de atender al menor, debido a su incumplimiento, provoquen dicha desasistencia[12]. Luego, aunque el menor esté atendido, si no lo está precisamente por las personas que ostentan la patria potestad o tutela, subsiste la situación de desamparo. En situaciones de guarda de hecho, por tanto, procede declarar dicha situación[13].

En la legislación autonómica se observa esta tendencia, es decir, la que declara el desamparo cuando las personas que atienden al menor no son sus guardadores legales, con independencia de que goce de una adecuada asistencia moral y material, en el caso del artículo 63 de la Ley 17/2006, de 13 de noviembre, integral de la atención y de los derechos de la infancia y la adolescencia de las Islas Baleares[14];

---

pág. 2.045, que lo definitorio para calificar el desamparo es que el menor reciba o no asistencia. Asimismo RUIZ- RICO RUIZ, "La tutela *ex lege*, la guarda y el acogimiento de menores", *Actualidad Civil*, Madrid, 1988, pág. 63, estima que no existe falta de asistencia cuando los padres o tutores entregan al menor, temporal o definitivamente, con intención de abandonar o sin ella.

[11] El artículo 49.3. de la Ley 1/2006, de 28 de febrero, de Protección de Menores de La Rioja, señala que *no concurre la situación de desamparo cuando un guardador preste de hecho al menor la necesaria asistencia moral o material. En tal caso, si lo requiriera el interés del menor, la Administración Pública de la Comunidad Autónoma de La Rioja podrá promover la formalización de dicha guarda como acogimiento familiar o el nombramiento del guardador como tutor.*

[12] La doctrina es minoritaria en la defensa de esta postura, entre otros: GONZÁLEZ LEÓN, C., *El abandono de menores en el Código Civil*, Barcelona, Bosch Editores, 1995, cit. pág. 87.

[13] PALMA DEL TESO, A. *Administraciones Públicas y protección de la infancia*, Instituto Nacional de Administración Pública, Madrid, 2006, op. cit. pág. 217, señala que el menor está en situación precaria, y al no estar obligado el guardador de hecho a asumir la guarda, no queda garantizado el derecho de asistencia y protección.

[14] Este precepto dispone: 1. *Constituye una situación de desamparo la que se produce de hecho, a causa del incumplimiento o del imposible o inadecuado ejercicio de los deberes*

el artículo 22 de la Ley 3/1995, de 21 de marzo, de la infancia de la Región de Murcia[15] y el artículo 2 de la Ley 37/1991, de 30 de diciembre, sobre medidas de protección de los menores desamparados y de la adopción de Cataluña[16].

En la jurisprudencia encontramos sentencias que se pronuncian tanto en un sentido como en otro. En aplicación de la teoría subjetiva, la Sentencia de la Audiencia Provincial de Cádiz de 20 de enero de 2006 (JUR 2006\ 129140); o el auto de la Audiencia Provincial de Zaragoza, de 30 de enero de 2002 (JUR 2002\74968), que, señala que el desamparo *únicamente puede estar referido a los padres biológicos.* Y en aplicación de la objetiva, entre otras, la Sentencia de la Audiencia Provincial de Cádiz de 22 de diciembre de 2004 (JUR 2006\33273), que revoca la declaración de desamparo de un menor en guarda de hecho, tras un año de permanencia con la familia guardadora[17].

La guarda de hecho no puede ser considerada un fenómeno excepcional, sino al contrario, son muy numerosas las ocasiones en que los menores no son atendidos por sus padres por diversas causas relacionadas normalmente con aquéllas que darían lugar al desamparo (especialmente en caso de toxicomanías o por motivos psiquiátricos), siendo suplidas las figuras parentales por los tíos, abuelos u otros parientes, así como personas ajenas al núcleo familiar, pero que desarrollan

---

de protección establecidos por las Leyes, para la guarda de las personas menores de edad, o cuando éstas queden privadas de la necesaria asistencia moral o material de acuerdo con lo establecido en la legislación vigente. 2. Sin perjuicio de lo dispuesto en el párrafo anterior, se consideran situaciones de desamparo, que apreciará en todo caso la autoridad administrativa competente, las siguientes: b. Inexistencia de las personas a las que legalmente corresponden las funciones de guarda.

15 *En los términos del artículo 172.1 del Código Civil se considera que el menor está desamparado, entre otras situaciones, en las siguientes: cuando faltan las personas a las que por ley corresponde ejercer las funciones de guarda.*

16 2. *Se considera que el menor esta desamparado: Cuando faltan las personas a las cuales por Ley corresponde ejercer las funciones de guarda, o cuando estas personas están imposibilitadas para ejercerlas o en situación de ejercerlas con grave peligro para el menor.*

17 En el mismo sentido, entre otras: la Sentencia de la Audiencia Provincial de Cádiz de 22 diciembre (JUR 2006\33272); el Auto de la Audiencia Provincial de Sevilla de 23 noviembre 1999 (AC 1999\8672), el Auto de la Audiencia Provincial de Sevilla de 25 marzo de 1996 (AC 1996\519) y el Auto de la Audiencia Provincial de Málaga de 14 septiembre de 2001 (JUR 2002\154).

una labor esencial en la vida del menor[18]. Y cada vez se producen más situaciones de familias de un nivel económico alto, que asumen la guarda de menores inmigrantes, de menores de campamentos de refugiados, de menores que vienen para unas vacaciones veraniegas de países del Este, o de familias que tras tenerlos consigo legalmente, después de la revocación de resoluciones administrativas o judiciales, continúan con menores en guarda de hecho. A ello hay que sumar los supuestos en que, producida una crisis familiar, algún pariente o allegado comienza a atender al menor.

En el intercambio con los profesionales llevado a cabo en el Encuentro tuvimos la oportunidad de observar que la reacción ante esta situación es muy variable, no existiendo un criterio unánime a este respecto. No concurre una unidad general en cuanto a si se debe declarar o no el desamparo ante situaciones de hecho y, además, esta regla puede variar en cada provincia (en los casos de Comunidades pluriprovinciales), en los distintos Juzgados de una misma provincia e incluso entre profesionales que trabajan en un mismo Servicio de Protección.

Detectamos igualmente un temor generalizado a la admisión de la "delegación privada de la patria potestad". Pero la realidad es que estos menores no pueden quedar indefinidamente bajo la figura de guarda de hecho, y si se dicta resolución de acogimiento sin desamparo, no se subsana la cuestión de su representación, ya que necesitan una figura jurídica que les represente legalmente y que les de estabilidad tanto jurídica como emocional.

A los problemas señalados se une el hecho de que no existe una jurisdicción de familia que atienda estas cuestiones, y, si bien en algunas provincias existen Juzgados especializados, en muchas otras no los hay, lo cual es denunciado por los profesionales, ya que impide dar un tratamiento adecuado y uniforme a esta materia.

2. Desamparo y derecho del menor a la reintegración con su familia de origen

En el capítulo dedicado a la situación de riesgo se pone de manifiesto la necesidad de que antes de que un menor sea separado de su medio de origen, la

---

[18] Sobre la guarda de hecho, ROGEL VIDE, C., *La guarda de hecho*, Tecnos, Madrid, 1986, y MORENO-TORRES SANCHEZ, J., *El desamparo de menores*, Aranzadi, Pamplona, 2005, págs. 88 y ss.

Administración ponga todos los medios posibles para que dicha separación no se produzca, trabajando la situación de riesgo en los términos del artículo 17 de la Ley Orgánica 1/1996, de 15 de enero, de Protección Jurídica del Menor. Una vez que ha sido declarado el desamparo de un menor, siempre que la situación lo admita (con la excepción de los casos de renuncia al hijo, de abandonos en que los padres han desaparecido y otros en que no existe esta posibilidad), la primera actuación de la Administración pública ha de ser la de intervenir para procurar el retorno del menor a su medio de origen. Este principio se declara en el artículo 172.4 del Código Civil, al expresar que *se buscará siempre el interés del menor y se procurará, cuando no sea contrario a ese interés, su reinserción en la propia familia,* y consta igualmente numerosa jurisprudencia al respecto no sólo nacional, sino también del Tribunal Europeo de Derechos Humanos, a través de la aplicación del artículo 8 del Convenio Europeo para la Protección de los Derechos Humanos y Libertades Fundamentales[19]. Pero el problema que observamos en el intercambio efectuado con los profesionales es que no siempre se refleja el trabajo realizado con las familias en documentos demostrativos que sean susceptibles de constituir elementos de prueba ante los Juzgados en el momento en que los padres efectúan la oposición al desamparo, al acogimiento o a la adopción.

Los documentos en que se plasma el trabajo de reinserción con la familia, reciben diferentes nombres en las distintas Comunidades Autónomas[20]. El pro-

---

[19] Que dispone lo siguiente:

1. Toda persona tiene derecho al respeto de su vida privada y familiar, de su domicilio y de su correspondencia.

2. No podrá haber injerencia de la autoridad pública en el ejercicio de este derecho, sino en tanto en cuanto esta injerencia esté prevista por la ley y constituya una medida que, en una sociedad democrática, sea necesaria para la seguridad nacional, la seguridad pública, el bienestar económico del país, la defensa del orden y la prevención del delito, la protección de la salud o de la moral, o la protección de los derechos y las libertades de los demás.

[20] Así, por ejemplo el artículo 51 del Decreto 2/1997, de 7 de enero, por el que se aprueba el Reglamento de protección de los menores desamparados y de la adopción de Cataluña menciona que *a la propuesta de acogimiento simple de un menor debe acompañar plan de mejora que se debe seguir para favorecer su retorno a la familia biológica, siempre que sea posible;* el Decreto 42/2002, de 12 de febrero, del régimen de desamparo, tutela y guarda administrativa de Andalucía señala en su artículo 9 que *los menores sujetos a medidas de protección tienen derecho a disponer de un plan personalizado de integración familiar y social, en el que estén previstos los plazos de duración de las diversas etapas y las medidas*

blema detectado no es terminológico ni procedimental, sino el hecho de que a veces este trabajo no queda reflejado de la forma adecuada. El motivo, señalan los participantes, es en ocasiones competencial, ya que al asumir la tutela la Entidad pública parece como si a los Ayuntamientos, que son los que tienen normalmente la competencia para trabajar la reinserción de los menores, hubiera que recordarles su competencia; y, en otras, de forma, ya que es esencial en los juicios sobre desamparo, acogimiento o adopción que el trabajo de reinserción se haya plasmado en un documento público que sirva como prueba de que se le ofrecieron alternativas a la familia, los plazos señalados y el uso que de estas ayudas públicas hizo el núcleo familiar.

3. Cuestiones relativas al procedimiento administrativo para la declaración de desamparo

Si bien el desamparo, por el espíritu que lo inspira, debe ser una medida urgente ante una situación de desprotección de un menor, al ser adoptada por la Administración pública se constituye mediante un acto administrativo que, conforme a lo dispuesto en el artículo 105 de la Constitución habrá de ser dictado en el marco de un procedimiento regulado por la Ley. Por ello, las legislaciones autonómicas han arbitrado procedimientos para su declaración. En el intercambio con los profesionales de las distintas Comunidades Autónomas, en el marco del Encuentro tuvimos ocasión de comprobar los problemas que suscita dicho procedimiento, y en concreto con relación a las notificaciones, la motivación y los plazos, así como las relativas a la impugnación jurisdiccional del desamparo. Asimismo fue objeto de debate la aplicación de esta medida a los menores inmigrantes no acompañados.

a) ***Intervención en casos de urgencia***. Las Comunidades Autónomas han arbitrado un procedimiento de urgencia para la declaración de desamparo, que implica que se decreta el mismo de forma cautelar y posteriormente se siguen los trámites del procedimiento hasta su ratificación, modificación o

---

alternativas; y el artículo 53.2 de la ley 3/2005, de 18 de febrero, de Atención y Protección a la Infancia y la Adolescencia del País Vasco dispone que *en los casos en los que los servicios sociales de base estimen necesaria la intervención desde el ámbito comunitario, deberán elaborar un plan individualizado de atención en el que se harán constar las intervenciones diseñadas para responder a las necesidades detectadas.*

revocación[21]. Suele coincidir la causa que da lugar a decretar una medida de este tipo con la intervención policial y del Juzgado de Guardia, en casos normalmente de violencia o maltrato. Declaran los profesionales que intervienen en el Encuentro que lo importante en estos supuestos es que se proteja al menor. Sin embargo en ocasiones, ante una situación de este tipo, la policía ingresa a los menores en un centro de protección, a veces con la intervención de la Fiscalía, y otras sin ella, pero sin que exista orden judicial ni declaración de desamparo. Nos encontramos, por tanto, ante una vía de hecho, ya que no se ha seguido el procedimiento establecido, que no puede ser otro que la orden judicial de guarda o la asunción de la tutela por la Administración. Debido a que los servicios de protección únicamente funcionan en horario de oficina, estas situaciones, que frecuentemente se plantean de noche o en fin de semana, se resuelven de esta forma. Sin embargo, los Juzgados de Guardia están abiertos a todas horas por lo que se plantea que lo lógico es usar la vía del artículo 158, cuestión que abordaremos más adelante.

b) ***Notificación del desamparo.*** La notificación de las resoluciones administrativas resulta esencial para la eficacia de la mayor parte de ellas[22]. En relación con el procedimiento que conduce a la declaración del desamparo de un menor es preciso plantearse a quién hay que notificar y cuál ha de ser el contenido de dicha notificación.

En cuanto a la primera cuestión, no existen dudas de que a los padres o tutores es preciso notificar el contenido íntegro del acto; pero respecto de los menores y de otras personas implicadas, existen dudas de que haya de ser así. Por otra parte, en cuanto al contenido de la notificación, si se notifica –como exige con carácter general el artículo 58.2 LRJAP– el texto íntegro de la resolución a los

[21] Entre otros, el artículo 51 de la Ley Foral de Navarra, 15/2005, de 5 de diciembre, de promoción, atención y protección a la infancia y a la adolescencia articula un procedimiento al que denomina abreviado, para *aquellos casos en los que, tras la primera información disponible, se constate la situación crítica en la que se encuentra el menor, se considere la existencia de un riesgo grave e inminente para su integridad física o psíquica, o se deduzca la necesidad de una intervención sin demora, en el que se integrarán cuantas medidas cautelares sean precisas*. Y el artículo 32 del Decreto 42/2002, de 12 de febrero, del régimen de desamparo, tutela y guarda administrativa de Andalucía señal que *cuando existan circunstancias que pongan en grave riesgo la integridad física o psíquica de los menores, se podrá declarar como medida cautelar, la situación de desamparo provisional por el titular de la Delegación Provincial de la Consejería competente en materia de protección de menores.*

[22] Artículos 57.1, 58 y 59 LRJAP.

menores, se les estará dando información sobre sus padres que quizás por su edad o madurez no estén preparados para recibir, lo cual puede ir en contra de su interés. Además, la resolución de desamparo en ocasiones llega a hospitales o centros educativos y cuestionan los profesionales que hayan de recibir el texto completo[23]. Por ello en algunas Comunidades Autónomas se hacen dos resoluciones: una a texto completo para aquéllos interesados que las pueden recurrir y otra que no incluye la motivación, para los que no pueden presentar oposición; en otros casos se opta por no entregar la notificación a los menores, sino que simplemente se les explica lo que implica para el menor estar en situación de desamparo.

c) ***Motivación de la resolución***. Conforme a lo dispuesto en el artículo 54 de la Ley 30/1992, de 26 de noviembre de Régimen Jurídico de las Administraciones Públicas y del Procedimiento Administrativo Común, el jurista encargado de la elaboración de la propuesta habrá de motivarla y basarse siempre en informes técnicos para su redacción. Aquí se pone de manifiesto la importancia de la existencia de equipos técnicos que elaboren dichos informes. En la mayoría de los casos los profesionales que han intervenido en el Encuentro manifiestan que se trabaja de forma interdisciplinar (esencialmente con la participación conjunta de psicólogos, trabajadores sociales y juristas y, en algunos casos, de educadores sociales) aunque no ocurre así en todas. En otras Comunidades este trabajo se realiza esencialmente por trabajadores sociales, siendo redactada la propuesta de resolución por el jurista. Coinciden los profesionales en la necesidad de la presencia siempre de un psicólogo en la intervención con la familia y en la elaboración del informe (en concreto se alude a que se deben de valorar de forma precisa los efectos psicológicos que tiene en el menor la separación de su medio o la integración en otro núcleo familiar o residencial como consecuencia del desamparo).

d) ***Plazos de resolución del procedimiento de desamparo***. Todo procedimiento administrativo ha de concluir con la resolución administrativa que ponga fin al mismo dentro del plazo normativamente establecido, pues, de no hacerlo, se producirá bien el silencio administrativo (positivo o negativo), bien la caduci-

---

[23] Así, el artículo 29 del Decreto 42/2002, de 12 de febrero, del régimen de desamparo, tutela y guarda administrativa de Andalucía, dispone que *la resolución deberá ser notificada a los padres que no se hallen privados de la patria potestad, a los tutores y guardadores, así como a los menores, según su grado de madurez, y en todo caso, cuando ya hubieren cumplido doce años*.

dad del procedimiento, cuando éste se haya iniciado a instancia del interesado o de oficio, respectivamente.

En el caso de los procedimientos de declaración del desamparo de un menor, algunas Comunidades Autónomas han establecido plazos concretos para la resolución de los mismos, incluso han determinando los efectos de la falta de resolución (que en unos casos son de caducidad y en otros son efectos negativos), mientras que otras no hacen alusión a la cuestión, por lo que les será de aplicación lo dispuesto en los artículos 43 y 44 de la LRJAP[24]. De las manifestaciones de los participantes se infiere que es frecuente que no se dicten resoluciones de caducidad, en ocasiones porque los profesionales consideran que no procede aplicarla, en otras, simplemente porque el gran número de casos que aborda cada profesional hace que los plazos no puedan ser respetados[25]. Consideran que sí debe dictarse siempre la resolución en un plazo determinado, pero resulta ineludible la alusión por los profesionales a la realidad del trabajo diario de los servicios de protección, que habitualmente están saturados por el elevado número de casos que han de atender, lo cual, unido a la falta de estabilidad y consecuente falta de formación que denuncian, hace inviable que se cumpla con los mismos.

e) ***Aplicación del procedimiento de desamparo a los menores inmigrantes no acompañados***. En cuanto a la aplicación del procedimiento de desamparo a los menores extranjeros no acompañados, no existe unidad de criterio en cuanto

---

[24] A modo de ejemplo el artículo 19 del Decreto 93/2001, de 22 mayo, que aprueba el Reglamento de Medidas de Protección Jurídica del Menor de Valencia dispone, en su apartado segundo, que *si no se dicta y notifica resolución expresa en el plazo de seis meses, se entenderá que el procedimiento ha caducado, de conformidad con lo establecido en el artículo 44 de la Ley 30/1992, de 26 de noviembre, de Régimen Jurídico de las Administraciones Públicas y del Procedimiento Administrativo Común.* Y el artículo 52.2 de Ley 6/1995, de 28 de marzo, de garantías de los derechos de la infancia y la adolescencia en la Comunidad de Madrid señala que e*n ningún caso el plazo máximo de resolución será superior a tres meses desde que se inició el expediente salvo que el órgano competente para resolver autorice, excepcionalmente, una prórroga por un período máximo de dos meses*. Y en el artículo 52.3 apunta que *en los expedientes de asunción de tutela constituida por ministerio de la Ley, promovidos a instancia de parte, el silencio administrativo, en caso de producirse, tendrá efectos negativos.*

[25] Sobre las consecuencias de la inactividad de la Administración en el procedimiento de desamparo, DE PALMA DEL TESO, A., *Administraciones Públicas y protección de la infancia*, op. cit. págs. 259 y ss.

a si se debe tratar a estos menores de forma diferenciada por las circunstancias singulares en que llegan a nuestro Estado. Algún profesional señala que el sistema de protección se orienta hacia la protección de los derechos de los padres y en el caso de estos menores los padres no están presentes. Se alude igualmente a que el elevado número de estos menores en los centros (que en la mayoría de los casos no están específicamente diseñados para menores inmigrantes), ha desbordado al sistema de protección, así como a que en distintas Comunidades Autónomas se han detectado bastantes casos de personas que dicen ser menores de edad y posteriormente se ha descubierto que aportaban documentación falsa. Ello, unido a la falta de fiabilidad de las pruebas oseométricas, implica que en muchas ocasiones personas mayores de edad pasan meses ingresados en centros junto a menores de edad. En concreto, respecto de la forma de ejercicio de la guarda de estos menores, destaca el hecho de que como en su mayoría vienen a España a trabajar y con edades que no admiten ya el acogimiento familiar, la Administración ha de hacerse cargo de su mantenimiento durante años, en detrimento de la tendencia actual que predica la prioridad del acogimiento familiar sobre el residencial.

En todo caso, en aplicación del concepto de desamparo, estos menores se encuentran en una situación de desasistencia moral y material que supone la declaración inmediata de desamparo, y que el menor ostente una representación legal. Sin embargo, declaran los asistentes que se debe intentar siempre el retorno del menor a su medio de origen, pero cumpliendo todas las garantías que la normativa nacional e internacional exige[26].

4. Impugnación jurisdiccional del desamparo

Es la Ley de Enjuiciamiento Civil (en adelante L.E.C.), la ley procesal que regula esta cuestión[27], habida cuenta que tal y como quedó dicho *ut supra,* se trata de un procedimiento de naturaleza civil, a pesar de las innegables connotaciones

---

26 Sobre esta cuestión, LAZARO GONZALEZ, I. (Coord.), *Los menores en el Derecho español*, cit. págs. 456 y ss.

27 Debemos precisar, antes de entrar en el examen, que aquélla Ley, conforme a su artículo 3, se aplica, con las solas excepciones que puedan prever los Tratados y Convenios internacionales, a todos los procesos civiles que se sigan en el territorio nacional, pues es competencia del Estado en exclusiva, conforme al artículo 149.1.6ª de la Constitución Española.

de carácter administrativo que concurren, dado que la autoridad competente para declarar el desamparo, la entidad pública, tiene naturaleza administrativa. Por otro lado a dicha jurisdicción civil remite el apartado 6 del artículo 172 del Código Civil, que a continuación expondremos.

Dentro de aquélla, la impugnación judicial del desamparo se regula en los artículos 779 y 780[28].

Dispone el artículo 779: *Competencia.- Será competente para conocer de los procesos a que se refiere este capítulo el Juzgado de Primera Instancia del domicilio de la entidad protectora y, en su defecto, o en los supuestos de los artículos 179 y 180 del Código Civil, la competencia corresponderá al tribunal del domicilio del adoptante.*

Por su parte el artículo 780 dispone: *Oposición a las resoluciones administrativas en materia de protección de menores.- 1. No será necesaria la reclamación previa en vía administrativa para formular oposición, ante los tribunales civiles, a las resoluciones administrativas en materia de protección de menores.*

2. Quien pretenda oponerse a una resolución administrativa en materia de protección de menores presentará un escrito inicial en el que sucintamente expresará su pretensión y la resolución a que se opone.

3. El tribunal reclamará a la entidad administrativa un testimonio completo del expediente, que deberá ser aportado en el plazo de veinte días.

4. Recibido el testimonio del expediente administrativo, se emplazará al actor por veinte días para que presente la demanda, que se tramitará con arreglo a lo previsto en el artículo 753.

Como veíamos, dicha regulación y jurisdicción, no es sino consecuencia de lo dispuesto en el apartado 6 del artículo 172 del Código Civil, en virtud del cual: *Las resoluciones que aprecien el desamparo y declaren la asunción de la tutela por ministerio de la ley serán recurribles ante la jurisdicción civil sin necesidad de reclamación administrativa previa.*

---

[28] Artículos que se sitúan dentro del Capítulo V intitulado "De la oposición a las resoluciones administrativas en materia de protección de menores y del procedimiento para determinar la necesidad de asentimiento en la adopción", del Título I relativo a "De los procesos sobre capacidad, filiación, matrimonio y menores", del Libro IV de la indicada ley, que se refiere a los procesos especiales.

Expuesta la normativa aplicable, analicemos punto por punto las cuestiones más destacadas. Esto es: 1. Jurisdicción, competencia territorial y legitimación para oponerse a la resolución administrativa, y concretamente si el menor desamparado tendría tal legitimación; 2. Plazo para oponerse a la resolución administrativa; 3. Fundamento y razón de la excepción al artículo 120.1 de la LRJ-PAC, al no exigirse reclamación previa; 4. Procedimiento verbal, con las características de la amplitud y libertad de medios de prueba, e intervención del Fiscal; 5. Menores extranjeros no acompañados. Veamos todo ello.

4.1. Jurisdicción, competencia territorial y legitimación para oponerse a la resolución administrativa

Respecto de la jurisdicción, ya expusimos que corresponde a la civil, y dentro de ésta a los Juzgados de Primera Instancia, y allá donde existan, a los especializados de Familia[29], conforme al artículo 46 de la L.E.C., y 98 de la L.O.P.J. Ahora bien, la Ley Orgánica de Medidas de Protección Integral contra la Violencia de Género, introduce el artículo 49 bis de la L.E.C. e introduce el 87 *ter* de la L.O.P.J. y establece la perdida de competencia por parte de aquéllos Juzgados, para conocer de todas las materias enumeradas en el artículo 748 de la L.E.C., entre las que se enumera las relativas a los que tengan por objeto la oposición a las resoluciones administrativas en materia de protección de menores, a favor de los Juzgados de Violencia sobre la Mujer, en los casos de violencia de género[30].

Por otro lado, no siempre fue ésta una cuestión pacifica. Prueba de ello citamos la STS de 12 de enero de 2004, dictada por la Sala de lo Contencioso-Administrativo (REC 538/2001) declara que" existen, sin embargo, supuestos- a veces caracterizados como Administración publica de Derecho privado en los que, aun actuando la autoridad en el ejercicio de potestades públicas, su actividad tiene por objeto la garantía o definición de relaciones de Derecho privado. En estos casos, por lo general, nuestro ordenamiento jurídico considera prevalente el carácter objetivo de la materia, defiriendo la cuestión civil planteada a la jurisdicción de esta clase". De igual modo es de destacar el Auto del TS (Sala de Conflictos

[29] Conforme al artículo 46 LEC y 98 LOPJM.

[30] Lo cual a nuestro juicio resulta bastante criticable y plantea el problema de la competencia territorial para conocer del asunto, pues la competencia territorial de los Juzgados de Violencia sobre la Mujer es la del domicilio de ésta.

de Competencia) de 9 de julio de 1998 (RJ 1998/1571), en el que suscitada la cuestión del conflicto de competencia, al haberse declarado incompetentes tanto los Tribunales civiles como los contencioso administrativos, se resuelve que la competencia correspondía a la jurisdicción civil, ya que aunque la resolución administrativa se dicta aplicando normas procedimentales administrativas, la materia se rige por el Código Civil".

No obstante, los Jueces y Tribunales del orden jurisdiccional contencioso administrativo también serán competentes para conocer los vicios formales de las resoluciones administrativas en materia de protección de menores. Así, podrá plantearse la invalidez de la resolución administrativa por cuestiones formales, la falta de motivación o de notificación de la resolución formal. En estos casos dicho orden jurisdiccional se ha declarado competente, así Sentencias del Tribunal Superior de Justicia de Canarias de 30 de junio de 1999 (RJCA 1999/3296), la del Tribunal Superior de Justicia de Andalucía de 7 de mayo de 2001, entre otras. Sin perjuicio de que al amparo del artículo 10.1 de la Ley Orgánica del Poder Judicial y del artículo 42 de la Ley rituaria, también cabría plantearse la invalidez de las resoluciones administrativas en materia de protección de menores por vicios formales en el marco del proceso civil, como cuestión prejudicial. Así, en caso de autorizaciones judiciales de entrada a domicilio con el fin de ejecutar la resolución administrativa en materia de protección de menores sin consentimiento del titular, se estima que es el Juez de lo contencioso administrativo el competente para autorizar dicha entrada, al amparo del artículo 8.6 de la Ley 29/1998, de 13 de julio, reguladora de la Jurisdicción Contencioso-Administrativa. Todo ello sin perjuicio de que en Cataluña se ha proclamado en diversas resoluciones judiciales la competencia de los Juzgados civiles.

En cuanto a la competencia territorial, como dijimos, corresponde a los Juzgados del domicilio de la entidad protectora, y en su defecto, o en los casos de los artículos 179 y 180 del C.C., la competencia corresponderá al tribunal del domicilio del adoptante. Y es en la aplicación de esta última regla subsidiaria donde se presentan dudas de interpretación, pues al utilizar la expresión *y en su defecto.......corresponde al tribunal del domicilio del adoptante*, sin duda se refiere al caso en que no pueda ser competente el Juzgado de dicho domicilio, supuesto, por otro lado, bastante improbable; pero el problema es cómo interpretar "del domicilio del adoptante" para estos supuestos. Entendemos de acuerdo a una interpretación conforme al artículo 3 del C.C., en relación con el artículo 50 de la

L.E.C., que deberá interpretarse como del domicilio del demandante, que en este caso es el opositor a la resolución administrativa que declara el desamparo.

Respecto a las entidades públicas protectoras, conforme a la disposición final 22ª de la Ley Orgánica 1/1996, de 15 de enero, de Protección Jurídica del Menor, son las designadas por las Comunidades Autónomas y las ciudades de Ceuta y Melilla, de acuerdo con sus respectivas normas de organización.

En cuanto a la legitimación activa, corresponderá a los padres, tutores o guardadores, pues a través de este procedimiento se trata de impugnar o contradecir la resolución de la entidad pública que declara el desamparo, y por tanto suspende la patria potestad, que sólo pueden ostentar los padres (artículo 154 y siguientes del C.C.) o, en su caso, la tutela ordinaria o guarda de los menores, cuando no existan aquéllos, o estén privados o suspendidos de la patria potestad.

Ahora bien, es posible que lo que se impugne o contradiga sea no tanto la declaración de desamparo por parte de la entidad pública, como el régimen de acogimiento a que se someta al menor, o incluso el régimen de visitas establecido o fijado por la entidad pública, incluso, la ausencia del mismo. En este caso, la legitimación será más amplia, correspondiendo a cualquier interesado. Expresión que debemos interpretar como legitimación de todos aquellos que acrediten tal interés como abuelos, incluso hermanos, y en general la familia extensa[31].

Llegados a este punto se nos plantea la cuestión, eso sí excepcional en la práctica, de sí el propio menor tiene legitimación activa, y el posible conflicto de intereses que se podría plantear, pues no olvidemos que la declaración de desamparo implica automáticamente la asunción de la tutela *ex lege* del menor por parte de la entidad pública, por lo que asume su representación legal, y en teoría impugnaría, se opondría, a su propia resolución, razón por la cual, en su caso, habría de nombrársele un defensor judicial (artículos 7 y 8 de la L.E.C.). Estimamos que el menor si estará legitimado, a través obviamente del mecanismo expuesto,

[31] En la Sentencia del TC 260/1994, de 3 de octubre, se planteó la cuestión de la legitimación de la Administración para actuar ante el Tribunal Constitucional en representación de menores cuando ya no tenía atribuida su tutela, dado traslado por éste al Ministerio Fiscal para alegar lo oportuno al respecto, éste manifestó que si estaba legitimada al tener un interés legitimo.

en aquellos supuestos en que su edad o grado de madurez se lo permitan, aunque no olvidemos que en el proceso, la defensa de sus intereses por ley, la asume el Ministerio Fiscal.

4.2. Ausencia de plazo para oponerse a resolución administrativa que declara el desamparo

En efecto, no existe plazo para oponerse a la resolución que declare el desamparo, pudiendo efectuarse en cualquier momento, a diferencia de lo que ocurre respecto a la resolución de desamparo que dicte la entidad pública, la cual si tiene un plazo de cuarenta y ocho horas para adoptar todas las medidas oportunas, ponerlo en conocimiento del Ministerio Fiscal, y notificarla en legal forma a los padres, tutores o guardadores.

La justificación de este plazo se halla en que la entidad pública debe apartar al menor de forma inmediata de lo que a su juicio es un peligro para él, asumiendo de inmediato su tutela *ex lege*, lo cual implica la suspensión inmediata de la patria potestad o tutela ordinaria. La justificación de la ausencia de plazo en la oposición sería el carácter continuado y flexible de la actuación pública en estos casos. De hecho, el cambio sobrevenido, no sólo posible, sino frecuente, de las circunstancias del menor o de su entorno socio-familiar obliga a la Administración, y en su caso a la autoridad judicial, a revisar y adecuar las medidas de protección a esa nueva realidad, y proceder, en su caso, a la reintegración familiar. Por ello, se estima que la ausencia de plazo para oponerse a la resolución administrativa ante la autoridad judicial se vincula al carácter flexible y cambiante que deben tener las medidas de protección que adopten las Administraciones, con el fin de ajustarse en todo momento a las nuevas circunstancias del menor y su entorno. Por esta razón los Tribunales han declarado que en esta materia las resoluciones judiciales no tienen el efecto de cosa juzgada. Sobre este argumento se considera correcta la solución prevista por el legislador al no señalar plazo. Así, en Auto de la Audiencia Provincial de Sevilla de 1 de julio de 1997(AC 1997/1532), se afirma que no existe el efecto de cosa juzgada cuando existan nuevos factores que puedan valorarse como alteración de las circunstancias objetivas delimitadoras del concepto de cosa juzgada.

No obstante, desde algunos sectores se critica la inexistencia de un plazo para la oposición, y propugnan su establecimiento, no sólo por razones de seguridad jurídica sino fundamentalmente en aras al interés del menor, cuyo derecho al pleno desarrollo de su personalidad exige no sólo la existencia de un plazo, sino que además éste sea el prudencial, al objeto de conseguir disfrutar de un entorno familiar adecuado de forma estable. En este sentido, hay que mencionar que Cataluña en su Código Civil establece un plazo de dos meses para recurrir ante la autoridad judicial las resoluciones administrativas de desamparo, que claramente colisiona con el artículo 780 de la L.E.C. Es más, el Estatuto de Autonomía de Cataluña aprobado en el 2006, establece en su artículo 166.3.b) que *la Generalitat participa en la elaboración y reforma de la legislación penal y procesal que incida en la competencia de menores*. El conflicto de competencias está servido.

En definitiva, no debemos olvidar que el fundamento del mismo no es otro que, como dijimos, apartar al menor de un peligro, peligro que puede ser definitivo, o, por el contrario, puntual o temporal, por lo que una vez constatada su desaparición, una vez eliminados los motivos que provocaron la resolución que declara el desamparo, cesará éste, ya sea porque la propia entidad pública así lo determina, normalmente a instancia de los padres, tutores o guardadores, ya sea porque así se declara judicialmente, en los casos que proceda (artículo 173.4 C.C.). Es consustancial a su naturaleza, por tanto, que esté sujeto a modificaciones al objeto de adaptarse a la situación actual; no olvidemos que, en definitiva, todo está orientado a la reinserción del menor en su propia familia, o familia de origen (artículo 172.4 C.C.). Sobre esta base, se estima que es acertada la solución que da el legislador.

4.3. Excepción al artículo 120 de la L.R.J.A.P.

Conforme al artículo 120.1 LRJAP "*la reclamación en vía administrativa es requisito previo al ejercicio de acciones fundadas en derecho privado o laboral o contra cualquier Administración Pública*", si bien, conforme a la excepción que contempla en el último inciso de este precepto, en los procedimientos que nos ocupan no es precisa la reclamación previa en vía administrativa[32]. El legislador, efectivamente, exime de tal requisito, al objeto de agilizar el ejercicio de la acción judicial.

[32] Ello sin perjuicio de que, en ocasiones, podría ser conveniente a fin de intentar solventar la controversia en sede administrativa y evitar plantar el posterior conflicto jurisdiccional; si el interesado lo estima oportuno podrá presentarla, en cuyo caso serán de aplicación los artículos 122 a 124 de la LRJAP sobre iniciación, tramitación y resolución de estas reclamaciones.

4.4. Procedimiento a seguir

Con carácter inicial debemos destacar que no son escasas las ocasiones en que se han planteado ante el Tribunal Constitucional quejas de indefensión relacionadas con la ausencia de contradicción en los procedimientos de jurisdicción voluntaria en los que se ventilaban cuestiones relacionadas con el acogimiento y adopción de menores, al ser esa la vía por la cual se resolvían[33]. De todas ellas resulta que lo determinante en tales procedimientos es comprobar, de un lado, si en el procedimiento objeto de amparo se han respetado las garantías procesales básicas que protege la Constitución en el artículo 24, y de otro, comprobar que en el seno del procedimiento el Juzgado obtenga y verifique toda la información que resulte precisa para asegurarse que la medida a acordar resultará beneficiosa para el menor, cuyos intereses serán los prevalentes. De igual modo, en Sentencia 124/2002, de 20 de mayo, y en relación con el desarrollo de procedimientos de oposición a la declaración de desamparo, de acogimiento y de adopción, destaca el Tribunal Constitucional que "en estos procesos están en juego derechos e intereses legítimos de extraordinaria importancia...como los del menor, padres biológicos, y restantes personas implicadas en la situación, que son intereses y derechos de la mayor importancia en el orden personal y familiar, que obligan a rodear de las máximas garantías los actos judiciales que les atañen. Por ello es lógico que se les ofrezca una amplia ocasión de alegaciones, aportar documentos y todo tipo de justificaciones atendiendo a un menor rigor formal y la exclusión de la preclusividad ...... pues lo transcendental en ellos no es tanto el modo, como el resultado. En este sentido no puede dejarse de traer a colación la CNUDN, que prevé que en cualquier procedimiento entablado con ocasión de la separación de un niño de sus padres, se ofrecerá a todas las partes interesadas la posibilidad de participar en él y dar a conocer sus opiniones (artículo 9.2); y en este sentido destaca nuestra doctrina que estos procedimientos no se configuran como un simple conflicto más de Derecho privado, sino que en relación con tales procedimientos se amplían *ex lege* las facultades del Juez en garantía de los intereses que han de ser tutelados, entre los que ocupa una posición prevalente el interés del menor".

---

[33] Así se declaró, entre otras, en las Sentencias del Tribunal Constitucional 298/1993, de 18 de octubre; 114/1999, de 16 de junio; 124/2002, de 20 de mayo; 71/2004, de 19 de abril.

Como veíamos, tras la vigente L.E.C, el procedimiento es el previsto en el artículo 780[34] El artículo 780.2 de la L.E.C. establece como forma de iniciación de la oposición la de un escrito inicial con expresión sucinta de su pretensión y de la resolución a la que se opone. Nada más refiere al respecto. Es por ello que debemos integrarlo con las disposiciones generales contenidas en los artículos 748 a 755, contenidas en el Capitulo Primero del Título Primero del Libro IV de la LEC.

La primera precisión a efectuar es que conforme al artículo 750.1: *1. Fuera de los casos en que, conforme a la Ley, deban ser defendidas por el Ministerio Fiscal, las partes actuarán en los procesos a que se refiere este título con asistencia de abogado y representados por procurador*. Por ello será preciso que dicho escrito se presente con la intervención de ambos profesionales. Se ha cuestionado, eso sí de forma aislada, si al amparo de los artículos 23.2 y 31.2 de la L.E.C., cabría, atendiendo a la especial naturaleza de la resolución, y el tema a resolver, prescindir de los mismos, al objeto de evitar dilaciones y gastos (pensemos que en muchas ocasiones se trata de familias con escasos recursos económicos). Pero sin duda se estima que su intervención, especialmente la del Letrado, resulta imprescindible al objeto de hacer efectivas las garantías de aquellos que están legitimados para oponerse a la resolución administrativa que declare el desamparo, y hacer efectiva la tutela judicial del artículo 24 de la Constitución Española. Tengamos en cuenta que uno de los principios básicos en materia de protección de menores es el de no ser separado de sus padres o guardadores sin causa legítima, evitando posibles arbitrariedades por parte de las Administraciones, y por supuesto permitiendo aclarar y esclarecer con la consiguiente audiencia, prueba y contradicción, todos los hechos. Por otra parte, en muchas ocasiones la rapidez con la que la Administración se ve obligada a actuar, al objeto de evitar o apartar de un peligro al menor, requiere adoptar medidas drásticas que suponen inmediatamente apartar al menor de sus padres o guardadores, con la consiguiente impotencia, ignorancia, de los mismos, que pueden ver cómo sus hijos les son apartados de su lado. Ahora bien, siendo esto así sin ningún género de dudas respecto de la demanda, respecto del escrito de iniciación creemos que, habida cuenta que no existe un plazo

---

[34] Por razones obvias no entramos en el examen de los procedimientos de protección del menor de jurisdicción voluntaria, al no ser el caso que nos ocupa.

para oponerse, con el consiguiente peligro de pérdida de derechos para el actor, se aplica lo expuesto. Únicamente la razón alegada anteriormente justificaría la presentación de un escrito por el actor sin la intervención de los indicados profesionales, para iniciar el procedimiento, y su admisión por el Tribunal, que posteriormente se subsanara.

En este sentido se pronuncia el artículo 172.1 del C.C, y a la necesidad anteriormente expuesta responde, cuando dispone que cuando la entidad pública constate que un menor se encuentra en situación de desamparo, adoptará las medidas de protección necesarias para su guarda, poniéndolo en conocimiento del Ministerio Fiscal y lo notificará en legal forma a los padres, tutores o guardadores, en un plazo de cuarenta y ocho horas; y siempre que sea posible, (entendemos se refiere al supuesto en que el menor esté abandonado, y no sea posible localizarlos), en el momento de la notificación se les informará de forma presencial, y de modo claro y comprensible de las causas que dieron lugar a la intervención de la Administración, y de los posibles efectos de la decisión adoptada. En definitiva, los padres, tutores o guardadores deberán, en la medida de lo posible, ser clara y detalladamente informados no sólo de los motivos que dan lugar a la declaración de desamparo, sino de los efectos que ello conlleva, al objeto de poder valorar si están o no conformes, y fundamentalmente de los recursos legales de que disponen para contradecir lo resuelto por la Administración. Pero, obviamente sólo con el debido asesoramiento de un Letrado estarán en disposición de hacerlo en igualdad de condiciones. Respecto de la intervención del Ministerio Fiscal, por mandato del artículo 174 del C.C, corresponde a éste la superior vigilancia de la tutela, acogimiento o guarda de menores, debiendo ser informado de forma inmediata por la entidad pública de los nuevos ingresos, con copia de las resoluciones administrativas y escritos de formalización sobre constitución, variación y cesación de tutelas, guardas y acogimientos, así como de cualquier novedad de interés en las circunstancias del menor. El Fiscal deberá comprobar, al menos semestralmente, la situación del menor y promoverá ante el Juez las medidas de protección que estime necesarias. De igual modo el artículo 749.2, establece la preceptiva intervención del Fiscal en estos procesos. Por último la Ley Orgánica de Protección Jurídica del Menor, y el Estatuto Orgánico del Ministerio Fiscal encomienda al Fiscal la superior vigilancia sobre la protección del menor. En este sentido, destaca la Circular de la Fiscalía General del Estado 1/2001, sobre la incidencia de la nueva Ley de Enjuiciamiento Civil en la intervención del Fiscal en los procesos civiles.

De todo ello resulta que su intervención es absolutamente imprescindible en el procedimiento de oposición a la resolución administrativa que declare el desamparo, debiendo actuar en el marco del proceso como una parte del mismo (artículo 6.1, 6º de la L.E.C.).

Respecto a la tramitación del procedimiento de oposición, como vimos, el artículo 780 se remite al artículo 753, ambos de la LEC. En efecto, una vez presentado el escrito inicial, y admitido a trámite por el tribunal, éste reclamará a la entidad administrativa testimonio completo del expediente, que deberá ser aportado en el plazo de veinte días, recibido el cual se emplazará al actor y se le dará traslado de aquél por veinte días para que presente la demanda[35].

La forma de darle traslado es poniéndolo a su disposición para que lo consulte en el Juzgado. A partir de entonces, el actor ya dispondrá de la más completa información para elaborar su demanda.

Dispone el artículo 780.4, que el procedimiento se sustanciará por los trámites del juicio verbal, con traslado de la demanda al Fiscal, así como a las demás personas que con arreglo a la Ley deban ser parte en el procedimiento, emplazándoles para que contesten en el plazo de veinte días conforme a lo establecido en el artículo 405 de la L.E.C.. La referencia citada lo es al trámite de contestación a la demanda en el marco del juicio ordinario, pues en el juicio verbal no existe tal trámite, debiendo el demandado contestar en el acto del juicio, y sin perjuicio de lo dispuesto en el artículo 438. Por lo demás, en lo que al desarrollo de la vista se refiere, se estará a lo dispuesto en los artículos 442 y siguientes de aquélla Ley.

Respecto a la prueba, y en lo que a este procedimiento se refiere, conforme al artículo 752. 1 y 2: *1. Los procesos a que se refiere este Título se decidirán conforme a los hechos que hayan sido objeto de debate y resulten probados, con independencia del momento en que hubieran sido alegados o introducidos de otra manera en el procedimiento. Sin perjuicio de las pruebas que se practiquen*

---

[35] El precepto nada dice expresamente de darle traslado pero en la práctica es así; nótese que en la mayoría de los casos, esta es la única forma en que el actor tiene acceso directo al mismo, pues a él lo que se le notifica es la resolución motivada que acuerda el desamparo, y ello sin perjuicio de que acceder y examinar cualquier expediente administrativo es un derecho de todo ciudadano. No obstante el carácter reservado del expediente, y la especial naturaleza del mismo, hace que en la mayoría de los casos no se haga así.

a instancia del Ministerio Fiscal y de las demás partes, el tribunal podrá decretar de oficio cuantas estime pertinentes.

2. La conformidad de las partes sobre los hechos no vinculará al tribunal, ni podrá este decidir la cuestión litigiosa basándose exclusivamente en dicha conformidad o en el silencio o respuestas evasivas sobre los hechos alegados por la parte contraria. Tampoco estará el tribunal vinculado, en los procesos a que se refiere este Título, a las disposiciones de esta Ley en materia de fuerza probatoria del interrogatorio de las partes, de los documentos públicos y de los documentos privados reconocidos[36].

Y no cabe renuncia, allanamiento ni transacción y el desistimiento requerirá el consentimiento del Ministerio Fiscal, de conformidad al art. 751 de la L.E.C.[37].

Por último, el proceso de oposición a las resoluciones administrativas de desamparo o a las adoptadas por la Administración en ejercicio de la tutela, impide que la autoridad judicial pueda adoptar cualquier tipo de pronunciamiento relativo a la guarda y custodia de los menores o al derecho de visitas de los progenitores en sede de procesos de crisis familiar. En caso de haberse adoptado, por desconocer la autoridad judicial el pronunciamiento administrativo de desamparo y consiguiente tutela de la Administración, la decisión judicial es inoponible frente a la Administración y, en su caso, frente a los acogedores. Según han afirmado los propios tribunales, a través de sus resoluciones, esto es así porque la tutela administrativa es una institución superponible a la patria potestad o la tutela ordinaria, de manera que, mientras subsiste la tutela administrativa no sólo debe quedar en suspenso la patria potestad de los progenitores o la tutela ordinaria, sino que necesariamente se debe impedir o vaciar de contenido cualquier resolución contradictoria, por coherencia interpretativa y necesidad del sistema protector. Por tanto, mientras persiste la tutela administrativa no pueden producir efectos las medidas judiciales relativas a la patria potestad, guarda y custodia o régimen de visitas adoptadas en un proceso de crisis matrimonial[38].

---

[36] No opera aquí lo dispuesto en los artículos 281.3, 307.1 y 316, 405.2 y 426.2 de la L.E.C.

[37] Un último apunte respecto al procedimiento, es lo dispuesto en el articulo 755 que regula el acceso de las sentencias y demás resoluciones dictadas en los procedimientos a que se refiere el título, esto es, sobre capacidad, filiación, matrimonio y *menores*, a los Registros públicos, pero a ello nos referiremos en el epígrafe 1.6, sobre el reflejo registral del desamparo.

[38] Así se ha declarado en Sentencias de la Audiencia Provincial de Barcelona de 30 de diciembre de 2002 (JUR 2003/65238), y 16 de marzo de 1999 (AC 1999/ 4356). De ahí la conveniencia del reflejo registral de estas situaciones, que posteriormente trataremos.

4.5. Menores extranjeros

Veamos un breve apunte respecto de estos casos, cuya situación será convenientemente desarrollada en epígrafes sucesivos, para destacar que la situación, en esencia, es igual a la expuesta anteriormente.

Si están *acompañados* por sus padres, tutores o guardadores, tendrán en España la situación legal de éstos. Ahora bien, su condición o situación de irregular, por sí misma no es causa desamparo, sin perjuicio de que dicha situación en muchos casos, (falta de trabajo, de hogar, falta de escolarización), desemboque en una resolución que la declare. Distinto es el caso de los menores extranjeros *no acompañados*; respecto de estos últimos la entidad pública correspondiente al lugar de su localización, asumirá la tutela *ex lege* de los mismos, mediante la correspondiente declaración de desamparo. De ese modo, su estancia ya es regular en España, con lo que el menor no puede ser expulsado aunque sí repatriado, pues siempre desde el momento de su localización deberá procurarse ante todo y en lo posible su reagrupación familiar. En el bien entendido que, mientras ello se intente, la tutela le corresponde a la entidad pública, como ocurre en todo caso que se declare el desamparo, ya sean menores extranjeros o no, y la defensa de sus intereses corresponde al Ministerio Fiscal, en su condición de menores.

Por tanto, todo lo expuesto en los epígrafes anteriores es aplicable a los menores extranjeros declarados en desamparo. Todo ello sin perjuicio de lo que se expondrá en el epígrafe correspondiente.

III. EL DESAMPARO DE LOS MENORES ADOLESCENTES. MENORES EN SITUACIÓN DE CONFLICTO SOCIAL –DIFICULTAD SOCIAL– MENORES INADAPTADOS: ENTRE LA PREVENCIÓN Y LA PROTECCIÓN

Son muy numerosos los sectores de la sociedad que demandan en estos momentos una atención especial a los problemas que plantean los adolescentes y que están desbordando sobre todo a padres y educadores[39]. La primera con-

---

[39] FERNÁNDEZ ROMERO, E., "Los jóvenes y los conflictos", en *Nuevos retos de que plantean los menores al Derecho*, LÁZARO GÓNZÁLEZ, I. E. y MAYORAL NARROS I. V. (Coord.), Madrid, 2004, pág. 325, da una visión diferente de la tradicional de los conflic-

sideración que debemos tener en cuenta al hablar de adolescencia, en el marco del sistema de protección, es que ya no nos referimos a sujetos sin capacidad de decisión, sino a sujetos en proceso autonomía, en muchos casos con capacidad incluso de mantener una vida independiente (la emancipación en el Código Civil se contempla a los 16 años y en la normativa de Aragón a los 14), que pueden adoptar decisiones con trascendencia jurídica. Sin embargo la mayoría de edad se sitúa a los 18 años, y la Ley Orgánica 1/1996, de 15 de enero, de Protección Jurídica del Menor, incluye en su ámbito de protección a los menores hasta esta edad. Pero precisamente por la consideración de los menores como seres participativos y teniendo en cuenta que cada estado evolutivo precisa una atención diferenciada, la protección de los menores adolescentes merece una tratamiento diferente que la de menores de edades inferiores: la vulnerabilidad a esta edad es menor ya que tiene más capacidad de defensa y además las causas que pudieran dar lugar al desamparo en edades inferiores, pueden no ser tales en los adolescentes.

Son variables los criterios sobre el inicio de la edad adolescente, en función de si se determina la misma desde un punto vista biológico, institucional (la escuela la sitúa en el inicio de la educación secundaria), social y cultural (dependiendo de la sociedad en que se desarrolle la exigencia del paso a la edad adulta es anterior o posterior) o legal, pero lo realmente determinante es que es una etapa en la que se esperan unos cambios de roles en el menor[40].

---

tos, ya que los entiende no como problema sino como oportunidad, proponiendo el uso de la mediación como alternativa para transitar conflictos, acompañando a los adolescentes en su proceso de desarrollo. CALVO GONZÁLEZ, J., en "Jueces de Paz Escolares", *Actualidad Jurídica Aranzadi* núm. 699/2006, Pamplona, 2006 (BIB 2006\78) señala que el Consejo Escolar de Andalucía aportó recientemente cifras estremecedoras: 130.000 incidentes, 26.000 de ellos graves, computados en apenas 1.000 centros, con un perfil de alumno conflictivo en el tramo de edad entre los 11 y 12 años, lo cual nos puede dar una idea cuantitativa de la importancia de prestar atención a estas situaciones y apunta técnicas novedosas de resolución de conflictos.

[40] Así lo expresan OLIVARES RODRÍGUEZ, J. y otros en *Fobia social en la adolescencia*, Pirámide, Madrid, 2004. En la legislación autonómica el artículo 2 de la Ley 3/2005, de 18 de febrero, de Atención y Protección a la Infancia y la Adolescencia del País Vasco señala que *se entiende por infancia el período de vida comprendido entre el nacimiento y la edad de doce años, y por niños y niñas las personas que se encuentran en dicho período de vida. Se entiende por adolescencia el período de vida comprendido entre la edad de trece*

La LOPJM no menciona el término adolescencia en ninguno de sus artículos, como tampoco lo hace la Convención de Derechos del Niño. Sin embargo, algunas legislaciones autonómicas sí han dedicado su atención a esta cuestión de forma singularizada, incluyendo la expresión adolescencia, de forma separada al de infancia en la propia denominación de la Ley[41]. Con ello la norma señala desde su inicio la particularidad que ofrece esta etapa de la vida y el tratamiento, por tanto, diferenciado que el legislador y los que aplican la norma han de tener con las personas incluidas en esta etapa de su desarrollo. Pero en la mayoría de los textos autonómicos no se marcan en su contenido diferencias en cuanto a la protección de estos menores.

Hemos mencionado más arriba que el desamparo surge por *el imposible o inadecuado ejercicio de los deberes de protección establecidos por las leyes para la guarda de los menores*, y con relación a los adolescentes lo que hemos de cuestionarnos es por qué nace ese incumplimiento y quién lo provoca, a fin de determinar si ello pudiera ser causa de desamparo. El supuesto al que hacemos ahora referencia no es el de los padres que no cumplen con su función, sino aquel en que a pesar de poner éstos todos los medios a su alcance, el menor puede suponer un peligro para sí mismo o para los demás: cuando no va a clase, se inicia en las drogas o en el mundo delictivo.

Nos centraremos en dos cuestiones concretas: situación de conflicto o dificultad social y absentismo escolar y, en concreto, si la alternativa, cuando los

---

años y la mayoría de edad establecida por ley o la emancipación, y por adolescentes las personas que se encuentran en dicho período de vida.

[41] Ley 12/2001, de 2 de julio, de la Infancia y la Adolescencia en Aragón, Ley 3/2005, de 18 de febrero, de Atención y Protección a la Infancia y la Adolescencia del País Vasco, Ley 17/2006, de 13 de noviembre, integral de la atención y de los derechos de la infancia y la adolescencia de las Islas Baleares (si bien en su articulado, de forma diferenciada al resto de legislaciones, hace referencia de forma genérica a la persona menor de edad, suponemos, por cuestiones de lenguaje de género), Ley 7/1999, de 28 de abril, de Protección de la Infancia y Adolescencia de Cantabria, Ley 8/2002, de 27 de mayo, de modificación de la Ley 37/1991, de 30 de diciembre, sobre medidas de protección de los menores desamparados y de la adopción, y de regulación de la atención especial a los adolescentes con conductas de alto riesgo social de Cataluña, Ley 3/1997, de 9 de junio, de la Familia, la Infancia y la Adolescencia de Galicia, Ley 6/1995, de 28 de marzo, de garantías de los derechos de la infancia y la adolescencia en la Comunidad de Madrid, Ley Foral 15/2005, de 5 de diciembre, de promoción, atención y protección a la infancia y a la adolescencia.

padres ya no pueden con el problema, podría ser el internamiento en centro de protección a través del desamparo o la guarda solicitada por los padres, o si debe considerarse una situación de riesgo.

1. Menores en situación de conflicto social o dificultad social

Si bien la LOPJM no ha regulado específicamente la situación de los menores en conflicto social, algunas Comunidades Autónomas si lo han hecho.

Respecto de la terminología utilizada, la mayoría se decanta por el vocablo conflicto social o dificultad social, pero se usan también los términos riesgo social e inadaptación. En cuanto al concepto, en la legislación de las Comunidades Autónomas se define esta situación, en las disposiciones mencionadas, como aquélla en que se encuentran los menores cuando por su situación de inadaptación pueden producirse daños a ellos mismos o a terceros. En algunas legislaciones los relaciona con menores a los que judicialmente se les ha impuesto medida de reforma, y en otras, con aquéllos con los que, de no intervenir, existen muchas posibilidades de que incurran en hechos delictivos.

La intervención se produce como consecuencia de la aplicación del artículo 3 de la Ley Orgánica 5/2000, de 12 de enero, reguladora de la responsabilidad penal de los menores y en la ejecución de las medidas de reforma juvenil, en el marco de los principios resocializadores de la misma ley. Pero asimismo como actuación preventiva, dentro de la situación de riesgo, como medidas protectoras, dirigidas a menores (niños o adolescentes) de cara a la detección, prevención y neutralización de la situación de marginación o exclusión social en que se encuentran, ya que de no realizarse esta actuación preventiva por parte de los poderes públicos, existen muchas posibilidades de que caigan en el mundo de la delincuencia juvenil. Cuando se detectan estas situaciones, la Administración emprende medidas de carácter educativo y protector y proyectos de autonomía personal, preferentemente en su ámbito sociofamiliar para evitar que el menor derive al mundo de la delincuencia.

En el Encuentro de profesionales, se pusieron de manifiesto los siguientes aspectos:

a) Coinciden los participantes en que la figura del desamparo no es la más adecuada en estos casos: se plantea, con el sistema actual, que la guarda ha de ser una alternativa, pero su ejercicio se ha de efectuar en centros de protección adecuados. Podría plantearse el ingreso en centro mediante desamparo[42], pero coinciden los profesionales en que ésta ha de ser la última alternativa.

b) La situación de estos menores suele ir asociada a problemas de drogas o enfermedades mentales, que necesitan un tratamiento continuado que los padres no pueden proporcionar. Se plantea por tanto que la alternativa en estos casos puede ser el acordar un tratamiento forzoso para la rehabilitación de los menores.

c) Ante la variedad de sectores implicados, se plantea que lo procedente es efectuar un diagnóstico desde los ámbitos sanitario, educativo y de protección, trabajando conjuntamente los tres sectores, para determinar en qué institución conviene ingresar al menor o qué alternativa se le debe ofrecer a los padres.

2. Absentismo escolar

Algunas legislaciones autonómicas recogen el absentismo escolar como causa de desamparo, sin realizar ninguna distinción por tramos de edades[43]. El desamparo de un menor de corta edad por absentismo, que normalmente va asociado a otras causas, puede estar justificado. Pero en los casos de menores de 14 o 15 años puede no ser esta una medida adecuada, ya que la voluntad del menor es decisiva de cara a su escolarización[44].

---

42 A este respecto CHINCHILLA, Mª J. y otros: *Un fenómeno emergente, cuando el menor descendiente es el agresor*, Univ. de Zaragoza, http://www.unizar.es/sociologia_juridica/viointrafamiliar/magresor.pdf).

43 Como ejemplo el artículo 23 de la Ley 1/1998 de los Derechos y la Atención al Menor en Andalucía o el artículo 50 de la Ley Foral 15/2005, de 5 de diciembre, de promoción, atención y protección a la infancia y a la adolescencia de Navarra.

44 En *Informe sobre el Absentismo Escolar: un problema educativo y social*, 1998 (http://www.defensor-and.es/informes/ftp/absentis.htm#conclu), el Defensor del Pueblo Andaluz señala que cuando lo que predominan son los factores estrictamente personales del alumno, como puedan ser una personalidad excesivamente rebelde o un profundo desinterés por la educación, nos encontramos ante supuestos de absentismo que generalmente son solucionables con tratamientos de tipo pedagógico y/o psicológico. Sin embargo, cuando el absentismo escolar reiterado obedece a factores de tipo social o familiar, como suele ocurrir en la mayoría de los casos, entonces la solución del problema se convierte en un asunto complejo, e incluso, en bastantes ocasiones, en un ejercicio imposible. Se trata además de un problema que, de no ser solucionado a tiempo, puede convertirse, a corto plazo, en un importante problema para el sistema educativo (abandono y fracaso

Hay que plantearse al hilo de lo anterior si el cambio producido en la legislación respecto de la edad de trabajar de los 14 a los 16 años, y la edad de escolarización obligatoria a los 16 años benefician al menor o, en ciertos casos, se vuelve en contra del mismo. El menor ha de estar escolarizado hasta los 16 años, pero hemos hablado de sujetos participativos y en evolución, con capacidad y madurez para tomar sus propias decisiones. Si el menor decide a los 15 años que no quiere seguir estudiando, estaríamos teóricamente ante una causa para su desamparo, pero también yendo en contra de su voluntad. Por ello sería preciso estudiar caso por caso, si la escolarización obligatoria se debe prolongar hasta los 16 años, ya que la realidad es que los menores dejan de estudiar y la única alternativa que se les ofrece es una situación indefinida (estar en casa, en la calle o incurriendo en conductas delictivas, ya que no se le ofrecen alternativas laborales).

En el Encuentro de profesionales, sobre el absentismo escolar en adolescentes se plantean las siguientes cuestiones:

a) Los profesionales coinciden en que el absentismo escolar ha de ser tratado como un indicador más de la posible existencia de situación de desamparo, pero que en casos en que es el menor el que no quiere acudir, siendo necesario por su edad tomar en cuenta su voluntad, ingresarlo en un centro, bien mediante la medida de desamparo o la de guarda, no paliará en ninguna medida el mal que se intenta eliminar[45].
b) Se observa una variable actuación del Ministerio Fiscal a este respecto ya que en algunas Comunidades Autónomas juega un papel muy activo, instando a la Entidad pública que declare el desamparo, e, incluso, cuando ésta no lo decreta, solicitando directamente la guarda judicial; mientras que en otras Comunidades, los profesionales plantean su falta de intervención.
c) Resaltan que la existencia de un procedimiento sancionador, que incluye sanciones económicas mediante multas a los padres no es un sistema efectivo para conseguir la escolarización.

---

escolar) y, a medio y largo plazo, en un grave problema social (paro, delincuencia, marginación).

[45] En los países de nuestro entorno encontramos modelos que señalan alternativas que sin dar lugar a la tutela, actúan para paliar la falta de escolarización. Es el caso de Inglaterra, en que la *Children Act* de 1989, en su sección 36, regula la orden de supervisión educativa que dicta el Juez.

d) Se observa la necesidad de revisar la actual regulación sobre la edad de trabajar en relación con la edad de educación obligatoria, si bien se debe estudiar caso por caso. Hay muchos menores que, de hecho, abandonan los estudios a los 14 años y a los que se les debería ofrecer otras alternativas (se alude por ejemplo a la figura del aprendiz).

e) Se han producido denuncias por la falta de escolarización de menores que son educados en casa por sus padres. En algunos casos han dado lugar a que se ordene judicialmente la escolarización de los menores. Este es uno de los problemas a que da lugar la falta de regulación legal en este sentido, además de la falta de homologación de títulos académicos[46].

IV. COORDINACIÓN DE ACTUACIONES EN LA PROTECCIÓN DE MENORES EN CASO DE VIOLENCIA Y MALTRATO DENUNCIADO: JUZGADOS, FISCALIAS, Y SERVICIOS DE PROTECCIÓN

Debemos partir de la premisa de que el legislador en materia de protección de menores ha comprometido al conjunto de la sociedad. Es por ello que el conjunto de ciudadanos y entidades, sean públicas o privadas, tienen el deber de comunicar y denunciar las situaciones de falta de asistencia o desamparo que conozcan, o los supuestos de transgresión de los derechos de los menores, ante las autoridades. Por otro lado la Administración deberá promover las condiciones para hacer efectivo su obligación de protección pública. Así resulta del artículo 13 de la LOPJM, así como de las distintas leyes autonómicas sobre protección de menores.

En línea con lo expuesto y centrando el tema en el epígrafe que nos ocupa, no cabe duda de la necesaria cooperación/coordinación de los distintos agentes intervinientes en la materia, a saber: servicios sociales, servicios sanitarios, res-

[46] En países como Francia, Portugal, Reino Unido o Italia es legal la educación en casa. Se ha pronunciado a este respecto la Sentencia del Tribunal Supremo de 30 de octubre de 1994 que excluye del tipo penal a los modelos de enseñanza que desarrollen en el ámbito estricto de un núcleo familiar clásico o incluso comunidades cerradas de estructura cuasi-familiar, sin perjuicio de la indeclinable obligación de los poderes públicos de velar por el cumplimiento de las previsiones mínimas que no son otras que garantizar el respeto a los principios constitucionales.

ponsables de centros educativos, profesores[47], entidades o asociaciones de protección de la infancia, Fuerzas y Cuerpos de Seguridad, a través de sus unidades o grupos especializados en menores, tales como el GRUME de la Policía Nacional, o el EMUME de la Guardia Civil, y por supuesto la Fiscalía y el Juzgado. En tal sentido, existen protocolos de actuación entre las distintas Administraciones intervinientes y agentes afectados en las distintas Comunidades Autonómicas, Ceuta y Melilla, al objeto de hacer efectiva la protección jurídica del menor.

Especial mención merecen los supuestos de violencia y maltrato de menores denunciado. A tal efecto, y sin perjuicio de la precisa colaboración entre los agentes implicados en todo caso, habrá que distinguir entre los supuestos de violencia doméstica y la de género. Esta última y al amparo de la Ley Orgánica 1/2004, de 28 de diciembre, de Medidas de Protección Integral contra la Violencia de Género, establece la competencia de los Juzgados de Violencia sobre la Mujer, en los casos de violencia de género[48] para conocer en el orden civil de los asuntos enumerados en el artículo 748 de la L.E.C, entre los que se incluye en el apartado g) "los que tengan por objeto la oposición a las resoluciones administrativas en materia de protección de menores".

Por tanto, la competencia funcional y objetiva será distinta en los casos de maltrato o violencia de género o doméstica. En el primer caso hemos visto que será del Juzgado especializado, creado al efecto por la Ley citada, con Fiscales especializados en Violencia de Género, o en su caso el de Instrucción de guardia, cuando se trata de acordar alguna resolución judicial urgente con relación a la mujer y menor, fuera del horario de audiencia de aquél Juzgado, y al amparo de las facultades que le otorga el artículo 158 del Código Civil y 13 de la Ley de Enjuiciamiento Criminal. En los casos de violencia doméstica el competente lo será el de Instrucción,

---

[47] Todos estos juegan un papel fundamental habida cuenta la relación tan próxima y estrecha que mantienen con el menor.

[48] Así, según Circular número 4 de 18 de julio de 2005, de la Fiscalía General del Estado, sobre criterios de aplicación de la L.O.M.P.I.V.G., la violencia de género es aquélla en que el sujeto activo es en todo caso un hombre, y pasivo, siempre una mujer, y entre ambos exista o haya existido una relación matrimonial o similar de afectividad, aún sin convivencia. También se estima como tales las situaciones de violencia sobre la mujer que, además, afecten a los menores que se encuentren en el entorno familiar; por tanto, no será aquélla, si la violencia o maltrato se ejerce sólo sobre el menor. La violencia doméstica queda circunscrita al resto de los sujetos pasivos previstos en el artículo 173.2 del Código penal.

o el de guardia, si se tratara de tomar medidas urgentes de protección al menor, al amparo de los preceptos citados, con intervención del Fiscal.

Pero en cualquier caso es preciso para ello que los servicios sociales de protección de menores pongan los hechos inmediatamente en conocimiento del Fiscal, bien directamente, o bien través de las Fuerzas y Cuerpos de Seguridad, salvo que éstos insten lo oportuno ante la Fiscalía tan pronto tengan conocimiento, por cualquier vía, de una situación de violencia o maltrato a un menor[49].

La Fiscalía instará lo oportuno ante el Juzgado de Instrucción, o en su caso en el de guardia, al objeto de hacer efectiva la protección del menor. Incluso, y en aras a procurar dicha protección, de acuerdo a los respectivos protocolos de actuación acordados entre los agentes y órganos competentes, será posible el internamiento del menor, debiéndose confirmar tan pronto ello sea posible por la correspondiente resolución judicial.

Obviamente, en aquellos casos en que no hay urgencia en adoptar las medidas de protección, serán los servicios sociales quienes se encarguen, a través de la tramitación del expediente, de resolver lo oportuno.

V. EL DERECHO DEL MENOR A SER OÍDO (EN LOS PROCEDIMIENTOS ADMINISTRATIVOS DE DECLARACIÓN DE DESAMPARO; Y EN LOS JUDICIALES)

La Convención sobre los Derechos del Niño destina su artículo 12 a la protección del derecho a ser oído. Exige, en primer lugar, a los Estados parte que garanticen al niño en condiciones de formarse un juicio propio el derecho de expresar su opinión en todos los asuntos que le afecten, teniendo debidamente en cuenta sus opiniones en función de su edad y madurez. Con ese fin, dispone además que se dé en particular al niño la posibilidad de ser escuchado en todo procedimiento judicial o administrativo que le afecte, ya sea directamente o por medio de un representante o de un órgano apropiado.

Por su parte, el artículo 9 LOPJM proclama en su apartado 1 que el menor tiene derecho a ser oído en cualquier procedimiento administrativo o judicial en

---

[49] Como sabemos, una vez dictada la resolución de desamparo tiene la obligación de notificárselo al Fiscal, art. 174 del C.C.

que esté directamente implicado y que conduzca a una decisión que afecte a su esfera personal, familiar o social, y precisa que en los procedimientos judiciales las comparecencias del menor se realizarán de forma adecuada a su situación y al desarrollo evolutivo de éste, cuidando de preservar su intimidad. El apartado 2 del mismo precepto exige que se garantice que el menor pueda ejercitar este derecho por sí mismo o a través de la persona que le represente, cuando tenga suficiente juicio, si bien puntualiza que no obstante, cuando ello no sea posible o no convenga al interés del menor, podrá conocerse su opinión por medio de sus representantes legales, siempre que no sean parte interesada ni tengan intereses contrapuestos a los del menor, o a través de otras personas que por su profesión o relación de especial confianza con él puedan transmitirla objetivamente. Finalmente, en el apartado 3, el artículo 9 dispone que cuando el menor solicite ser oído directamente o por medio de persona que le represente, la denegación de la audiencia será motivada y comunicada al Ministerio Fiscal y a aquéllos.

La legislación autonómica contiene también preceptos protectores del derecho del menor a ser oído. Sin entrar en el detalle de la misma, van a tratar de delimitarse a continuación, y a la vista de la práctica actual, los contornos del derecho.

Es importante precisar, ante todo, el alcance de este derecho del menor. Que el niño sea oído no equivale a que decida. Si el niño es escuchado se está ya respetando su derecho: su opinión se suma a los demás elementos que concurren a la hora de tomar una decisión, siempre en su interés aunque no siempre conforme a su deseo. El niño tiene derecho a ser oído, lo que significa que pueda opinar libremente en los procedimientos que le afecten. El niño no está obligado a opinar, pero debe dársele la oportunidad de expresarse, sin sufrir coacciones, presiones o simples influencias que le impidan u obliguen a hacerlo. No puede ser sometido a un interrogatorio, ni se le pueden dirigir preguntas destinadas a confirmar o modificar una versión anterior, ni puede sufrir manipulaciones encaminadas a obtener respuestas concretas. En el ejercicio del derecho dos elementos determinantes son, como es natural, la edad y la madurez del niño.

El trámite de audiencia del menor no puede verificarse de un modo puramente formal. Constituye un trámite esencial del procedimiento, de manera que si no se realiza debidamente se producirán las consecuencias legalmente establecidas. Se observan en este punto diferencias entre las diferentes Comunidades Autónomas, habiéndose producido mejoras sustanciales en algunas de ellas, si bien en general parece que el margen para avanzar es aún grande.

Sólo un trámite de audiencia adecuadamente efectuado hace posible la adopción de las medidas más apropiadas, en interés del menor. En este sentido, parece necesaria la intervención de especialistas formados específicamente (incluso en los aspectos jurídicos) que cuenten con los medios idóneos y dispongan de tiempo suficiente para lograr que el niño pueda expresarse.

Los profesionales están capacitados para ponerse en el lugar del niño, pueden explicarle de manera más eficaz la situación en la que se encuentra y el significado del trámite de audiencia (va a ser escuchado, pero no necesariamente se van a satisfacer sus deseos), y pueden también responder adecuadamente a los intentos de manipulación de dicha situación por parte del propio menor. La actuación de estos profesionales debe estar presidida por el principio de intervención mínima: no pueden ser muchos, y en la medida de lo posible no deben cambiar. El número de entrevistas requeridas variará dependiendo del tipo de procedimiento y de los distintos avatares de la situación del niño. En particular, en los procedimientos judiciales de desamparo puede no ser necesaria una nueva audiencia del menor. De otro modo, el niño tiene que repetir su relato, y puede llegar a dar versiones diferentes de los mismos hechos.

Para la utilidad del trámite de audiencia importa también que el lugar en el que se realiza sea suficientemente adecuado, de modo que el niño se sienta a gusto y pueda expresarse libremente sin interferencias familiares o de cualquier otro tipo. El menor puede sentirse impresionado por la solemnidad de una sala, o por la peculiar vestimenta, en su caso, de jueces o abogados. En ciertos supuestos (por ejemplo, malos tratos) puede recurrirse a la grabación de la entrevista que los especialistas efectúan en un ambiente cómodo para el menor y utilizando los medios pertinentes.

En el caso de los menores extranjeros no acompañados el trámite de audiencia tiene una relevancia particular, por lo que es imprescindible que tenga un contenido real. Se plantean, sin embargo, dificultades en la práctica relacionadas con el momento en que se realiza la audiencia (a la llegada del menor, sin que más adelante se repita) y con la ausencia de un defensor judicial que tutele satisfactoriamente los intereses del menor.

En conclusión, parece conveniente una reforma legal que introduzca más precisión en cuanto al contenido y límites del derecho del menor a ser oído. Podrían tratarse expresamente aspectos como los siguientes: que en la valoración del trámite de audiencia evacuado un elemento fundamental debe ser el interés del menor; que el respeto de la opinión del menor no implica atenerse siempre a sus deseos; que deben motivarse las decisiones en las que se acuerda no dar audiencia al menor; que el menor tiene derecho a ser informado en el curso de la audiencia; que en la audiencia del menor extranjero no acompañado debe tomarse en consideración la peculiaridad de su situación. En el marco de esa reforma debería reflexionarse sobre la conveniencia de crear una jurisdicción especializada, competente en el ámbito del Derecho de familia, que contara con funcionarios igualmente especializados.

VI. EL REFLEJO REGISTRAL DEL DESAMPARO[50]

Se deben precisar, ante todo, tres cuestiones. La primera es que la competencia para organizar los registros públicos es estatal, y el Registro Civil lo es, conforme al artículo 149.1.8ª de la Constitución Española, por lo que la normativa aplicable serán a nivel estatal, la Ley y el Reglamento del Registro Civil.

La segunda es que, con carácter general, existe una gran descoordinación entre la realidad registral y la extrarregistral en estos casos. Así, en la mayoría de los supuestos, la declaración de desamparo no se refleja en el Registro Civil, con las consecuencias prácticas que ello conlleva[51].

La tercera, que el Código Civil en la Sección relativa a la guarda y acogimiento de menores, artículos 171 a 174, no hace ninguna referencia a la presente cuestión. Es por ello que debemos proceder a una labor integradora de los pre-

---

[50] No olvidemos que el Registro Civil da publicidad, con eficacia frente a terceros, de todos los actos y hechos relativos al estado civil de las personas, y aquellos otros que determine la ley, tal y como resulta de los artículos 325 del C.C, y 1, 2 y 3 de la L.R.C.

[51] Piénsese, por ejemplo, en el caso en que los padres suspendidos de patria potestad, en virtud de la resolución que declara el desamparo, enajenaran un bien de su hijo, o en el caso en que los padres en dicha situación, se separan judicialmente y en tal procedimiento se obvia dicha cuestión, o cuando hay que cobrar indemnizaciones o pensiones que correspondan al hijo.

ceptos contenidos en el Código Civil, arts. 218 y 219 aplicables sólo cuando se trata de resoluciones judiciales sobre cargos tutelares y de curatela, en el artículo 755 LEC, con la misma precisión anterior, y Ley del Registro Civil (en adelante L.R.C.) artículos 46 y 88 y Reglamento del Registro Civil (en adelante R.R.C.), artículos 180 y 283, que a continuación expondremos. Y ello pues hasta la fecha en la legislación registral no existe referencia expresa alguna a la institución del desamparo, ni a la forma a través de la cual se formaliza (esto es, al acogimiento), ni tampoco sobre la tutela *ex lege* de la entidad pública.

La Dirección General de los Registros y del Notariado, con ocasión de alguna consulta que se le ha elevado sobre esta cuestión, ha mantenido que los Jueces no están obligados a inscribir tales hechos, si bien vamos a examinar los preceptos legales reseñados.

Dispone el artículo 46 de la L.R.C.[52], según redacción dada por la Ley 13/2005, de 1 de julio por la que se modifica el Código Civil en materia de derecho a contraer matrimonio, que: *La adopción, las modificaciones judiciales de capacidad, las declaraciones de concurso, ausencia o fallecimiento, los hechos relativos a la nacionalidad, vecindad, y en general, los demás inscribibles para los que no se establece especialmente que la inscripción se haga en otra Sección del Registro se inscribirán al margen de la correspondiente inscripción del nacimiento. Cuantos hechos afecten a la patria potestad, salvo la muerte de los progenitores, se inscribirán al margen de la inscripción de nacimiento de los hijos.*

Por su parte, el artículo 88 de la LRC dispone que: *En la Sección cuarta se inscriben el organismo tutelar y las demás representaciones legales que no sean de personas jurídicas y sus modificaciones. En esta Sección también se harán constar por anotación los hechos y las circunstancias que conforme al Código Civil, constituyen el contenido del Registro de Tutelas y el Central de Ausentes, cuando con arreglo a esta Ley no sean objeto de inscripción.*

Son concordantes de aquéllos, los artículos del Reglamento del Registro Civil, concretamente el artículo 180 respecto a los hechos que afecten a la patria potestad, que se practican al margen de la inscripción de nacimiento, en la Sección Primera, y el artículo 283 respecto de la inscripción de los cargos tutelares,

---

[52] Sobre hechos relativos a la patria potestad y, por tanto, incluidos en la Sección Primera del Registro.

curatela, sus modificaciones, y las medidas judiciales sobre guarda o administración, vigilancia o control de aquellos cargos, que se practicarán en la Sección de Tutelas y Representaciones legales.

De ello resulta que cuando en el procedimiento de desamparo no interviene la autoridad judicial, es decir cuando no hay oposición al mismo, la autoridad competente para que se refleje dicha situación en el Registro Civil es la entidad pública que ha asumido la tutela *ex lege* del menor, quien deberá instar la inscripción oportuna en la Sección Cuarta del Registro Civil, siendo la resolución en virtud de la cual se declara el desamparo un documento inscribible si reúne los requisitos exigidos en los artículos 23 de la L.R.C, y 81 del R.R.C., y estando obligada la entidad pública a promover tal inscripción, conforme al artículo 24 de la ley registral.

Lo que es más cuestionable es si la suspensión de la patria potestad que conlleva la declaración de desamparo, con la asunción por parte de la entidad pública de la tutela *ex lege*, es inscribible. De acuerdo con los artículos anteriormente citados, creemos que al tratarse de un hecho que afecta a la patria potestad, se deberá tomar constancia de tal hecho al margen de la inscripción de nacimiento del menor, en la Sección Primera. Si el menor hubiera estado sujeto a tutela ordinaria y se suspendiera ésta, igualmente se hará constar dicha circunstancia.

En el caso en que intervenga la autoridad judicial, es decir cuando exista oposición a la resolución que declare el desamparo, por virtud del artículo 755 de la L.E.C., ya citado, será la autoridad judicial quién deberá comunicar de oficio su resolución judicial al Registro Civil para la práctica de los asientos oportunos.

Por otro lado, es de destacar que los padres suspendidos de patria potestad, o los tutores suspendidos de su tutela ordinaria, también están obligados, conforme al artículo 24. 2º de la L.R.C., a promover la inscripción de estos hechos, en cuanto les afecta directamente.

En cualquier caso, y con carácter residual es de destacar que con arreglo al artículo 24 de la L.R.C, el Ministerio Fiscal, ya sea por intervención o conocimiento directo de los hechos inscribibles, ya sea por haber tenido conocimiento de los mismos a través de una autoridad o funcionario a quienes les consten, también tiene obligación de promover la inscripción.

Ahora bien, como expusimos *ut supra*, la Dirección General de los Registros y del Notariado se pronuncia de forma muy restrictiva al respecto. Así, en la línea expuesta anteriormente, es de destacar la Resolución de 30 de mayo de 2006, sobre inscripción de la tutela *ex lege* de la entidad pública con suspensión de la patria potestad, en la que se desestima el recurso interpuesto y se confirma la no inscripción en el Registro Civil de aquélla. El razonamiento del Centro Directivo es que la tutela *ex lege* es radicalmente distinta de la tutela ordinaria, no siendo susceptible de inscripción por basarse en una situación de hecho de desamparo del menor, por corresponder ésta por ministerio de la ley, quedando fuera del artículo 218 del Código Civil. Continúa su razonamiento exponiendo que tampoco es inscribible la suspensión de la patria potestad ligada a dicha tutela, pues no hay una suspensión absoluta, sino que es una consecuencia de la situación de hecho del desamparo. No obstante, reconoce que el acogimiento si es susceptible de anotación, al ser una figura distinta, que da lugar a un asiento distinto por virtud del artículo 154 del R.R.C., que aunque no es un acto modificativo del estado civil, si tiene efectos civiles, de ahí que si esté previsto su acceso al Registro Civil a través de su anotación. Concluye la indicada resolución, que lo que sí cabe es la publicidad registral de la declaración administrativa con valor simplemente informativo a través de la anotación marginal del nº 1 del artículo 38 de la L.R.C., lo que permite *de lege ferenda* mejorar la coordinación de las llamadas tutelas administrativas con el Registro Civil.

Existe pues, sea en forma de inscripción, sea en forma de anotación, la obligación de reflejar registralmente tales hechos en el Registro Civil, a través de la autoridad administrativa, o a través de la judicial, de llegar ésta a intervenir. Ahora bien, en la práctica, la situación no es así, dependiendo de circunstancias tales como la circunscripción registral, el proceso de informatización de los distintos registros y la mayor o menor carga de trabajo existente en los distintos Registros Civiles. En cualquier caso, sería de desear que en fecha muy cercana se resuelva esta situación, que tantos problemas plantea en la práctica, armonizándose la legislación del Registro Civil con las reformas operadas en el Código Civil en relación con esta materia.

VII. LA LEY APLICAPLE EN MATERIA DE PROTECCIÓN DE MENORES: LA LEY NACIONAL Y LA LEY DE LA RESIDENCIA HABITUAL

Surgen dudas en la práctica acerca de la ley aplicable en el ámbito de la protección de menores. Estas dudas obedecen, en primer lugar, a la entrada en vigor en nuestro país de convenios internacionales y, ahora, reglamentos comunitarios, sin que se modifique la redacción de las normas contenidas en el Código Civil. La "publificación" del Derecho de la protección de menores, con la distinción consecuente entre medidas "de Derecho público" (desamparo, por ejemplo) y medidas "de Derecho privado" (como la constitución de una tutela), contribuye probablemente a oscurecer el panorama. El debate actual sobre la conveniencia de sustituir, al menos en ciertas materias, el tradicional criterio de la nacionalidad por el más novedoso de la residencia habitual influye también en el actual estado de cosas.

A continuación tratará de precisarse cuál es la ley aplicable. Pero antes será necesario determinar cuándo son competentes las autoridades españolas. Sólo cuando se sabe que son competentes dichas autoridades tiene sentido preguntarse qué ley van a aplicar. Para terminar, se perfilará el papel que tienen o pueden tener en el futuro la ley nacional y la ley de la residencia habitual en este sector del Derecho internacional privado español.

1. Competencia internacional de las autoridades españolas en el ámbito de la protección de menores

Los textos a considerar son el Reglamento (CE) nº 2201/2003, de 27 de noviembre de 2003, relativo a la competencia, el reconocimiento y la ejecución de las resoluciones judiciales en materia matrimonial y de responsabilidad parental, el Convenio de La Haya de 5 de octubre de 1961, sobre competencia de autoridades y ley aplicable en materia de protección de menores, y la Ley Orgánica del Poder Judicial.

De acuerdo con las reglas generales, las normas a tener en cuenta en primer lugar son las del Reglamento, después las del Convenio y finalmente las contenidas en la Ley Orgánica. Las relaciones entre el Reglamento y el Convenio son tratadas particularmente en el artículo 60 del primero, en virtud del cual en las relaciones entre los Estados miembros prima el Reglamento, en las materias reguladas por el mismo, frente al Convenio. Hay que entender por Estados miembros, en este texto comunitario, todos los Estados miembros de la Unión Europea a excepción de Dinamarca.

1.1. El Reglamento 2201/2003

El Reglamento se aplica a las medidas "de Derecho público" y a las medidas "de Derecho privado", de acuerdo con su artículo 1.

En aplicación del artículo 8, que establece el criterio general de competencia, son competentes los órganos jurisdiccionales españoles respecto de los menores que residen habitualmente en España en el momento en que se presenta el asunto ante el órgano jurisdiccional. Es importante precisar que, en el lenguaje del Reglamento, con los términos "órgano jurisdiccional" se alude a todas las autoridades de los Estados miembros con competencia en las materias que entran en su ámbito de aplicación (artículo 2.1). No define el Reglamento, en cambio, qué debe entenderse por menor, de modo que la respuesta deberá buscarse a través de las normas de Derecho internacional privado españolas, que se remiten, en principio, a la ley nacional (artículo 9, apartados 1, 9 y 10 del Código Civil) . También es necesario destacar que la regla de competencia judicial internacional establecida por el Reglamento se aplica con independencia de la nacionalidad del menor: si el menor tiene su residencia habitual en España, son competentes las autoridades españolas cualquiera que sea su nacionalidad.

El mencionado criterio general se complementa con otros contemplados en los artículos 9, 10 y 12: mantenimiento temporal de la competencia en caso de cambio legal de la residencia habitual de un Estado miembro a otro; conservación de la competencia en el supuesto de sustracción internacional; prórroga de la competencia en litigios matrimoniales o asimilados.

Cuando no pueda determinarse la residencia habitual y tampoco pueda determinarse la competencia sobre la base del artículo 12, serán competentes los órganos jurisdiccionales españoles si el menor está presente en España (artículo 13, que extiende la aplicación de esta regla a los refugiados y a los desplazados internacionalmente a causa de disturbios en su país).

Con carácter residual, el artículo 14 dispone que si de los artículos anteriores no se deduce la competencia de ningún órgano jurisdiccional de un Estado miembro, la competencia se determinará en cada Estado miembro con arreglo a las leyes de dicho Estado. Es una regla que trata de evitar, en último término, una eventual denegación de justicia. Más adelante se sugiere el cauce que en el Derecho español puede llenar de contenido esa remisión.

Excepcionalmente, y siempre que responda al interés superior del menor, cabe la remisión a un órgano jurisdiccional de otro Estado miembro con el que el menor tenga una vinculación especial si el mismo se encuentra mejor situado para conocer del asunto (artículo 15). En este sentido, puede actuarse de oficio, a instancia de parte o a petición del órgano jurisdiccional de otro Estado miembro.

Por último, el artículo 20 del Reglamento permite, en casos de urgencia, la adopción de medidas provisionales y cautelares por los órganos jurisdiccionales de un Estado miembro en relación con personas o bienes presentes en dicho Estado miembro, aun cuando los órganos jurisdiccionales de otro Estado miembro fueran competentes para conocer sobre el fondo.

1.2. El Convenio de La Haya de 1961

El Convenio se aplica, según su artículo 13, párrafo primero, a los menores que tengan su residencia habitual en uno de los Estados contratantes. Los actuales Estados contratantes son miembros de la Unión Europea en los que se aplica el Reglamento 2201/2003, a excepción de China (sólo para Macao), Suiza y Turquía. Si, como se ha dicho, en las relaciones entre los Estados miembros prima el Reglamento, en las materias reguladas por el mismo, frente al Convenio, puede concluirse que las normas de competencia internacional de este último sólo se aplican en la actualidad en las relaciones con los tres Estados mencionados.

Aunque no se establece en él expresamente, se aplica este Convenio a todas las medidas de protección de menores, tanto a las de Derecho público como a las de Derecho privado. Se entiende por menor toda persona que tenga la calidad de tal con arreglo a la ley interna del Estado del que es nacional y con arreglo a la ley interna del Estado de su residencia habitual. Se aplican cumulativamente ambas leyes (el texto español del artículo 12 del Convenio contiene a este respecto un error que debe corregirse a la luz de los textos auténticos).

El Convenio intenta lograr un equilibrio entre nacionalidad y residencia habitual. De ahí que lo que puede parecer, en una primera lectura, la regla general en el ámbito de la competencia internacional, la competencia de las autoridades del Estado de la residencia habitual del menor (artículo 1), resulte después no serlo del todo. El artículo citado invoca ya en sus primeras palabras lo dispuesto en los artículos 3, 4 y 5, párrafo 3. En su virtud, en todos los Estados contratantes se reconocerá una relación de autoridad resultante de pleno derecho de la ley interna del Estado del que es nacional el menor. Además, las autoridades del Estado del que el menor es nacional pueden adoptar medidas de protección que sustituirán en su caso a las adoptadas por el Estado de la residencia habitual. Finalmente, en caso de desplazamiento de un menor que estuviera bajo la protección de las autoridades del Estado del que es nacional, las medidas por ellas adoptadas seguirán vigentes en el Estado de la nueva residencia habitual. No obstante lo dispuesto en estos tres artículos, las autoridades del Estado de la residencia habitual pueden adoptar medidas de protección en caso de que el menor esté amenazado por un peligro serio de su persona o sus bienes, si bien las autoridades de los demás Estados contratantes no estarán obligadas a reconocer esas medidas (artículo 8). En caso de urgencia adoptarán las medidas necesarias de protección las autoridades de todo Estado contratante en cuyo territorio se encuentre el menor o los bienes que le pertenezcan (artículo 9).

En cumplimiento de los compromisos asumidos, parece que en nuestro país deberán producir todos sus efectos, en particular, las medidas adoptadas por las autoridades de alguno de los tres Estados señalados respecto de sus nacionales. ¿Pueden las autoridades españolas declararse competentes, más allá del criterio de la residencia habitual en España contemplado por el Reglamento, para la adopción de medidas respecto de nacionales españoles con residencia habitual en Macao, Suiza o Turquía? La respuesta afirmativa puede sustentarse en la competencia residual del artículo 14, antes aludido, del texto comunitario.

La complejidad del Convenio de La Haya de 1961 ha dado lugar a dificultades graves en su aplicación que han determinado, en definitiva, la elaboración de un nuevo convenio, que está llamado a sustituir al vigente, el Convenio de La Haya de 19 de octubre de 1996 sobre la competencia, la ley aplicable, el reconocimiento, la ejecución y la cooperación en materia de responsabilidad parental y de medidas de protección de menores. Cuando esté vigente en España, el Convenio se aplicará a todas las medidas de protección que se adopten respecto de los niños hasta que cumplan los dieciocho años. Se atribuye en él competencia a las autoridades del Estado de la residencia habitual del menor. Si la residencia habitual no puede establecerse, a las del Estado en el que se encuentra presente el menor. Contiene reglas el Convenio acerca del mantenimiento de la competencia en caso de sustracción, la prórroga de la competencia de las autoridades que conocen de la separación o divorcio, y el criterio a seguir en el caso de que otro Estado contratante esté mejor situado para la adopción de las medidas. Se atribuye igualmente competencia para casos de urgencia a las autoridades del Estado en que se encuentran el menor o sus bienes. Estas autoridades también pueden adoptar medidas provisionales y de eficacia territorial siempre que no sean incompatibles con las adoptadas por las autoridades competentes de acuerdo con las reglas anteriores.

1.3. La Ley Orgánica del Poder Judicial

El artículo 22. 3º de la Ley utiliza la residencia habitual del menor en España como criterio de competencia internacional para la adopción de medidas de protección de su persona o bienes. Pero si el menor, cualquiera que sea su nacionalidad, tiene su residencia habitual en España resulta aplicable el Reglamento 2201/2003, como se ha dicho anteriormente. No queda espacio, en consecuencia, para la aplicación del artículo 22. 3º .

Queda espacio, en cambio, para la aplicación del 22. 5º, que atribuye competencia a las autoridades españolas para la adopción de medidas provisionales o de aseguramiento respecto de personas o bienes que se hallen en territorio español. En los supuestos en los que no sean de aplicación los artículos 20 del Reglamento o 9 del Convenio de La Haya será necesario acudir a la Ley Orgánica. Se tratará esencialmente de los casos en que el menor no tiene su residencia habitual en un Estado miembro de la Unión Europea (sin contar Dinamarca) o parte en el Convenio de La Haya de 1961.

2. Ley aplicable por las autoridades españolas

Carece el Reglamento 2201/2003 de reglas en el ámbito de la ley aplicable. Es necesario atender, entonces, a las normas que al respecto contienen el Convenio de La Haya de 1961 y el Código Civil.

2.1. El Convenio de La Haya de 1961

El Convenio sigue el criterio de que la autoridad competente aplique su propia ley (artículos 2 y 4). Las autoridades españolas, sean competentes por tener el menor su residencia habitual en España, que será lo más frecuente de acuerdo con lo antes expuesto, sean competentes por ser el menor español, en el caso residual también presentado, aplicarán la ley española.

Es verdad que el Convenio se aplica, como antes se ha precisado, a los menores que tienen su residencia habitual en un Estado parte. Pero las autoridades españolas son competentes, en general, cuando el menor tiene su residencia habitual en España, con lo que se cumple el requisito para la aplicación del Convenio: conforme a éste, por tanto, el juez español aplica su propia ley. Cuando la competencia pueda fundarse, en el supuesto residual antes destacado, en la nacionalidad española del menor, en virtud del propio Convenio el juez español aplica la ley española.

Debe añadirse que en las relaciones con Bélgica y Rumanía, que no han ratificado el Convenio de 1961 que lo sustituye, sigue vigente el viejo Convenio de La Haya de 12 de junio de 1902 sobre tutela de menores, que se remite, en principio, a la ley nacional del menor (artículo 1).

El Convenio de La Haya de 1996, llamado a sustituir al de 1961, determina en su artículo 15 la aplicación por la autoridad competente de su propia ley, si bien puede excepcionalmente aplicar o tomar en consideración la ley de otro Estado con el que la situación presenta un vínculo estrecho, en la medida en que lo requiera la protección de la persona o de los bienes del menor. Lo normal será, por tanto, la aplicación de la ley de la residencia habitual del menor; en algunos casos, sin embargo, podrá aplicarse otra ley (ley nacional, ley de situación de los bienes del menor, etc.).

2.2. El Código Civil

Determinada la ley aplicable por el Convenio de La Haya de 1961, en los términos expuestos, el Código Civil sólo puede aplicarse en los casos aludidos de adopción, según el 22.5º de la Ley Orgánica del Poder Judicial, de medidas provisionales o de aseguramiento respecto de menores o bienes que se hallen en territorio español (menores con residencia habitual en Estados no miembros de la Unión Europea ni parte en el Convenio de 1961). El párrafo primero del artículo 9.6 señala que las medidas provisionales o urgentes de protección se regirán por la ley de la residencia habitual del menor (regla segunda). No resulta una regla muy apropiada cuando se trata de medidas de protección. Sería preferible la aplicación de la ley española.

3. Ley nacional y ley de la residencia habitual en el Derecho español de la protección de menores

Resulta del desarrollo anterior que el papel actual de la ley nacional en el sector de la protección de menores es muy escaso. En general, las autoridades españolas aplican, cuando son competentes, la ley española. Sólo en los supuestos en que resulte de aplicación el Convenio de La Haya de 1902 entra en juego la ley nacional del menor. La ley nacional se aplica también, en los términos ya indicados, para determinar qué se entiende por menor.

Esta conclusión contrasta, al menos parcialmente, con las normas que contiene nuestro Código Civil. El artículo 9.6, en su párrafo primero, dispone que la tutela y las demás instituciones de protección se regirán por la ley nacional del menor (regla primera). El párrafo tercero de dicho precepto señala que será aplicable la ley española para tomar medidas de carácter protector o educativo respecto de los menores abandonados que se hallen en territorio español. Puede verse aquí un reflejo de la distinción entre medidas "de Derecho privado" y "medidas de Derecho público". A unas y a otras se aplica hoy, como se ha visto, no la ley nacional, sino la ley española.

En el marco del debate actual acerca de la reforma del sistema español de Derecho internacional privado se va imponiendo el criterio favorable a la aplicación de la ley de la residencia habitual del menor, en la dirección apuntada por el aludido Convenio de La Haya de 1996, todavía no en vigor en España.

Es importante precisar, no obstante, que la ley nacional del hijo es la aplicable normalmente en el terreno de las relaciones paterno-filiales, de acuerdo con las previsiones del artículo 9.4 del Código Civil, que remite a la ley personal del hijo (a concretar según los apartados 1, 9 y 10 del propio artículo 9) y, si no pudiera determinarse ésta, a la de la residencia habitual del mismo. Los efectos de la filiación, en particular la patria potestad, se rigen por dicha ley.

CAPÍTULO III.
EL ACOGIMIENTO FAMILIAR

Ana Soler Presas
Profesora Propia Agregada de Derecho civil
Universidad Pontificia Comillas

Cristina Carretero González
Profesora Propia Adjunta de Derecho Procesal
Universidad Pontificia Comillas

Sara Sieira Mucientes
Profesora Propia Adjunta de Derecho Constitucional
Universidad Pontificia Comillas

CAPÍTULO III.
EL ACOGIMIENTO FAMILIAR

SUMARIO: I. ACOGIMIENTO FAMILIAR VS. ACOGIMIENTO RESIDENCIAL: a) Preferencia del acogimiento familiar frente al residencial: fundamento y excepciones. b) Figuras intermedias: El acogimiento funcional y el profesional. II. TIPOLOGÍA DEL ACOGIMIENTO FAMILIAR: a) El acogimiento simple: utilidad y límite temporal; b) El acogimiento permanente: ¿deslinde o solapamiento con el preadoptivo? III. LOS CRITERIOS DE SELECCIÓN DE LA FAMILIA DE ACOGIDA. IV. LA CONSTITUCIÓN DEL ACOGIMIENTO FAMILIAR: a) La forma como requisito esencial para la constitución del acogimiento. b) Las partes intervinientes. c) La delimitación de los derechos y deberes de las partes. d) Remuneración o gratuidad del acogimiento familiar.

I. ACOGIMIENTO FAMILIAR *VS.* ACOGIMIENTO RESIDENCIAL

1. Preferencia del acogimiento familiar frente al residencial: fundamento y excepciones.

Con carácter general, el acogimiento familiar puede ser definido como "aquella situación temporal y revocable, orientada a la protección de menores que se encuentran privados –aunque sea circunstancialmente– de una adecuada atención familiar, y consiste en confiar al menor al cuidado de personas que reúnan las condiciones morales y materiales necesarias para proporcionarle sustento, habitación, vestido y, especialmente, una vida familiar conforme con los usos sociales"[1].

Dentro de la amplia disparidad de supuestos susceptibles de ser merecedores o destinatarios de la medida de acogimiento familiar podemos señalar como común denominador a todos ellos el dato de encontrarnos con padres que no ofrecen una respuesta adecuada a las necesidades de atención y educación de un hijo. El acogimiento familiar se constituye, precisamente, para dar respuesta adecuada a dichas necesidades. Frecuentemente se llevará a cabo con miembros de la familia extensa del niño (normalmente abuelos o tíos), pero en caso de faltar éstos, o cuando no tienen unas circunstancias propicias o no muestran interés por el niño, el acogimiento se realizará en familia ajena (terceras personas).

Frente al acogimiento familiar, la figura del acogimiento residencial constituye una medida de protección derivada del ejercicio de la guarda administrativa (tanto la derivada de la tutela administrativa como de la guarda voluntaria) consistente en el alojamiento de un menor en un centro, residencia o institución pública (o colaboradora) adecuada a sus características con la finalidad de recibir la atención, educación y formación adecuadas, correspondiendo la guarda de ese menor al Director o responsable de dicho Centro, bajo la supervisión de la Administración autonómica y del Ministerio Fiscal[2]. Según la LOPJM, se acudirá a adoptar esta medida "cuando no sea posible la permanencia del menor en una familia"[3].

Trazando un breve recorrido histórico, es fácil constatar un cambio sustancial –una evolución, si se quiere– desde la opción del acogimiento residencial (en una originaria y hoy superada versión) hacia el acogimiento familiar. En efecto, el internamiento de menores en centros ha sido, como resume el profesor OCÓN DOMINGO,[4] un recurso muy utilizado a lo largo de la Historia para hacer frente al problema de los niños huérfanos, abandonados o con ciertas dificultades socia-

---

[1] Auto de 29 de junio de 1996, Audiencia Provincial de Ávila, Referencia *Westlaw* 1996/ 1470.

[2] En LÁZARO GONZÁLEZ, I. (Coordinadora) *Los menores en el Derecho español*, op. cit., pág. 369, recogiendo el artículo 59 de la Ley 7/1998, de 28 de abril, de la Comunidad Autónoma de Cantabria, de Protección de la Infancia y la Adolescencia.

[3] Artículo 19.1.d) LOPJM.

[4] OCÓN DOMINGO, J., "Evolución y situación actual de los recursos de protección de menores en España", *Revista del Ministerio de Trabajo y Asuntos Sociales*, nº 45, 2003.

les. Desde la Edad Media en adelante, estos niños fueron recogidos en instituciones de tipo caritativo o benéfico. Ya a mediados del siglo XIX se produce un crecimiento de estas instituciones y del número de personas recluidas en ellas, tratándose normalmente de macroinstituciones curiosamente desconectadas del espacio exterior y generalmente localizadas en la periferia de las grandes ciudades. Con el tiempo, y con más fuerza en el siglo XX, se convierte éste en un tema de calado y preocupación social y se alerta sobre los efectos adversos que la forma en que se practica esa institucionalización podría tener en la personalidad de los menores.

A partir de los años 70 del pasado siglo, comienza en España un proceso de desinstitucionalización primeramente en Cataluña y siendo seguido por Navarra, País Vasco y la Comunidad Valenciana. Se reconoce así que la familia es el contexto de socialización básico del ser humano, buscándoles preferentemente una familia sustituta a los niños cuya familia biológica no esté en condiciones de proporcionarles dicho ámbito. La función de la familia de acogida es, pues, proporcionar al menor un ambiente afectivo y emocional sano, dentro de un entorno normalizado. Los resultados obtenidos son, parece, positivos.[5]

Paralelamente, fueron perfilándose las características que debían tener los centros para menores, destacando las siguientes: dimensiones reducidas, contacto con el exterior, disponer de personal cualificado, posibilidad de acoger a los hermanos, y dar cabida a la cooperación de los padres.

Desde los años 80, se constata la tendencia a huir de las grandes instituciones, se encuadran las residencias dentro de los servicios sociales de la infancia, se busca la reducción del tamaño y mejora de sus condiciones, se profesionaliza el personal en contacto con los niños, se convierte en normal el contacto con el exterior y hay mayor atención a la defensa de los derechos del niño.

Actualmente, pues, el acogimiento familiar aparece como la opción preferente para mitigar o solucionar las situaciones de desprotección de muchos menores. Pero, además de la comprobación empírica de estos datos en la práctica, hemos de analizar si la legislación relativa a protección de menores y su aplica-

---

[5] AMORÓS MARTÍ Y FUENTES PELÁEZ, " Perspectivas y tendencias del acogimiento familiar en Cataluña", en *La adopción y el acogimiento*, Publicaciones i edicions de la Universitat de Barcelona, 2004, pág.189.

ción concreta en las distintas Comunidades Autónomas resultan igualmente claras y coherentes, es decir, si el acogimiento desempeña la función que el legislador le asigna.

En cuanto a la primera cuestión podemos afirmar que, efectivamente, en la práctica actualmente se concede preferencia al acogimiento familiar frente al residencial. Es de destacar el caso de alguna Comunidad Autónoma, como la de Madrid, en la que, según un reciente estudio sobre ambos tipos de acogimiento[6], de 4.380 menores con medida de protección, el 41,07% es atendido en acogimiento residencial; el 49,16 % en acogimiento familiar con familia extensa; y el 9,77% con familia alternativa. Igualmente ésta parece ser la práctica en la generalidad de las Comunidades Autónomas[7].

Ahora bien, una vez constatada la preferencia por el acogimiento familiar sobre el residencial es preciso matizar que dicha opción no debe ser absoluta, o, dicho de otra manera, el acogimiento residencial es, pese a su carácter residual, una medida útil (e incluso prioritaria) en determinadas circunstancias, al menos a juicio de los profesionales.

En este sentido, GARCÍA FERNÁNDEZ[8] establece dos grandes grupos de circunstancias o situaciones en las que pueden hallarse los menores, que determinan la conveniencia de uno u otro tipo de acogimiento.

Así, en primer lugar, los niños para los que el acogimiento familiar es un recurso apropiado englobarían los siguientes: menores de 5 años de edad, así como aquéllos de edad intermedia que no presenten ningún tipo de problemas que requieran una atención especializada; niños que ya han recibido un tratamiento a sus problemas emocionales; niños que ya se encontraban en acogi-

---

[6] *II Plan de Atención a la Infancia y la Adolescencia de la Comunidad de Madrid (2002-2006)*, Instituto Madrileño del Menor y la Familia-Consejería de Servicios Sociales, Comunidad de Madrid, publicado en www.madrid.org/cs/Satellite?idConsejeria.

[7] Así lo pusieron de manifiesto los representantes de las Comunidades Autónomas que participaron en los *Encuentros de Profesionales*, quienes expusieron los esfuerzos que se venían haciendo para captar a familias acogedoras.

[8] GARCÍA FERNÁNDEZ, R., Representante del Servicio de Atención al Menor y la Familia de la Junta de Castilla-León, página www.tinet.org/~fedaia/forum99/alternativas.htm y en el apartado a cargo de la autora titulado: *Alternativas al internamiento residencial. Los acogimientos cualificados: la experiencia de Castilla León.*

miento familiar antes de la etapa adolescente; niños que, aun siendo adolescentes, no han alcanzado el nivel en el desarrollo de su personalidad que les corresponde; niños que, a pesar de ser incapaces de adaptarse a un estilo de vida familiar normalizado, la experiencia de la vida en familia en el acogimiento familiar pueda beneficiarles con la atención a sus necesidades; niños en edad escolar con trastornos de tipo diverso; niños con deficiencias o trastornos emocionales que han salido de un tratamiento residencial y que pueden vivir en una familia con ayuda especial y niños que requieren una atención física y médica especializada para los que su atención en una familia especializada les cubre sus necesidades especiales.

El segundo grupo estaría integrado por aquellos niños para los que el acogimiento familiar no es un recurso apropiado (de ahí que hayamos afirmado que la preferencia por este tipo de acogimiento no sea –ni pueda ser– absoluta). Así, los adolescentes que están intentando emanciparse de los vínculos con su familia; niños cuyos problemas emocionales son tan graves o cuya vinculación con su familia natural es tal que les impiden adaptarse y responder adecuadamente a "otros padres"; niños que requieran un ambiente muy estructurado con un trabajo individual o tratamiento psiquiátrico, dados sus graves problemas de conducta; niños con retraso mental u otros trastornos evolutivos que hacen necesario que vivan en un ambiente educativo diseñado para su atención especial y niños cuyos padres no aceptan la relación del niño con la familia acogedora y su actitud pudiera interferir en el buen desarrollo del acogimiento.

La efectividad de la medida viene esencialmente determinada por el grado de implicación de la sociedad en su desarrollo, pues la colaboración de las familias constituye un elemento estructural sin el cual dicha medida no puede llevarse a cabo. Por esta razón, en ese mismo estudio se analizó la aceptación social del acogimiento familiar, ya que en un primer momento se dudó si el acogimiento, como institución de origen extranjero, podría calar en nuestra sociedad, pues, aparte del temor de que no hubiera familias dispuestas a ceder voluntariamente a sus hijos para que otras personas les atendieran, no todos los sectores implicados en el campo de la protección a la infancia eran partidarios de la implantación del acogimiento familiar. Sin embargo, pasados algunos años, se constata un importante grado de aceptación del acogimiento familiar. De hecho, ya en 1998, en Castilla-León, el 74% de los acogimientos realizados lo eran en vía administrativa y sin necesidad, por tanto, de recurrir al Juzgado.

2. Figuras intermedias: El acogimiento funcional y el profesional

Nos referimos en este epígrafe a figuras próximas a las medidas de acogimiento residencial o familiar "genuinas", como el acogimiento en hogar funcional o el acogimiento profesional[9].

El Código Civil en su artículo 173 menciona el denominado "hogar funcional", pero no explica en qué consiste. Se suele entender por hogar funcional un tipo de acogimiento residencial caracterizado por su pequeño tamaño y por el bajo número de profesionales que lo atienden. Es, en parte, consecuencia del movimiento de *desinstitucionalización* al que antes nos hemos referido, en el que se potencian los centros pequeños sobre las grandes estructuras. Se busca, en definitiva, que funcionen como los hogares familiares cuando las circunstancias lo hagan más aconsejable que otras opciones.

En la Comunidad de Madrid, por ejemplo, se suelen utilizar como primera opción ambos tipos de acogimientos, dotando al menor de una atención residencial adecuada y estable, al tiempo que se posibilita la intervención de los servicios sociales con la familia para valorar la medida de protección más adecuada. Otra característica que se destaca en Madrid es que es el medio idóneo para proteger a hermanos que deban separarse o a niños enfermos.

Por su parte, en Cataluña el hogar funcional, que anteriormente estaba contemplado dentro de una tipología de centros, se ha convertido en lo que se llaman "acogimientos simultáneos", que básicamente son acogimientos profesionalizados por una familia a un grupo máximo de ocho menores, controlados siempre por la entidad pública.

En Canarias, la normativa define el hogar funcional como "un núcleo de convivencia permanente similar al familiar, en el que su responsable o responsables residan de modo habitual en el mismo"[10]. Éstos perciben una remuneración por el acogimiento de los menores (cuyo número vendrá determinado reglamentariamente), correspondiendo, en todo caso, a la Administración autonómica el ejercicio de las potestades de inspección y control respecto de dicha actividad.

---

[9] Artículo 173.2 CC: "El documento de formalización del acogimiento familiar, a que se refiere el párrafo anterior, incluirá los siguientes extremos: … 6º. Si los acogedores actúan con *carácter profesionalizado* o si el acogimiento se realiza en un *hogar funcional*, se señalará expresamente".

[10] Ley 1/1997, de 7 de febrero, de Atención Integral a los Menores.

La otra figura "intermedia" a la que nos referíamos antes es el acogimiento profesional, también mencionada en el artículo 173 CC, medida que puede emplearse también como alternativa al acogimiento familiar cuando éste no es conveniente o no es viable, bien por imposibilidad de encontrar familias dispuestas a acoger, bien por tratarse de casos que presentan especiales dificultades[11].

Para RIVAS ANTÓN[12] el que denomina "acogimiento familiar retribuido" es aquel en el que se establece una remuneración para el o los que acogen, como pago al servicio que prestan. Para la autora, la idea de este tipo de acogimiento no debe repeler. Más bien habría que pensar en buscar la forma de remunerar a un tipo de acogedor con una formación específica que pueda responder adecuadamente a las necesidades que plantean los menores con problemas serios. Por consiguiente, si a los acogedores se les pide una preparación específica para atender unas situaciones especialmente complicadas, parece lógico que se les remunere, más allá, pues, de que se les proporcione una "ayuda-subvención"[13]. En países de nuestro entorno, como pueden ser Gran Bretaña o Noruega, existe este tipo de acogimiento retribuido y es considerado como un acogimiento profesionalizado, pero no porque de ello se haga una profesión, sino porque para ser este tipo de acogedor se requiere una formación específica.

No obstante, el alcance de la aplicación de esta medida es desigual. A nivel autonómico podemos citar la Ley 1/1997, de 7 de febrero, de Atención Integral a los Menores, de la Comunidad Canaria, que define el acogimiento profesionalizado como aquel en el que una persona o familia acoge en su núcleo familiar a uno o varios menores y recibe una cantidad mensual por su labor y por los gastos de alimentación y educación del menor o menores acogidos. Por reglamento se determina el número máximo de menores que pueden tener en acogimiento (tres) y el régimen e importes a recibir[14].

---

[11] El sentir mayoritario de los participantes en los Encuentros de protección era que sólo se podría considerar el acogimiento profesional como una buena alternativa en el caso de que no llegaran a existir familias acogedoras o que los menores requiriesen unas atenciones de carácter profesional que en un acogimiento familiar "normal" no obtendría.

[12] RIVAS ANTÓN, Mª F., "Notas sobre la naturaleza contractual del acogimiento familiar retribuido", *Cuadernos de Estudios Empresariales* nº 5, 293-307, Servicio de Publicaciones, UCM, Madrid, 1995, págs. 298 y ss.

[13] En sentido parecido, AMORÓS, P. y PALACIOS, J., *Acogimiento Familiar,* Madrid, 2004, págs. 88 y 89.

[14] Decreto 54/1998, de 17 de abril, artículos 22 a 31.

II. TIPOLOGÍA DEL ACOGIMIENTO FAMILIAR

El Código civil en su artículo 173 bis, redactado conforme a la LOPJM distingue tres modalidades de acogimiento familiar, atendiendo a su finalidad: el simple, el permanente y el preadoptivo, por este orden.

La característica esencial del acogimiento *simple* es su carácter transitorio[15], bien porque se prevea la reinserción del menor en su propia familia, o bien en tanto se adopte una medida de protección que revista un carácter más estable.

El acogimiento *permanente* no se define en el Código Civil por ninguna característica especial, salvo por la de tener una mayor duración que el simple, como implícitamente se desprende de la redacción de dicho precepto. Lo único que se establece en el art. 173.2º CC es que esta modalidad de acogimiento procederá "cuando la edad u otras circunstancias del menor lo aconsejen, y así lo informen los servicios de atención al menor", y que en este caso "la entidad pública podrá solicitar al juez que se atribuya a los acogedores aquellas facultades que faciliten el desempeño de sus responsabilidades". Como consecuencia de la flexibilidad con que está contemplada esta figura, su utilización resulta muy desigual en las Comunidades Autónomas, como enseguida se expondrá.

Por último, el acogimiento *preadoptivo* aparece definido de dos formas: como trámite procesal implícito en el procedimiento de adopción (se debe formalizar cuando la entidad pública eleve la propuesta de adopción) o bien como medida "provisional" (cuando antes de presentar la propuesta de adopción la entidad pública considere necesario establecer un periodo de adaptación del menor a la familia, periodo que "será lo más breve posible y, en todo caso, no podrá exceder del plazo de un año").

1. El acogimiento simple: utilidad y límite temporal

El acogimiento simple se utiliza cuando se prevé el retorno a la familia de origen. Así se desprende del artículo 173.bis 1º CC, al que atribuye carácter tran-

---

[15] En adelante se va a utilizar, respecto de la primera de estas modalidades, la denominación "simple", aunque el término "provisional" está extendido también en los medios jurídicos en materia de protección de menores para designar a este tipo de acogimiento. No obstante, no se empleará en estas páginas, para no confundirlo con el acogimiento que se adopta como medida provisional en interés del menor, y que podría desembocar, cuando se cumplen todas las formalidades establecidas legalmente, en cualquiera de las tres modalidades de acogimiento.

sitorio "bien porque de la situación del menor se prevea la inserción de éste en su propia familia bien en tanto se adopte una medida de protección que revista un carácter más estable".

Es idóneo cuando los progenitores atraviesan por problemas coyunturales que les impiden atender a sus hijos (prisión, inmigrantes sin familia, separación matrimonial y constitución subsiguiente de familia monoparental, desaparición de uno de los progenitores, etc.). Supone, por tanto, generalmente la asunción por parte de la entidad pública de la guarda administrativa.

La motivación en los acogedores ha de ser la ayuda a la familia de origen, pues han de colaborar en el mantenimiento y refuerzo de los vínculos afectivos con la misma. De hecho, a diferencia de lo que ocurre en el acogimiento permanente, en el temporal sí existe relación entre la familia acogedora y la familia de origen, siempre con el fin último de ayudar a ésta. Por ello, más que aspectos como la diferencia socio-económica entre ambas familias, que no se estima importante, lo decisivo en este tipo de acogimiento es la buena preparación de la familia acogedora, la elaboración de un plan de trabajo con la familia de origen y el seguimiento y evaluación del mismo, así como la coordinación de los distintos agentes que intervienen en la acogida de un menor. Una vez concluido el acogimiento temporal, la relación suele perdurar entre acogedores y familia de origen.

De manera coherente con la finalidad de ayudar a la familia de origen y facilitar el retorno del menor a la misma, dentro del acogimiento simple, una de las opciones preferentes es su realización por parte de la familia extensa. Así se establece en algunas Comunidades Autónomas, cuya legislación explicita su opción por esta modalidad de acogimiento simple[16]. La razón puede hallarse en

[16] Así, en el Decreto 54/1998 de 17 de abril de Cantabria, se da cuenta de dos situaciones: la primera, cuando el menor se encuentra bajo guarda de hecho de miembros de su familia extensa, y ésta, en interés del menor, solicita la formalización de un acogimiento familiar (art. 22.2); y la segunda, la preferencia para ser acogedores de los miembros de la familia extensa o guardadores de hecho unidos al menor o a su familia por una especial y cualificada relación (art. 23.3). Sientan también esta preferencia el art. 73 del Decreto 40/2006, de 21 de abril, de Islas Baleares (art. 33), Decreto 37/2006, de 25 de mayo, de Castilla y León y el art. 56 del Decreto 131/2003 también de Castilla y León). Incluso, en el caso de Asturias, tras afirmarse la preferencia por familiares o acogedores de hecho (art. 3.1 c) del Decreto 46/2000 de 1 de junio) parece colegirse el carácter residual del acogimiento en familia ajena respecto de la familia extensa o de conocidos del menor (el art. 3.2 señala el que "en ausencia de pa-

el hecho de que, pese a las dificultades que podemos encontrar en el seno de toda familia, se facilita el cumplimiento de la finalidad última de esta modalidad de acogimiento, que es facilitar el retorno del menor en el momento que lo estimen oportuno los servicios de protección. El factor del apego –decisivo en las primeras fases del desarrollo evolutivo infantil– también puede explicar la mayor conveniencia de este acogimiento, pues se entiende que es más conveniente para el menor el haberlo tenido respecto del acogedor –aunque luego retorne a su familia de origen– que no haberlo tenido nunca por haber estado institucionalizado.

En todo caso, existe consenso generalizado entre los operadores en materia de protección de menores acerca de la preferencia del acogimiento familiar simple por familia extensa frente a la institucionalización del menor.

En tanto se trata de una modalidad esencialmente coyuntural, provisional o temporal de acogimiento familiar, la duración temporal concreta que haya de tener deviene un factor decisivo y definitorio de esta figura.

La regulación de la duración del acogimiento familiar simple varía según Comunidades Autónomas. En alguna de ellas no se concreta su duración y, en la mayoría, se establece un período que admite prórrogas. La heterogeneidad en las soluciones legislativas puede explicarse por la conveniencia de proporcionar cierta flexibilidad en su aplicación a los casos concretos: para ello es imprescindible la realización de un buen diagnóstico de la situación individual de cada me-

---

rientes, acogedores de hecho o personas vinculadas al menor que se consideren a adecuadas para el acogimiento familiar del mismo, se seleccionará a la pareja o persona más idónea...") aun supeditado, claro está, a la "voluntad efectiva de colaborar en el acogimiento y de aceptar el asesoramiento técnico de la Consejería de Asuntos Sociales" como requisito de constitución del mismo (art. 2.1.i).

Por su parte, el Decreto catalán 127/1997, de 27 de mayo, después ofrecer una muy amplia definición de la familia extensa en el art. 54 (existencia de una relación de parentesco por consanguinidad o por afinidad entre el menor y la persona acogedora o los miembros de la familia acogedora), señala que la familia extensa tendrá preferencia en el acogimiento respecto de la familia ajena (art. 56), pero entre los requisitos de constitución del acogimiento figura la aceptación "de la relación del menor con su familia biológica y de facilitarle el retorno a ella" (art. 61). En el mismo sentido, el Decreto 131/2003 de Castilla y León en su art. 25 se refiere entre los requisitos de constitución, a la necesidad de tener en cuenta la viabilidad del "plan de intervención con el menor y su familia biológica, a fin de favorecer el retorno de aquél a la misma".

nor para, a la luz del mismo, adoptar la medida que mejor se adecue al superior interés de *ese* menor[17].

Por último, en cuanto a la extinción de esta modalidad de acogimiento, en la generalidad de las regulaciones autonómicas se contemplan como causas de la misma: el transcurso del plazo establecido para su duración o el de las prórrogas, en su caso; el alcanzar la mayoría de edad o la emancipación; la solicitud de la familia acogedora o la del propio menor, mayor de doce años; la muerte o incapacitación del/los acogedores; un informe de seguimiento desfavorable o, por fin, la conversión en otras modalidades de acogimiento.

2. El acogimiento permanente ¿deslinde o solapamiento con el preadoptivo?

Dada la ya referida amplitud e imprecisión del Código civil en la definición de esta modalidad de acogimiento familiar[18], a la que parece atribuir como única característica la de su mayor duración en relación con el acogimiento simple. Por su parte, las Comunidades Autónomas han establecido no pocas diferencias normativas a la hora de caracterizar el acogimiento permanente, con lo que se evidencia una falta de uniformidad en lo que respecta a la utilización de esta

---

[17] Véase la Ley 17/2006, de 13 de noviembre, del Parlamento de Islas Baleares, que señala en su art. 83 que la duración máxima del acogimiento familiar simple será de dos años, prorrogables por resolución motivada. Por su parte, el Decreto 37/2006, de 25 de mayo, de Castilla y León, establece en su art. 9.2 una clasificación de acogimientos, entre otros factores, por su duración, pudiendo ser de corta duración (cuando esta no supere los tres meses), de duración media (de más de tres meses a dieciocho meses) y de larga duración (cuando sobrepase los dieciocho meses). En varias Comunidades, como Madrid o Cataluña, se introduce un factor adicional de flexibilidad porque se autoriza la prórroga del acogimiento simple cuando "transcurrido el tiempo de duración del acogimiento resulta aconsejable mantener al menor separado de su hogar o entorno familiar" a propuesta de los equipos técnicos (art. 53.2 del Decreto catalán 127/1997, de 27 de mayo y, en el mismo sentido, arts. 19 y 20 de la Orden 175/1991, de 18 de marzo, de la Consejería de integración social de la Comunidad de Madrid).

[18] La modalidad de acogimiento familiar permanente podrá adoptarse, conforme al artículo 173.2 CC "cuando la edad u otras circunstancias del menor y su familia así lo aconsejen y así lo informen los servicios de atención al menor. En tal supuesto, la entidad pública podrá solicitar al juez que atribuya a los acogedores aquellas facultades de la tutela que faciliten el desempeño de sus responsabilidades, atendiendo en todo caso al interés superior del menor".

modalidad de acogimiento[19]. Confieren, eso sí, en consonancia con el artículo 173 bis 2º CC, y exclusivamente para este tipo de acogimientos, la posibilidad de solicitar al Juez la concesión de las facultades tutelares necesarias para el desempeño de sus responsabilidades[20].

Efectivamente, existe un amplio abanico de posibilidades que van desde la completa ausencia de esta figura en el panorama normativo –y, en consecuencia, su supresión en la práctica profesional de las instituciones de protección, como es el caso de Cataluña–, hasta su utilización polivalente, apoyada en la amplitud de su formulación en el Código civil.

Así, en las Comunidades Autónomas en las que sí se regula el acogimiento permanente, esta figura se emplea en relación con aquellos menores respecto de los cuales se considera inviable el retorno con la familia biológica, pero cuyas circunstancias desaconsejan la adopción,[21] incluyendo entre éstas el propio deseo del menor[22], así como la conveniencia de que no se rompa, en interés del menor, la relación paterno-filial con su familia de origen[23].

Entrando más en detalle en las características de esta modalidad, algunas regulaciones autonómicas definen más precisamente al acogimiento permanente en atención no sólo a su duración indeterminada y en todo caso superior a la del

---

[19] Véanse el Decreto cántabro 58/2002, de 30 de mayo, art. 45; el Decreto valenciano 93/2001, de 22 de mayo, art. 46; el Decreto 46/2000, de 1 de junio, del Principado de Asturias (art. 1.1 b); el art. 26 de la Ley gallega 3/1997, de 9 de junio y art. 19 de la Ley 2/2002 de Derecho civil de Galicia, y la Ley del Parlamento Vasco 3/2005, de 18 de febrero.

[20] Decreto 131/2003 de Castilla y León, art. 55. c) y art. 68; art. 27.4 del Decreto andaluz 282/2002, y art. 1. b) del Decreto asturiano 46/2000.

[21] Art. 20 del Decreto 40/2006, de 21 de abril, de Islas Baleares.

[22] Art. 23.2 del Decreto andaluz 282/2002, de 12 de noviembre.

[23] A ello hace referencia el Decreto andaluz 282/2002, por lo que se establece en el art. 25.2.c) "la conveniencia de ofrecer estabilidad en el proceso de acogimiento familiar sin quebrar en lo posible el vínculo afectivo con la familia biológica o alterar la filiación" y, *sensu contrario*, respecto del acogimiento preadoptivo (art. 36 b) del citado Decreto: "se entenderá que no es factible la reinserción del menor en su familia biológica cuando, aun existiendo una posibilidad de reintegración, ésta requeriría de un plazo de tiempo que ocasionaría un mayor deterioro psicosocial en el desarrollo evolutivo del menor".

acogimiento simple, sino también por la ausencia de expectativa de adopción, separando con mucha claridad los programas de adopción y acogimiento[24].

La separación entre programas de acogimiento y adopción es aún más ostensible en Cataluña, en cuya regulación no se contempla el acogimiento permanente, sino que únicamente regula (y con un alto grado de detalle) el acogimiento simple y el preadoptivo, señalando incluso como causa de extinción del acogimiento simple la constitución de un acogimiento preadoptivo en interés del menor, de modo en Cataluña el acogimiento permanente ni siquiera se considera como medida de protección intermedia entre el acogimiento simple y la adopción[25].

También es éste el caso de Andalucía, donde la regulación del acogimiento permanente pone de manifiesto su clara separación con la adopción[26].

En el otro extremo, en la Comunidad de Madrid, sobre la base de la regulación del Código civil y de su legislación propia aplicable en esta materia[27] ha pro-

---

[24] Así, el art. 19.2 b) del Decreto 40/2006, de 21 de abril, de Islas Baleares, se refiere a la ausencia de expectativa de adopción; el Decreto andaluz 282/2002, de 12 de noviembre, en su art. 23.2 exige una integración estable y duradera en la familia de acogida pero sin creación de "vínculo de filiación"; y el Decreto cántabro 54/1998, de 17 de abril, realiza implícitamente la diferenciación radical entre acogimiento preadoptivo y adopción, por una parte, y resto de acogimientos, por otra, al incluir entre los criterios de valoración de las familias acogedoras en los primeros la finalidad o motivación adoptiva (art. 24).

[25] Art. 65 y 76.2 del Decreto catalán 127/1997, de 27 de mayo.

[26] Así, en el 27.4 del Decreto andaluz 282/2002 12 de noviembre se dispone: "Si de la evolución favorable del acogimiento familiar permanente en un periodo continuado de tres años, se observara la plena integración del menor en la familia acogedora, y la normalización de la convivencia familiar, se instará judicialmente la atribución a los acogedores de aquellas facultades de la tutela que faciliten el desempeño de sus responsabilidades y la suspensión del seguimiento semestral. En este caso el expediente de acogimiento familiar sólo se rehabilitará si surgen incidentes en la familia que aconsejen restablecer el seguimiento". En Andalucía por tanto, el acogimiento permanente continúa como tal hasta su extinción, sólo rehabilitándose el expediente cuando surjan problemas, ya que incluso se suspende el seguimiento.

Pero aún más claramente se deduce de la regulación de la extinción del acogimiento en Andalucía: así como está prevista la constitución de acogimiento permanente como causa de extinción del simple, sin embargo no se prevé de forma expresa la constitución de la adopción como causa de extinción del acogimiento permanente, aunque puede deducirse que la adopción podría constituirse judicialmente en estos casos "a solicitud de las personas acogedoras y del menor, mayor de doce años" (art. 30).

[27] Ley 6/1995, de 28 de marzo, de la Comunidad de Madrid, en materia de garantías de los derechos de la infancia y la adolescencia, Decreto 121/1988, de 23 de noviembre, regula-

liferado la utilización del acogimiento permanente para casos que, en realidad, a nuestro entender, son supuestos de adopción. Se trata de niños con progenitores no desaparecidos pero en una situación muy desestructurada que hace muy poco previsible el retorno, o pese a ser éste posible, tendría lugar en un plazo de tiempo que condicionaría negativamente el desarrollo evolutivo del menor. En estos casos no se constituye directamente un acogimiento preadoptivo porque, en ausencia de la figura legal de la adopción abierta, no se quiere prescindir de la vinculación con la familia de origen en interés del menor, estableciendo la posibilidad de un régimen de visitas supervisadas por técnicos de la Administración, que es lo característico de la figura del acogimiento permanente en todas las Comunidades Autónomas. Pero en el momento de la valoración de los criterios para selección de acogedores se tiene muy en cuenta que exista la motivación de filiación.

Las ventajas que supone el acogimiento familiar permanente para el menor son claras: disfruta de una medida estable de protección, que produce la plena integración del menor en el seno de la familia acogedora y una normalización de la convivencia familiar en ésta, con un vínculo afectivo entre el menor y la familia acogedora idéntico al que se genera en la filiación natural o adoptiva; pero, además, disfruta también de la posibilidad de mantener el contacto con su familia de origen, orientada, supervisada y limitada por los técnicos de la Administración, lo que le permitirá comprender y aceptar su historia personal de un modo que no sería posible si esta vinculación se cortara con la constitución de un acogimiento preadoptivo o una adopción.

Los inconvenientes son, también, obvios: la imposibilidad de constituir plenamente una relación paterno-filial deseada y vivida tanto por el menor como por los acogedores, en tanto subsista el régimen de visitas de la familia de origen (o el menor alcance los doce años y manifieste ante el juez su preferencia en tal sentido, como condición necesaria) y, consecuentemente, la ausencia de los efectos civiles de dicha relación paterno-filial, cuando sí se ha establecido con carácter permanente ésta en el ámbito psico-social. Así, por ejemplo, el menor no va a poder heredar en igualdad de condiciones que los hijos biológicos, si existen en

---

dor del procedimiento de constitución y ejercicio de la tutela y guarda del menor –y sus sucesivas modificaciones– y la Orden 175/1991, de 18 de marzo de la Consejería de Integración Social de la Comunidad de Madrid, en materia de promoción del acogimiento de menores y la adopción (última modificación por Orden 1838/1996, de 25 de julio, de la Consejería de Sanidad y Servicios Sociales, B.O.C.M. de 2 de agosto de 1996).

la misma familia, ni llevar los mismos apellidos que sus "hermanos", al menos, como se ha indicado ya, hasta que cumpla doce años y pueda formalizarse la adopción si el menor (y sus acogedores) lo desean.

En las Comunidades Autónomas en que la figura del acogimiento permanente tiene un carácter residual, o incluso (el caso de Cataluña) en las que no aparece regulado, al no existir la adopción abierta (es decir, la adopción con un régimen de visitas), se aboca a la constitución del acogimiento preadoptivo o de la adopción, con lo que se suprime todo vínculo con la familia de origen, la cual existe y no está desaparecida, pero tiene unos graves problemas de integración social –no sólo económicos– que impiden al menor el retorno a ella en un plazo razonable de tiempo. De esta forma, se impide también al menor, aun resultando incómodo para su familia acogedora, y acaso para él mismo, disfrutar de este vínculo con su familia biológica, que le resultará muy beneficioso psicológicamente en la edad adulta, pues ello le permitiría gradualmente aceptar y comprender su historia de un modo privilegiado. La mayoría de las personas desean conocer su origen y quizá en algún momento esta búsqueda se va a producir en la edad adulta, en la que no se va a disponer de los recursos ni de la orientación que la Administración puede facilitarle durante su infancia, y en la que acaso la recuperación a nivel psicológico sea más difícil.

Por otra parte, la adopción abierta también posibilitaría la eliminación de los inconvenientes resultantes de la no existencia de relación paterno-filial en el orden civil en los acogimientos permanentes, ya que una adopción abierta posibilita el cambio de apellidos y la sucesión hereditaria.

En la definición del acogimiento preadoptivo no existen demasiadas diferencias en las distintas regulaciones autonómicas. Se configura como paso previo a la adopción cuando se considera imposible el retorno del menor a su familia biológica[28] o cuando dicho retorno no se pueda realizar en plazo adecuado para el desarrollo psicosocial del menor[29].

De acuerdo con la configuración que de esta medida hace el artículo 173.3º CC, que sigue la legislación autonómica sin diferencias apreciables, dicho paso previo puede ser tanto de orden procesal (dentro del procedimiento de adopción, como requisito dentro de la propuesta de acogimiento preadoptivo por parte de

---

[28] *Ad. ex.*, art. 22.2 del Decreto 40/2006, de 21 de abril, de Islas Baleares.

[29] Art. 36.b) del Decreto andaluz 282/2002, de 12 de noviembre.

la Administración a favor de los futuros adoptantes) como "material" (que, con anterioridad a la propuesta de adopción, se observe la necesidad de establecer un periodo de adaptación del menor a su futura familia adoptiva)[30].

En algunas Comunidades Autónomas se establece la **preferencia** en la promoción de la constitución de acogimientos familiares preadoptivos o de adopciones de las familias acogedoras que hayan **convivido durante un plazo** de tiempo con el menor de forma satisfactoria. En este sentido se establece en la Comunidad de Madrid con carácter normativo la preferencia del examen de los expedientes de adopción de "las personas que insten a la Comunidad de Madrid para que eleve la propuesta de adopción ante la autoridad judicial, si inmediatamente antes de aquella fecha existiera una situación no interrumpida durante seis meses de acogimiento legalmente formalizado"[31].

Sobre la **forma del acogimiento preadoptivo** sí existen diferencias importantes por Comunidades Autónomas, correlativas a la frecuencia de utilización de esta modalidad y a su definición que es también muy diferente, a tenor de la definición y utilización del permanente. Las Comunidades Autónomas que no tienen acogimiento permanente o que configuran éste como residual, y de escasa utilización, hacen un uso abundante de la modalidad preadoptiva, pudiéndose dar incluso su **constitución judicial** cuando proceda legalmente. Por el contrario, en Madrid, en que se hace un uso extenso de la modalidad permanente, se reduce la existencia de acogimientos preadoptivos, y éstos tienen un **carácter sólo administrativo** como un paso previo a la adopción, que sí se constituye, como es sabido, judicialmente.

Sin embargo ya se ha dejado constancia de que en las Comunidades Autónomas en las que el acogimiento permanente no existe, y se pasa del simple al preadoptivo,

---

[30] (*Ad. ex.* 46.1 c) del Decreto valenciano 93/2001 de 22 de mayo, a salvo de algún caso en que se matiza que si el acogimiento preadoptivo se hace con anterioridad a la formalización de la propuesta de adopción, porque se considere necesario establecer un plazo de adaptación, éste será "lo más breve posible, y, en todo caso, no podrá exceder del plazo de un año" (art. 1. c) párrafo segundo del Decreto asturiano 46/2000 de 1 junio.

[31] Art. 9.1.b) de la Orden 175/1991, de 18 de marzo. En idéntico sentido, la "integración satisfactoria del menor en el seno de la futura familia adoptiva antes de que se promueva la adopción. Para ello se exigirá una convivencia previa superior a cuatro meses en régimen de acogimiento familiar" se sienta como criterio de preferencia en el art. 36 del Decreto andaluz 228/2002, de 12 de noviembre.

como en Cataluña, la constitución judicial del preadoptivo no sólo es posible sino necesaria en caso de que no exista el consentimiento de los padres o tutores.[32]

En Andalucía, Comunidad en que, pese a existir el permanente, se hace un uso muy limitado del mismo en beneficio del preadoptivo, también cabe la constitución judicial del acogimiento preadoptivo[33].

Con independencia de su frecuencia de uso, la **utilización** del acogimiento preadoptivo es muy variada:

1) Para los casos de abandono en que no existe renuncia expresa de los padres hacia el menor, o es aconsejable esperar un periodo de un año para presentar la adopción por si "aparecieran" los padres, en cuyo podría proceder la constitución del acogimiento permanente (Comunidad de Madrid).
2) Como periodo de adaptación, para facilitar una posible "marcha atrás" o "devolución del menor".
3) Como medida provisional previa a la constitución de la adopción cuando el menor está en situación de riesgo tal que procedería su adopción y no se puede esperar a su formalización judicial.
4) Como paso previo a la adopción y sustitutivo de la necesidad de la propuesta de adopción por parte de la entidad pública cuando el menor ha

---

[32] Así, en el Capítulo "Del acogimiento preadoptivo y de la adopción" dispone el art. 67 del Decreto catalán 127/1997 de 27 de mayo: "En el caso de que los padres o tutores que no estén privados de la potestad o removidos de su cargo tutelar disintieran, citados no comparecieran en el plazo previsto o no se hubiera podido conocer su paradero, la Dirección General de Atención a la Infancia solicitará al juez que acuerde la medida de acogimiento. A esta solicitud se deberá adjuntar el expediente y los informes técnicos emitidos". Sin que esto obste la iniciación del procedimiento judicial de adopción, pues el acogimiento preadoptivo se configura también como paso previo a la adopción: "Una vez iniciado el acogimiento preadoptivo y emitido el informe técnico sobre la integración del menor en la familia preadoptiva, se formulará la propuesta previa con la que se dará inicio al procedimiento judicial de adopción" (art. 76.2 Decreto catalán 127/1997 de 27 de mayo).

[33] Así, dentro del Título VI del Decreto andaluz 282/2002, de 12 de noviembre, prevé el art. 46.1 la propuesta de constitución de acogimiento familiar por resolución judicial: "En el caso de que los padres no privados de la patria potestad, o el tutor, no consintieran el acogimiento familiar o se opusieran al mismo, la Comisión Provincial de Medidas de Protección, a través del Servicio correspondiente, comunicará tal circunstancia al menor y a las personas seleccionadas como acogedores, y remitirá a la Jurisdicción competente, de manera inmediata y, en todo caso, en el plazo máximo de quince días, una propuesta de constitución de dicho acogimiento, que contendrá los mismos extremos referidos en el artículo anterior".

estado en acogimiento formalizado legalmente por plazo superior a un año (v.gr. Andalucía (Decreto 282/2002, art. 50).

III. LOS CRITERIOS DE SELECCIÓN DE LA FAMILIA DE ACOGIDA

Amorós y Palacios[34] distinguen entre criterios generales para todos los acogimientos y criterios específicos en función de los distintos tipos de acogimiento (para acogimiento de urgencia-diagnóstico; para acogimiento con previsión de retorno; sin previsión de retorno; y en familia extensa). Los generales son: la capacidad de aceptación de las características del acogimiento, la actitud comprensiva respecto a la familia del niño o la niña y a su historia, la capacidad de colaboración con el servicio; las capacidades educativas y de adaptación a las nuevas situaciones, la capacidad de comprensión de los conflictos y de búsqueda de solución de los problemas; la estructura familiar; la proximidad; la motivación de ayuda a otras personas; la disponibilidad horaria; el equilibrio y solidez en las relaciones familiares; las actitudes abiertas ante los cambios en general; la comunicación entre los miembros de la familia; las relaciones adecuadas con el entorno y con su familia extensa; y la aceptación del acogimiento por los miembros de la unidad familiar.

Además, en opinión de distintos expertos de diversas Comunidades Autónomas, en la selección de los acogedores son criterios de selección comúnmente admitidos la (buena) salud y la estabilidad económica y la emocional, donde destaca la ausencia de expectativas de crear un vínculo de filiación con el acogido.

En concreto, en la Comunidad de Madrid la Ley 6/1995 de Garantías de los Derechos de la Infancia y la Adolescencia, Capítulo 5°, art. 58, hace referencia a la condición civil, años de convivencia, aceptación de las relaciones con la familia de origen y el menor, etc.

Hemos constatado, empero, que en una misma comunidad autónoma no había unidad de criterio. Para el caso del acogimiento permanente hay quien entiende que es un criterio de selección la presencia de expectativas de crear un vinculo de filiación con el acogido, porque lo entienden imprescindible para superar determinadas etapas como la adolescencia. Pero mayoritariamente se defiende lo contrario: la importancia de descartar las expectativas de crear vínculos de filiación para ser un candidato idóneo al acogimiento.

---

[34] Amorós y Palacios, *Acogimiento Familiar*, cit. págs. 166 y 167.

El criterio económico se examina pero no parece ser lo más destacable para entregar a un menor en acogimiento. Si se trata de un acogimiento por familia ajena, normalmente el nivel económico es superior al de la familia biológica, pero esto es más bien una circunstancia que se produce, porque no se encuentran familias acogedoras con contexto socio-económico similar a las de origen, y no tanto un criterio de selección. Lo que está claro es que los acogidos normalmente provienen de familias con un perfil económico bajo y que los acogedores deben tener un nivel económico "suficiente". De cara a la reagrupación famliar, sostienen que tampoco representa un problema la disparidad de nivel económico, siempre que la familia de origen tenga "lo suficiente". Niegan, por tanto, que en la práctica se identifique el bienestar material con el interés del menor. Y es cierto en que, superado un mínimo material, no debería ser así pero ¿cuál es ese mínimo?

En Cataluña se tiene en cuenta, principalmente, la capacidad de adaptación de la familia acogedora a nuevas situaciones; que la decisión de acogida sea compartida por todo el núcleo familiar de convivencia; la disponibilidad para poder atender las necesidades del menor y la voluntad de colaborar con los profesionales que llevaran a cabo el seguimiento técnico[35].

En Asturias, los criterios aparecen reflejados en el art. 2 del Reglamento de Acogimiento Familiar y de Adopción de Menores. Se examina la motivación para el acogimiento, la actitud con respecto al acogimiento de los que convivan con los acogedores, la actitud respecto de las relaciones del menor con sus padres y otros parientes y, en su caso, con respecto al carácter simple del acogimiento, la dinámica familiar, los medios de vida, el estado de salud física y psíquica, la diferencia de edad respecto del menor, la capacidad educativa, la voluntad efectiva de colaborar en el seguimiento del acogimiento y de aceptar el asesoramiento técnico de la Consejería de Asuntos Sociales, la calidad de la atención que, en su caso, reciba y haya recibido el menor de los solicitantes que ejerzan y hayan ejercido la guarda de hecho del mismo; y en el caso de acogimientos de menores alojados en centros, el interés efectivo que, en su caso, los solicitantes hayan mostrado por los mismos durante el alojamiento y la existencia de una vinculación afectiva entre unos y otros, en atención a la edad y demás circunstancias del menor.

---

[35] Artículo 61 del Reglamento de Protección de Menores Desamparados y de Adopción (Decreto 127/1997).

A modo de conclusión, extraemos del estudio de GARCÍA FERNÁNDEZ[36], el perfil, entendemos que ideal, de los acogedores:

> *"Que sean capaces de atender a otros y de responder adecuadamente a sus necesidades; que estén satisfechos siendo padres, en el caso de que lo sean; que sean capaces de dar afecto y cuidado a niños sin esperar nada a cambio; que muestren flexibilidad en sus expectativas, actitudes y conductas, con relación a la edad, necesidades y problemas del niño, así como habilidad para utilizar ayuda cuando sea necesario atender problemas de la vida familiar; que sean capaces de aceptar las relaciones del niño con sus padres y con el Servicio; que tengan relaciones sociales que funcionen satisfactoriamente y de forma estable, sin importantes problemas en su identificación sexual o en su autocontrol; que sean capaces de mantener relaciones significativas positivas con miembros de su propia familia y con personas fuera de su familia; que sean emocionalmente estables y capaces de funcionar adecuadamente con relación a las responsabilidades familiares y empleo, tanto actualmente como en su historia familiar; que tengan características, valores y normas éticas que contribuyan al bienestar del niño".*

IV. LA CONSTITUCIÓN DEL ACOGIMIENTO FAMILIAR

De la lectura del vigente artículo 173.2 CC[37] concluimos, entendemos que sin error, lo siguiente:

---

[36] Cit. "Alternativas al internamiento residencial", pág. 9.

[37] Art. 173. 2 CC "El acogimiento se formalizará por escrito, con el consentimiento de la entidad pública, tenga o no la tutela o la guarda, de las personas que reciban al menor y de éste si tuviera doce años cumplidos. Cuando fueran conocidos los padres que no estuvieran privados de la patria potestad, o el tutor, será necesario también que presten o hayan prestado también su consentimiento, salvo que se trate de un acogimiento familiar provisional a que hace referencia el apartado 3 de este artículo.

El documento de formalización del acogimiento familiar, a que se refiere el párrafo anterior, incluirá los siguientes extremos:

1° Los consentimientos necesarios.

2° Modalidad del acogimiento y duración prevista del mismo.

3° Los derechos y deberes de cada una de las partes, y en particular:

a) La periodicidad de las visitas por parte de la familia del menor acogido.

1. La forma como requisito esencial para la constitución del acogimiento

El acogimiento, también el familiar, es un **negocio jurídico formal**, obviedad que, vista desde su perspectiva negativa, deja de serlo: no cabe, a diferencia de la simple guarda, un acogimiento de hecho. Cuando el menor esté atendido por quienes no están obligados a hacerlo, porque no son sus padres, tutores o acogedores formales, está, simplemente, "guardado", situación de facto que, por su intrínseca indefinición y carácter coyuntural, el legislador insta a superar:

— obligando a los parientes llamados a la tutela y al guardador de hecho a promover la constitución de la tutela (en sentido amplio, léase " de una institución de guarda estable"), so pena de incurrir en la única responsabilidad que el legislador civil puede imponer, esto es, la de soportar solidariamente los daños que la falta de constitución de la tutela pudieran ocasionar (artículo 229 CC);

— confiriendo al juez competencia para imponer medidas de control y recabar información al guardador de hecho, tan pronto como tenga noticia de esta situación (artículo 303 CC).

2. Las partes intervinientes

La constitución, necesariamente formal, del acogimiento, requiere la concurrencia del **consentimiento** de la entidad pública, de los acogedores, del menor si tuviera más de doce años y de los padres o tutores si fueran conocidos y no estuvieren privados de la patria potestad.

Los dos últimos consentimientos pueden sustituirse por la aprobación judicial, siempre en interés del menor, cuando estime que la oposición no está suficientemente fundada.

---

b) El sistema de cobertura por parte de la entidad pública o de otros responsables civiles de los daños que sufra el menor o de los que pueda causar a terceros.

c) La asunción de los gastos de manutención, educación y atención sanitaria.

4º El contenido del seguimiento que, en función de la finalidad del acogimiento, vaya a realizar la entidad pública, y el compromiso de colaboración de la familia acogedora al mismo.

5º La compensación económica que, en su caso, vayan a recibir los acogedores.

6º Si los acogedores actúan con carácter profesionalizado o si el acogimiento se realiza en un hogar funcional, se señalará expresamente.

7º Informe de los servicios de atención a menores.

Dicho documento se remitirá al Ministerio Fiscal".

En espera de la resolución judicial, y sorprendentemente, la entidad pública puede acordar un acogimiento familiar provisional[38].

— La entidad pública interviene en cuanto ejerciente de las competencias que legalmente tiene conferidas en materia de protección de menores, que para el caso que nos ocupa define el artículo 172 CC[39]. Tiene, por tanto, competencia para intervenir en tanto que **titular de la guarda** del menor conferida voluntariamente por los padres o tutores o en tanto que **titular de la tutela *ex lege*** de un menor desamparado. El inciso del artículo 173. 2 CC, a propósito de la prestación del consentimiento por parte de la entidad pública, exigiéndolo "tenga o no la tutela o la guarda" debe ser suprimido por incoherente. Si el menor no está de hecho desamparado, porque está atendido, y no va a estarlo por imposibilidad de los padres o tutores que piden auxilio a la Administración, ésta carece de competencia para formalizar el acogimiento. Sí está, en cambio, obligada a comunicar la guarda de hecho al Fiscal, en orden a la adopción judicial de la medida de protección más oportuna (tutela ordinaria

---

[38] Sorprende porque de los dos acogimientos posibles, residencial o familiar, es éste el que puede generar mayor recelo u oposición por parte de los progenitores, oposición que, salvo que el juez diga lo contrario, debemos presumir fundada.

[39] Artículo 172 CC:

"1. La entidad pública a la que, en el respectivo territorio, esté encomendada la protección de los menores, cuando constate que un menor se encuentra en situación de desamparo, tiene por ministerio de la ley la tutela del mismo y deberá adoptar las medidas de protección necesarias para su guarda, poniéndolo en conocimiento del Ministerio Fiscal, y notificándolo en legal forma a los padres, tutores o guardadores en un plazo de cuarenta y ocho horas. (…)

Se considera como situación de desamparo la que se produce de hecho a causa del incumplimiento, o del imposible o inadecuado ejercicio de los deberes de protección establecidos por las leyes para la guarda de menores, cuando éstos queden privados de la necesaria asistencia moral o material.

La asunción de la tutela atribuida a la entidad pública lleva consigo la suspensión de la patria potestad o de la tutela ordinaria (…).

2. Cuando los padres o tutores, por circunstancias graves, no puedan cuidar al menor, podrán solicitar de la entidad pública competente que ésta asuma la guarda durante el tiempo necesario. (…).

Asimismo, se asumirá la guarda por la entidad pública cuando así lo acuerde el juez en los casos en que legalmente proceda.

3. La **guarda** asumida a solicitud de los padres o tutores o como función de la tutela por ministerio de la ley, **se realizará mediante** el acogimiento familiar o el acogimiento residencial (…)".

o acogimiento, mediante la previa concesión judicial de la guarda a la entidad pública).

— El supuesto de hecho previsto en la norma del art. 172.2 CC es el único permitido por nuestra legislación común de **delegación del pleno ejercicio de la guarda** inherente a la patria potestad o tutela en un tercero, distinto de los legalmente obligados, sin la intervención de la autoridad judicial. Dicho de otra forma: sólo el juez, *ex* artículo 158 CC, puede autorizar que un tercero ejerza la guarda de un menor, a menos que dicho tercero sea la entidad pública competente a quien se recurre cuando por circunstancias graves no puedan los padres o tutores cuidar al menor. Todo pacto, expreso o implícito, entre particulares que suponga una delegación plena de estas funciones es, pues, nulo de pleno derecho, y supone un incumplimiento suficientemente grave de las obligaciones propias de la patria potestad o tutela para precipitar su privación (art. 170 CC)[40].

3. La delimitación de los derechos y deberes de las partes

El documento de formalización del acogimiento debe pronunciarse, como mínimo, sobre los extremos mencionados en el artículo 173.2. De ellos, nos interesa destacar ahora:

— Al mencionar la necesidad de explicitar los **derechos y deberes de las partes**, resalta la necesidad de pronunciarse sobre la periodicidad de las visitas por parte de la familia de origen y el régimen de responsabilidad civil. Exige, por tanto, un reparto de competencias entre los ejercientes de la guarda del menor (acogedores) y los titulares de una patria potestad o tutela en vigor o meramente suspendida. Y puede trazarse fácilmente este deslinde comparando el supuesto con el que plantean las rupturas en la pareja y la atribución a uno sólo de los progenitores de la guarda del menor[41]. Lo importante a nuestros efectos es desta-

---

[40] Caben, eso sí, pactos de delegación de concretas funciones tutelares (i. e. administración patrimonial, custodia temporal, durante un período vacacional o lectivo, etc.), siempre que no supongan renuncias a la facultad de control de los progenitores, obedezcan a una causa justa y redunden en interés del menor. Sobre los mismos, BALLESTEROS DE LOS RÍOS, M. *El desamparo y la tutela automática de las entidades públicas*, Madrid 1997, pp. 106 ss.

[41] DÍEZ GARCÍA, H. traza un análisis exhaustivo de este paralelismo en *El acogimiento familiar simple como una de las formas de ejercer la guarda de menores*. Ministerio de Trabajo y Asuntos Sociales, Madrid, 2004, págs. 13-57, 60, 133-143.

car el carácter legitimador para el ejercicio de la guarda cotidiana del menor del documento de acogimiento. Los acogedores, como requisito necesario para el ejercicio de su función de guarda, deben poder decidir de forma autónoma todos los extremos relativos a la vida cotidiana del menor: reglas de convivencia, higiene, salud o socialización. Los aspectos de mayor calado o trascendencia quedan para los titulares de la patria potestad o tutela: formación superior, religiosa, intervenciones sanitarias prescindibles, representación patrimonial y jurídica.

— **El régimen de visitas** es imprescindible para cumplir con la finalidad del acogimiento provisional: la reinserción del menor en su propia familia. No así, claro, en los casos de acogimiento permanente o preadoptivo.
  Con las visitas se pretende facilitar que el menor conserve el concepto de sí mismo, de sus orígenes e historia familiar, así como que mantenga y afiance una relación afectiva con sus padres biológicos, que le ayude a comprender su situación y mitigue el sentimiento de culpa y abandono[42]. Parece, pues, importante diseñar un régimen suficientemente dinámico para cumplir tantas expectativas, e igualmente importante que el documento lo recoja como compromiso de actuación de todos los intervinientes. Una vez firmado, es *lex inter alios acta* (1090 CC). Cualquier variación no consentida por todos los firmantes del documento debe ser aprobada por el Juez[43].

— El inciso relativo a la **responsabilidad civil** por los daños causados o sufridos por el menor es elocuente sobre la necesidad de deslindar parcelas de competencias en casos como los de acogimiento, en los que tantos sujetos están implicados; pero ambiguo sobre el régimen de responsabilidad aplicable. Tal y como está en nuestro país la cuestión de la responsabilidad civil de las Administraciones públicas[44], esta ambigüedad es de agradecer, pues permite defender un régimen sensato de responsabilidad ligado a la esfera de competencia o control autónomo de cada uno de los intervinientes: la Administración

---

42 Informe CAM sobre acogimiento familiar, págs. 14-15.

43 Vid., refrendando la afirmación del texto, el art. 161 CC.

44 Para un magnífico resumen y convincente opinión crítica, véase PANTALEÓN PRIETO, F., *Cómo repensar la responsabilidad extracontractual (también la de las Administraciones públicas)*, en el monográfico "La responsabilidad en el Derecho" del Anuario de la Facultad de Derecho de la UAM, nº 4, 2000, págs. 167 ss., especialmente 181-191.

responderá si el negligente ejercicio o la negligente omisión de un deber de control o supervisión concreto de la situación del menor le causa un daño o propicia necesariamente que el menor cause un daño a otro; los acogedores, cuando el daño pudiera haberse evitado desplegando la exigible diligencia *in vigilando* o *in educando*; y los padres o tutores, cuando el daño se produzca estando con ellos o como consecuencia de la falta de la formación que debieron haber proporcionado al menor[45].

4. Remuneración o gratuidad del acogimiento familiar

El artículo 173.2 exige también que el documento se pronuncie sobre los **gastos de manutención, educación y atención sanitaria**, así como, en su caso, de la posible **compensación económica** para los acogedores.

La cobertura de los gastos de alimentación, en sentido civil, del menor corresponde a los titulares de la patria potestad o tutela, luego la referencia a su inclusión en el documento sólo tiene sentido si se acuerda que sean los acogedores quienes asuman el gasto (vitalicio) o que meramente lo anticipen, reservándose la correspondiente acción de reembolso.

El legislador no confunde estas partidas con la posible compensación económica de los acogedores por las funciones que realizan; ni siquiera confunde esta compensación con la retribución que corresponda a quienes desempeñen o ejerzan como acogedores profesionalmente, mencionados en párrafo aparte (art. 173. 2. 6º). La cuestión es si dicha compensación puede ser compatible con la función que los acogedores están llamados a desempeñar: ejercer de familia sustituta para ese menor, integrándole como uno más en su propia familia.

Las conclusiones alcanzadas por el grupo de trabajo sobre el acogimiento familiar constituido en el Encuentro de Profesionales sobre los sistemas de protección de menores en la España de las Autonomías, celebrado en la Universidad Pontificia Comillas el 19 de octubre de 2006 arrojan, en cambio, un perfil de la figura bien distinto:

---

[45] No distinguimos entre daños producidos con ocasión de la comisión de un delito o falta y daños "puramente civiles" sufridos o causados por menores. Las razones las expusimos en I. LÁZARO (coord.) *Los menores en el Derecho español*, op. cit., pág. 175 ss.

4.1.- La mayoría de los participantes admitieron conocer casos de menores cuidados por miembros de su familia extensa en los que no intervenían más que ocasionalmente reforzando la posición del guardador o desempeñando funciones propias de un mediador, cuando surgían conflictos con los progenitores del menor. Afirmaron que si la guarda de hecho funciona sin problemas, no es oportuno formalizar nada.

4.2.- De nuevo mayoritariamente, excepción hecha de las Magistradas y de aquellos que lamentaban que en su Comunidad Autónoma el correspondiente Consejo Consultivo se lo prohibiera, admitían con naturalidad la posibilidad de **constituir un acogimiento "administrativo" sin una previa declaración de desamparo ni asunción de la guarda administrativa** cuando el menor estuviera de hecho cuidado por algún miembro de su familia extensa y los progenitores, simplemente, no se opusieran.

Aducían en su apoyo que, pese a no darse una situación de desamparo tal y como la define el artículo 172 CC, el menor se encuentra en una situación irregular y, más aún, sus guardadores de hecho que, para reforzar su posición (en ocasiones, frente a los propios progenitores) y, sobre todo, para acceder a las ayudas públicas (vivienda, educación, etc.) precisan de un reconocimiento formal como acogedores. Si no pueden persuadir a los padres para formalizar la delegación de la guarda, muchas entidades públicas obvian este presupuesto y constituyen, directamente, un acogimiento familiar.

Ante los argumentos sobre su falta de competencia para instruir un acogimiento "administrativo" y su obligación, como funcionario o ejerciente de funciones públicas, de poner el asunto en manos del Juez, alguno mostró su preocupación. La mayoría, empero, se sentía plenamente competente para adoptar la medida de protección que estimase idónea. Aunque algún sector doctrinal propone apoyar estas intervenciones en el ya criticado "tenga o no tenga la tutela o la guarda" del artículo 172.3 CC[46], lo cierto es que ni se habían planteado la necesidad de justificarse.

Indirectamente, pues, amparan **pactos privados de delegación de guarda**, por lo que no resulta extraño que alguno, abiertamente, juzgase legítimo semejante pacto, eso sí, siempre que la entidad pública lo conociese y pudiera controlar la situación.

---

46 Por ejemplo, HERAS HERNÁNDEZ, M.M., *El acogimiento convencional de menores*, Madrid, 2002, págs. 86 ss.

4.3.- En cuanto al reparto **de competencias entre acogedores y progenitores o tutores**, las respuestas fueron vagas. Todos subrayaron que la autonomía de los acogedores es muy amplia, para poder así desempeñar las funciones que el art. 172.1 CC les atribuye; y, consecuentemente, las funciones de progenitores o tutores son, en la práctica, escasas, limitándose básicamente a la representación legal. Aunque de facto no se solicite (porque quizá ni siquiera se trate de un acogimiento permanente para el que el legislador abre esta posibilidad –art. 173 bis 2 CC), los acogedores actúan con las atribuciones propias de un tutor.

Para aumentar la confusión y consolidar este ámbito de indefinición, contamos nada menos que con la decisión del Tribunal Constitucional de reconocer legitimación a unos guardadores de hecho para interponer un recurso de amparo por supuesta lesión de los derechos fundamentales de la menor, a pesar de que dichos guardadores no se habían personado en el procedimiento de instancia y de que el Ministerio Fiscal se opusiera al reconocimiento de dicha legitimación. Este, por su parte, planteaba un recurso de amparo en términos sustancialmente idénticos, luego no había riesgo alguno de dejar desprotegida a la menor.[47] El fundamento normativo argüido no tiene desperdicio:

> *"(...) En concreto, en este supuesto, al haber sido los actuales guardadores de hecho de la menor quienes antes fueron sus acogedores en virtud del acogimiento familiar de carácter provisional constituido el 19 de marzo de 1998 (acogimiento familiar que conlleva la plena participación del menor en la vida familiar e impone a los acogedores las obligaciones de velar por él, tenerlo en su compañía, alimentarlo y educarlo –art. 173.1 CC), debe reconocerse que se han creado unos vínculos entre los guardadores y la menor que determinan que aquéllos tengan un interés legítimo en recurrir en amparo en defensa de los derechos fundamentales de la menor que en este momento tienen bajo su guarda y que anteriormente tuvieron en acogida. (...)*

— El **régimen de visitas**, al parecer, también está en manos de la Administración. El documento habitualmente recoge un régimen suficientemente flexible, que prevé modificaciones atendidas diversas circunstancias (vacaciones, enfermedades...); pero en la práctica la mayoría de las entidades públicas modifican e incluso suspenden las visitas sin necesidad de la autorización del Juez. Y sin tramitar una modificación

[47] Sentencia del Tribunal Constitucional nº 221/2002 (Sala Segunda) de 25 de noviembre. Recursos de amparo nº 1044/2000 y nº 1089/2000.

en la medida de protección que, por definición, suspendidas esas visitas imprescindibles para la reagrupación familiar, no puede seguir siendo el acogimiento simple o provisional.

— En cuanto al régimen de **responsabilidad civil**, no hubo discrepancia: responde objetivamente la Administración y sólo ella. Aquí, al menos, muestran consenso con la doctrina mayoritaria, que entiende así la responsabilidad inherente a la guarda legal[48]. Deben, pues, nuestros jueces continuar en su empeño de evitar este absurdo aunque sea a base de negar relaciones causales evidentes, siempre que no constaten que la Administración ha incumplido un concreto deber de cuidado en el seguimiento de la situación del niño y que precisamente esta falta es la que ha motivado el daño sufrido o causado por el menor.

4.4.- Los participantes en el encuentro identificaban los casos en que procedía una **compensación económica** por el desempeño del acogimiento con los casos de acogimiento profesional; luego, en la práctica, no parece que se compense en sentido propio a los acogedores.

Los gastos de manutención, atención sanitaria y educación los asume, en teoría, la Administración, que paga a los acogedores por estos conceptos en mayor o menor medida según la asignación presupuestaria que cada Comunidad Autónoma destine a este propósito aunque, vistas las cantidades manejadas (270 euros la más generosa), posiblemente no cubran todos los gastos. Lo que no se hace nunca, sorprendentemente, es reclamar nada a los progenitores, que son quienes legalmente han de soportar el coste. Pero lo verdaderamente asombroso no es este hecho, si no que la razón por la que no se reclama no es que no se entienda procedente: es que no se sabe cómo articular una pretensión de reembolso con el rígido sistema de asignación-justificación presupuestaria del erario público[49].

---

48 Por todos, BALLESTEROS DE LOS RÍOS, M., *El desamparo*...cit., pág. 318 ss.

49 Comentarios como "...si está prevista la asignación de una determinada cantidad por este concepto, se entrega independientemente de la situación económica de los padres" o "si luego se reclamase a los padres el reembolso de estos gastos ¿dónde imputamos el ingreso?" ilustran suficientemente el *quid* de la cuestión.

CAPÍTULO IV.
EL ACOGIMIENTO RESIDENCIAL

Ignacio V. Mayoral Narros
Jurista
Fundación Diagrama, Intervención Psico-social

Teresa Frías Fiel
Psicóloga
Fundación Diagrama, Intervención Psico-social

José María Ruiz de Huidobro de Carlos
Profesor Propio Adjunto de Derecho civil
Universidad Pontificia Comillas

CAPÍTULO IV.
EL ACOGIMIENTO RESIDENCIAL

SUMARIO: **I. EL ACOGIMIENTO RESIDENCIAL: INTRODUCCIÓN**. 1.1 CONCEPTO, FUNDAMENTO Y CARACTERÍSTICAS DEL ACOGIMIENTO RESIDENCIAL. 1.2 ÁMBITO DE ACTUACIÓN. **II. ESTRUCTURA BÁSICA ORGANIZATIVA DE RECURSOS RESIDENCIALES**. 2.1 CONFIGURACIÓN GENERAL. CENTROS ESPECIALIZADOS; ENTIDADES PRIVADAS COLABORADORAS. 2.2 ORGANIZACIÓN DE LOS CENTROS. 2.2.A. MARCO GENERAL DE ORGANIZACIÓN DE LOS CENTROS. REGLAMENTO DE RÉGIMEN INTERIOR (RRI). 2.2.B. EL PROYECTO EDUCATIVO DE LOS CENTROS. LOS PROYECTOS EDUCATIVOS INDIVIDUALES. 2.3 VISITAS E INSPECCIÓN DE LOS CENTROS. EVALUACIÓN DE LOS PROGRAMAS. **III. CUESTIONES JURÍDICAS RELEVANTES DEL DESARROLLO DEL ACOGIMIENTO RESIDENCIAL.** 3.1 EL DERECHO DE INFORMACIÓN DE LOS PADRES, TUTORES O GUARDADORES LEGALES Y LOS PROPIOS MENORES EN CUANTO AL SIGNIFICADO Y CONSECUENCIAS DEL ACOGIMIENTO RESIDENCIAL. LA ASISTENCIA LETRADA. 3.2 ACOGIMIENTO RESIDENCIAL Y FAMILIA DE ORIGEN. 3.3 EL DERECHO A SER OÍDO Y EL DE PARTICIPACIÓN DEL MENOR EN LA VIDA DE LOS CENTROS.3.4 EL SISTEMA DE CORRECCIONES. 3.5 LA REVISIÓN DE LA MEDIDA DE PROTECCIÓN. DURACIÓN DEL ACOGIMIENTO RESIDENCIAL, EN GENERAL. 3.6 EL FIN DEL ACOGIMIENTO RESIDENCIAL: REINTEGRACIÓN EN UN ENTORNO FAMILIAR O EL PASO A LA MAYORÍA DE EDAD DE LOS MENORES PROTEGIDOS. **IV. ANÁLISIS SINGULAR DE SITUACIONES Y COLECTIVOS DE ATENCIÓN ESPECIAL.** 4.1 SITUACIÓN DE ACOGIDA Y DIAGNÓSTICO. 4.2 MENORES EXTRANJEROS NO ACOMPAÑADOS. 4.3 MENORES CON TRASTORNOS DE CONDUCTA Y CON PATOLOGÍAS PSIQUIÁTRICAS. **V. CONSIDERACIONES FINALES ACERCA DEL ACOGIMIENTO RESIDENCIAL.**

I. EL ACOGIMIENTO RESIDENCIAL: INTRODUCCIÓN

A través de las siguientes líneas es nuestro objetivo exponer las más relevantes cuestiones que surgen en la actualidad en el desarrollo del acogimiento residencial, como última medida para garantizar la efectiva protección de aquellos menores de edad cuya guarda ostenta la Administración Pública, consecuencia de los diferentes mecanismos jurídicos contemplados en nuestro ordenamiento. En el último epígrafe se hace una mención especial a la situación de los menores extranjeros no acompañados y de los llamados menores con trastornos de conducta, como colectivos que suscitan un mayor interés entre los profesionales que intervienen diariamente con los menores en situación de acogimiento residencial.

Para redactar una definición de acogimiento residencial que exprese certeramente su concepto conviene traer a colación algunas ideas ya expuestas que permitan contextualizarlo.

Recuérdese que la situación jurídica del menor como sujeto protegido para el Derecho conlleva que se le asigne un protector legal, comúnmente, mediante las instituciones de la patria potestad, de carácter principal, cuya titularidad corresponde a los padres del menor, y la tutela ordinaria, de carácter subsidiario, cuyo titular se debe a nombramiento judicial y usualmente recae sobre un miembro de la familia extensa del menor; en el caso especial de que las instituciones citadas no dispensen una efectiva protección y el menor se encuentre desamparado, es sabido que su protección se encomienda a las entidades públicas competentes, que corresponden a las Comunidades Autónomas, constituyendo objeto de este libro su estudio[1].

Ahora bien, en lo que aquí interesa, la sujeción del menor a las instituciones protectoras conlleva que sus titulares (padres o tutores) sean sus representantes legales, los administradores legales de sus bienes y *last but not least guardadores* de la propia persona del menor a los cuales el menor debe respeto y obediencia. Precisamente la *guarda* del menor constituye la función o el deber principales de las instituciones protectoras de los menores de edad[2], pues se trata de su conteni-

---

1 Para una descripción crítica de las instituciones de protección de menores, tanto del denominado modelo institucional como del modelo funcional, cfr. MARTÍNEZ DE AGUIRRE, C. "La protección jurídico-civil de la persona por razón de la menor edad" en *ADC*, 1992, págs. 1391 y ss.

2 Respecto de la patria potestad, el art. 154 CC reza: *"La patria potestad (...) comprende los siguientes deberes y facultades: 1º Velar por ellos, tenerlos en su compañía, ali-*

do personal, sobre todo en las edades tempranas de la vida en las que los menores son más necesitados.

La guarda del menor supone, entonces, velar por él, alimentarlo, educarlo y procurarle una formación integral. Conviene ahora recordar el significado de estos deberes que conforman la guarda, para delinear con mayor precisión su contenido. Si bien refiriéndose a la patria potestad, LASARTE interpreta las expresión *velar por el menor* como la generalización de los deberes tuitivos e implica prestarle la asistencia y la protección que en cada momento de su vida *sub potestate* requiera para garantizar su crianza y formación[3]. Atendiendo al Código Civil, el *deber de alimentos* comprende todo lo indispensable para el sustento, la habitación, el vestido y la asistencia médica (cfr. art. 142, 1 CC) y, en el caso que nos ocupa (alimentista menor de edad), alcanza la educación y la instrucción hasta que complete su formación (cfr. art. 142, 2 CC), solapándose así con el deber de educar y procurar una formación integral al menor. El cumplimiento de este deber, que en el caso de patria potestad se corresponde con el derecho los padres a elegir la educación de sus hijos, debe acompasarse con la personalidad del menor (cfr. art. 154 CC) y conjugarse con el ámbito de libertad de reconocida al menor de conformidad con su capacidad de obrar.

Pues bien, en caso de activación del sistema público de protección de menores, ya sea por guarda administrativa voluntaria (art. 172.2 CC) ya sea por tutela de la entidad pública por ministerio de la ley (art. 172. 1 CC), quedando la guarda del menor a su cargo, ésta puede hacerse mediante acogimiento familiar o acogimiento residencial (cfr. art. 172.3 *ab initio* CC). El acogimiento residencial se ejercerá por el Director del centro donde sea acogido el menor (cfr. art. 172.3 *in fine* CC).

Si bien el acogimiento familiar ha sido objeto de estudio en el capítulo anterior, conviene aquí destacar que a la luz de la LOJPM se prefiere el acogimiento

---

mentarlos, educarlos y procurarles una formación integral (...) Podrán también corregir razonable y moderadamente a los hijos".

Respecto de la tutela ordinaria, el art. 268 CC reza: *"...Los tutores (...) Podrán también corregir a los menores razonable y moderadamente"*; asimismo, el art. 269 prescribe: *"El tutor está obligado a velar por el tutelado y, en particular: 1º A procurarle alimentos. 2º A educar al menor y procurarle una formación integral"*; en fin, el art. 271.1º CC recoge que el tutor necesita autorización judicial para internar al tutelado en un establecimiento de salud mental o de educación o formación especial.

[3] LASARTE ÁLVAREZ, C. *Principios de Derecho Civil*, Tomo VI, Derecho de Familia. 2ª ed. revisada y actualizada, Madrid, 2000, pág. 408.

familiar al acogimiento residencial para el ejercicio de la guarda. Con independencia del peso que la regulación del acogimiento familiar y sus modalidades tienen en la LOJPM[4], la preferencia queda enunciada en su art. 21.1: *"Cuando la entidad pública acuerde la acogida residencial de un menor, teniendo en cuenta que es necesario que tenga una experiencia de vida familiar, principalmente en la primera infancia, procurará que el menor permanezca internado durante el menor tiempo posible, salvo que convenga al interés del menor"*.

En la práctica, sin embargo, el citado principio de preferencia del acogimiento familiar no supone que el acogimiento residencial sea meramente residual. En efecto, sin traer a colación las simples razones de disponibilidad de medios (en este caso, suficiente número de familias acogedoras), el acogimiento residencial presenta sus propios ámbitos de desenvolvimiento en los cuales juega un papel preponderante, aun su carácter subsidiario, en la guarda de los menores, particularmente aquellos que se encuentran en edades tardías de la menor edad; entre ellos, han de reseñarse determinados grupos de menores (menores extranjeros no acompañados, menores con trastornos de conducta o/y patologías psiquiátricas, menores a caballo entre el sistema de protección y el de reforma); por otra parte, se contempla el acogimiento residencial de estos menores en la fase de acogida y diagnóstico de su situación de precariedad familiar; según adelantamos, serán objeto de análisis en el apartado V de este capítulo.

La ubicación del capítulo referido al acogimiento residencial en este lugar de la obra responde, pues, al carácter esencial de *ultima ratio* de esta medida de protección, es decir, que, en principio, sólo debería formalizarse este tipo de acogimiento cuando todas las demás medidas, especialmente el acogimiento familiar, no fueran viables.

Efectivamente, el acogimiento, en sus dos modalidades de acogimiento familiar y residencial, constituyen las formas de ejercicio de la guarda administrativa cuando la misma es voluntariamente solicitada por los padres o tutores o bien como función de la tutela automática asumida por la entidad pública competente (art. 172.3 CC)[5]. Ambas tienen en común el ofrecer al menor una opción alterna-

[4] Véase el apartado 2 de la Exposición de Motivos en el que se justifica la necesidad de desarrollar la regulación legal del acogimiento familiar introducido en la Ley 21/1987 y justifica una medida tan significativa en este contexto como el acogimiento familiar provisional.

[5] Art. 172.3 CC: *"La guarda asumida a solicitud de los padres o tutores o como función de la tutela por ministerio de la ley, se realizará mediante el acogimiento familiar o el*

tiva que solucione o mitigue la situación de desprotección en que se encuentre (potencialmente superable en el caso de la guarda voluntaria y cuasi-definitiva en el caso de la tutela *ex lege*), si bien dando prioridad a la modalidad de acogimiento familiar para cumplir con el principio señalado en la LOPJM de intentar mantener al menor en un entorno familiar que, no pudiendo ser el suyo propio, se procura que sea otro que reúna condiciones idóneas para cubrir las necesidades materiales, afectivas y educativas del menor. Y sólo cuando dicha modalidad tampoco resulta adecuada (*"cuando no sea posible la permanencia del menor en una familia"*, dice el artículo 19.1d) LOPJM), el ordenamiento ofrece la opción del acogimiento residencial en un centro de menores, con carácter provisional y durante el periodo más breve posible y bajo la supervisión de la Administración autonómica (entidad pública competente) y del Ministerio Fiscal[6].

Aparte de la sucinta mención al acogimiento residencial en el artículo 172.3 CC, nada más se dice en dicho texto legal acerca de esta modalidad de acogimiento, por lo que las características y el régimen jurídico concreto de esta medida de protección se han de extraer de la regulación autonómica vigente[7].

En nuestra opinión, son tres las características esenciales que definen esta modalidad de acogimiento, frente al familiar: tiene carácter subsidiario respecto

---

acogimiento residencial. El acogimiento familiar se ejercerá por la persona o personas que determine la entidad pública. El acogimiento residencial se ejercerá por el Director del centro donde sea acogido el menor".

6 *Vid.* MAYOR DEL HOYO, Mª. V. *La guarda administrativa como mecanismo de protección de menores en el Código Civil*. Granada, 1999.

7 Artículos 36 a 39 de la ley andaluza de derechos y atención al menor (1998); artículos 60 a 66 de la Ley asturiana de protección de menores (1995); artículos 66 a 69 de la ley aragonesa de infancia y adolescencia (2001); artículos 68 a 72 y 81 a 90 de la ley canaria de atención integral a los menores (1997); artículos 59 a 65 de la Ley cántabra de protección de la infancia y la adolescencia (1998); artículo 12 de la ley catalana de medidas de protección de menores desamparados y regulación de la adopción (1991); artículos 95 a 99 de la ley castellano leonesa de promoción, atención y protección a la infancia (2002); artículos 19 a 22 de la ley extremeña de protección y atención a menores (1994); artículo 29 de la ley gallega de protección jurídica, económica y social de la familia, la infancia y la adolescencia (1997); artículos 87 a 91 de la ley de Islas baleares de atención de los derechos de la infancia y la adolescencia de Illes Balears (2006); artículos 65 y 66 de la ley madrileña de garantías de los derechos de la infancia y la adolescencia (1995); artículo 29 de la ley de la infancia de Murcia de adopciones, acogimiento familiar y atención a menores; artículos 57.1 y 83 a 87 de la ley del menor de la Rioja (1998), artículo 27 de la ley valenciana de la infancia (1994).

de las demás, ha de limitarse temporalmente al tiempo imprescindible y pretender la reintegración del menor en su familia.

Efectivamente, como se apuntaba antes, es una medida de protección que tiene carácter subsidiario respecto de todas las demás, puesto que cuando todas ellas han fallado o se prevén inviables para la garantía del interés superior del menor (prevención, medidas de apoyo económico, psicológico, etc. en la familia, acogimiento familiar), sólo entonces, procede constituir el acogimiento residencial del menor.

En segundo lugar, y teniendo en cuenta que esta medida supone, por definición, la separación del menor de su entorno familiar, se ha de procurar que la medida se limite al tiempo imprescindible hasta que desaparezca, en su caso, la situación de desprotección. Durante su estancia en el centro o recurso residencial, además, se ha de procurar que su relación con el exterior no sufra alteraciones esenciales, para lo cual se ha de facilitar en todo lo posible las actividades fuera del centro como vía de integración del menor en el entorno, y las visitas a familiares cuando ello no sea contrario al interés superior del menor.

En tercer lugar, la finalidad última de esta medida es hacer posible la integración del menor en su propia familia o en otro entorno familiar, puesto que esta medida de protección, por muy grave que sea la desprotección en que se halle el menor, no puede tener carácter definitivo, sino que se configura como un "mero" ejercicio de la guarda administrativa del menor con vistas a hacer posible que tenga antes o después una vida familiar. Dicho objetivo ha de inspirar toda decisión que vaya a afectar a la esfera personal del menor; así, por ejemplo, se habrá de buscar un recurso residencial que se halle cerca de su entorno familiar y social, intentando mantener unidos a los hermanos, y procurar, como decíamos antes, que su relación con el exterior no sufra alteraciones.

1. Ámbito de actuación

Atendiendo a las estadísticas de los últimos años en relación con las medidas de protección adoptadas, y que requirieron de intervención especializada con los menores fuera del ámbito familiar, debemos indicar que la tendencia ha estado marcada por el notable aumento del acogimiento familiar administrativo y la disminución del acogimiento residencial[8]. Cabe destacar igualmente el aumento generalizado del número de menores tutelados por las Comunidades Autónomas, manteniendo dicho índice un crecimiento progresivo desde la aprobación y entrada en vigor de la LOPJM.

Conforme se recoge en la Estadística Básica de Protección a la Infancia 2004[9], atendiendo al número de altas en acogimiento residencial a nivel estatal, desde el año 1996 se produce un aumento progresivo de las mismas, con excepción del descenso registrado en el año 2002. Respecto al total de menores en situación de acogimiento residencial, los datos expresan que tras el aumento generalizado producido desde el año 1996, y tras el descenso de los mismos en los años 2001 y 2002, el número de menores total en situación de acogimiento residencial comienza a estabilizarse, lo que ha de interpretarse tomando como referencia el aumento de las medidas de acogimiento familiar administrativo y judicial, siendo la tasa nacional de 192 por cada cien mil.

Atendiendo a los datos aportados por el Ministerio de Trabajo y Asuntos Sociales, en el año 2005, 14.617 menores se encontraban en situación de acogimiento residencial en el conjunto del Estado español[10].

Analizada la ocupación de las plazas destinadas al acogimiento residencial de menores desde el prisma de las franjas de edad, las manifestaciones de los profesionales que actúan en el ámbito de la protección de menores indican que son los adolescentes los que en un mayor porcentaje vienen a ocupar dichos recursos, predominado los varones respecto de las mujeres. Igualmente se ha de señalar la creciente presencia de menores de origen extranjero, como extensión propia de la cada vez mayor diversidad de nuestra sociedad y de los proyectos migratorios que los mismos llegan a protagonizar, así como de menores con patologías graves de conducta que requieren de una actuación específica por parte de los sistemas de protección de menores, junto a menores que manifiestan conductas asociales que han de generar la puesta en marcha de recursos y programas específicos destinados a su tratamiento y acompañamiento; todo ello desde el prisma de la normalización social de estos menores.

---

8 *Vid.*, Plan Estratégico Nacional de Infancia y Adolescencia 2005-2008. Documento de Trabajo 07 (2/2005). Secretaría de Estado de Servicios Sociales, Familias y Discapacidad. Ministerio de Trabajo y Asuntos Sociales.

9 *Vid.*, Boletín Estadístico 07. Estadística Básica de Protección a la Infancia 2004. Dirección General de las Familias y la Infancia. Ministerio de Trabajo y Asuntos Sociales.

10 Conforme datos recogidos en la noticia *30.000 niños viven tutelados por el Estado*; elpais.com de 29 de mayo de 2007.

II. ESTRUCTURA BÁSICA ORGANIZATIVA DE RECURSOS RESIDENCIALES

En lo relativo al desarrollo efectivo del acogimiento residencial, a través del presente epígrafe procedemos a exponer algunos de los aspectos más relevantes en el diseño actual de la tipología de centros, programas residenciales, proyectos educativos de intervención; así como cuestiones referidas a evaluación e inspección de la actuación realizada en los recursos residenciales.

1. Configuración general. Centros especializados; entidades privadas colaboradoras

El acogimiento residencial en tanto medida de protección encaminada a garantizar a los menores en dicha situación la efectiva garantía de un desarrollo individual y social tendente, cuando posible, a su reintegración socio-familiar, ha de configurarse por parte de la entidad pública competente en cada territorio de manera que se adapte a las circunstancias personales, sociales y familiares de cada menor. En este sentido, desde un punto de vista histórico, debemos recordar cómo las macro-instituciones de carácter asistencial propias de un ya superado sistema tutelar de menores han dado paso a centros residenciales determinados por el proceso de territorialización de los recursos sociales, de manera que la intervención con el menor y con su familia, cuando posible, se lleve a cabo en el propio entorno socio-familiar del menor[11].

La propia LOPJM, al referirse al acogimiento residencial, habla expresamente de *servicios especializados*[12], procediendo así a integrar el principio de especialización de los recursos dentro de los sistemas de protección de menores[13].

---

[11] *Vid.*, FERNÁNDEZ DEL VALLE, J. y FUERTES ZURITA, J.; *El acogimiento residencial en la protección a la infancia.* pp. 35 y ss. Madrid, 2000.

[12] Art. 21.2 LOPJM: *"(...) La entidad pública regulará de manera diferenciada el régimen de funcionamiento de los servicios especializados y los inscribirá en el registro correspondiente a las entidades y servicios de acuerdo con sus disposiciones, prestando especial atención a la seguridad, sanidad, número y cualificación profesional de su personal, proyecto educativo, participación de los menores en su funcionamiento interno, y demás condiciones que así lo exijan las circunstancias".*

[13] Ejemplo de esta actuación especializada la encontramos en los diferentes programas de atención a la infancia y la adolescencia desarrollados por el INSTITUTO MADRILEÑO DEL MENOR Y LA FAMILIA de la Comunidad de Madrid: Programa de atención temprana, Programa de puntos de encuentro familiar, Programa de protección de menores en situación de riesgo o

La legislación autonómica es muy heterogénea en cuanto al grado de detalle con el que regula la tipología de centros en los que se ha de verificar el acogimiento residencial, que, por otra parte, es bastante variada.

Así, atendiendo a la edad de los menores se distinguen los hogares infantiles y juveniles, las residencias infantiles y juveniles; atendiendo al régimen de realización de actividades del centro se habla de centros abiertos (las actividades se realizan fuera del centro, haciendo uso de los recursos normalizados) y centros especializados (en ellos las actividades se realizan en el interior del centro y están destinados a menores que precisan de un programa de asistencia terapéutica y educativa más controlado e intensivo); también con carácter general, de forma separada de todos estos tipos de centros la legislación autonómica contempla la de centros de protección de menores con graves deficiencias físicas o psíquicas, pues presentan características singulares que precisan de una atención sumamente especializada y de distinta naturaleza que la que reciben los menores que entran en los demás centros de protección. A modo de ejemplo cabe citarse lo dispuesto en los arts. 90 y 91 de la Ley 1/2006, de 28 de febrero, de protección de menores de La Rioja[14], que bajo los epígrafes de *Organización de los centros de acogimiento* y *acogimientos residenciales especiales* regula específicamente esta materia. Tal y como recoge el art. 90 de la citada norma, ha de destacarse la necesidad de que la decisión del ingreso de un menor en un determinado recurso atienda principalmente a un criterio de similitud de las características de los menores que van a residir en dicho recurso, con el objeto de evitar cualquier tipo de perjuicio o riesgo para el menor.

Como ya se señalaba anteriormente, en el ámbito de los recursos residenciales especializados, ha de tenerse muy en cuenta la cada vez más necesaria promoción de recursos destinados a menores con graves deficiencias o discapacidades físicas o psíquicas o alteraciones psiquiátricas, menores que padecen de adicción al consumo de drogas, menores con graves problemas de socialización, inadaptación o desajuste social, que habrán de procurar la efectiva protección de estos menores a través de su integración social así como familiar, cuando así sea posible. Antes las actuales demandas del nuevo perfil de los menores en situación de acogimiento residencial, los sistemas de protección de menores han tenido

---

desamparo, Programa de intervención con menores en riesgo social, Programa de acogimiento en familia no biológica, Programa de adopciones, Programa de acogimiento residencial.

[14] BOE núm. 70, de 23 de marzo de 2006.

que fortalecer determinados tipos de recursos residenciales como pueden ser: residencias específicas y plazas en recursos de atención terapéutica para niños y niñas con problemas de salud mental o trastornos de conducta, pisos para adolescentes, pisos para menores extranjeros sin acompañamiento familiar, residencias para menores con discapacidad, programas de acompañamiento educativo y alternativas a los recursos tradicionales[15].

Ahora bien, la clasificación más importante (contemplada en todas las leyes autonómicas) es la que hace referencia a la gestión de programas y centros destinados al desarrollo del acogimiento residencial de menores distinguiendo entre centros públicos (o propios) y centros privados (o concertados), atendiendo a la titularidad pública o privada de los mismos[16]. Sin embargo, el régimen jurídico de unos y otros no puede variar sustancialmente, pues en el ámbito de la asistencia social o de la protección de menores, la titularidad privada de una actividad no prejuzga ni define un modo de hacer las cosas distinto al que realiza la Administración pública en sus centros propios, sino que es un modo de concurrir a la realización de unos mismos fines públicos (la protección de los menores mediante el acogimiento residencial) apoyándose en la iniciativa desinteresada de particulares que se asocian o que crean una fundación para ello, configurándose, en todo caso, como entidades privadas sin ánimo de lucro.

La dirección y gestión de los centros públicos corresponde al órgano competente de la entidad pública autonómica respectiva (no dejan de ser ellos mismos también Administración), mientras que en el caso de los centros privados o concertados, el ejercicio de tales funciones precisa de la firma de un convenio de colaboración entre la entidad privada y la Administración, formalización que pretende verificar el cumplimiento de una serie de requisitos que la acrediten, antes de entrar en funcionamiento, como entidad que cumple todos los parámetros

---

15 *Vid.*, II Plan de Atención a la Infancia y a la Adolescencia de la Comunidad de Madrid 2002-2006, pp.98 y ss.

16 Art. 89 Ley 1/2006, de 28 de febrero, de protección de menores de La Rioja: *"Los centros radicados en la Comunidad de La Rioja podrán ser públicos o concertados. Son públicos aquellos cuya dirección y gestión corresponde a la Administración de la Comunidad Autónoma y concertados los que, perteneciendo a otras entidades públicas o privadas y careciendo de ánimo de lucro, están autorizados como tales por el órgano administrativo competente en atención a los requisitos y condiciones que se establezcan reglamentariamente"*.

normativos exigibles en el sistema de protección de menores[17]; en el marco de lo dispuesto por el art. 21.2 LOPJM[18], sometiéndose igualmente a los mecanismos jurídicos expresamente establecidos en la normativa autonómica respectiva.

Esta clasificación sólo pone de manifiesto la imprescindible cooperación entre Administraciones públicas y entidades privadas sin ánimo de lucro bajo los principios de coordinación y co-responsabilidad, tan habitual (y provechosa) en el ámbito asistencial, debiendo ser en todo idénticas las prestaciones que reciban los menores; con independencia de que en el caso de los centros privados o concertados la herramienta jurídico-técnica que permite al Director del centro ejercer sus funciones (básicamente el ejercicio de la guarda y la corrección de los menores) sea la previa delegación de las mismas por parte de la Administración pública competente, la cual, de este modo no se desentiende de la responsabilidad última que tiene asignada en la protección de todos los menores presentes en su ámbito territorial.

2. Organización de los centros

2.1. Marco general de organización de los centros. Reglamento de Régimen Interior (RRI)

Una pieza clave en el análisis del desarrollo del acogimiento residencial es el estudio de la organización de la vida diaria que tiene lugar en los distintos recursos residenciales. Tomando como ejemplo lo dispuesto en el art. 90.3 de la Ley 1/2006, de 28 de febrero, de protección de menores de La Rioja, *"cada centro dispondrá de un proyecto socioeducativo de carácter general, con independencia del individualizado para cada menor, así como de unas normas de régimen interior, cuyos contenidos serán objeto de desarrollo reglamentario"*. Observamos por tanto que cada recurso residencial habrá de distinguir, como mínimo, tres niveles de programación de cara a diseñar la adecuada intervención a desarrollar con el menor de cara a promover su integración social y familiar.

---

[17] Además de esta comprobación de inicio, se realizan semestralmente inspecciones (administrativas) tendentes a verificar la correcta realización de las funciones asumidas, sin perjuicio de la superior vigilancia que sobre todos los centros ejercerá, además, el Ministerio Fiscal (artículos 21.2 LOPJM y 174 CC).

[18] Art. 21.2 LOPJM: *"Todos los servicios, hogares funcionales o centros dirigidos a menores, deberán estar autorizados y acreditados por la entidad pública"*.

El centro o recurso ha de contar con un proyecto general socioeducativo específico que defina las características esenciales de la metodología de la intervención a realizarse o desarrollarse en el centro con carácter general.

Igualmente han de delimitarse un conjunto de normas de régimen interior que se habrán de plasmar en el Reglamento de Régimen Interior, que podríamos conceptuar como una norma de organización y funcionamiento internos del centro, puesto que, si bien por un lado requiere su aprobación por la Consejería competente en cada Comunidad Autónoma (carácter normativo), su alcance se limita al ámbito puramente interno de cada centro (no tendría efectos *ad extra*, como sería propio de las normas, en sentido técnico).

En lo que respecta al contenido específico de esta normativa de funcionamiento interno, podemos tomar como ejemplo lo dispuesto en el Decreto 88/1998, de 21 de mayo, regulador del Estatuto de las Residencias de Atención a la Infancia y Adolescencia de la Comunidad de Madrid[19], que recoge como ejes de la organización y funcionamiento de los recursos residenciales los principios fundamentales de la actuación de las instituciones, la organización y estructura de las instituciones, así como las reglas básicas de convivencia y normativa. El Reglamento de Régimen Interior ha de referirse igualmente al papel de cada uno de los profesionales que trabajan con el menor y al funcionamiento del equipo educativo, la metodología de trabajo, el régimen de visitas, la relación con la autoridad judicial, el alcance de las intervenciones educativas, etc., así como ha de contener un catálogo de derechos y deberes asignados a los menores[20].

Por expresa mención de las leyes autonómicas en materia de protección de menores (porque lo regulan en el propio texto legal o porque se remiten al desarrollo reglamentario ulterior), el Reglamento de Régimen Interior del centro ha de tener carácter democrático y fomentar la participación de los menores, cuestiones esenciales si se quiere formar al menor conforme a un modelo que le tenga

---

[19] BOCM núm. 126, de 29 de mayo de 1998.

[20] En lo relativo al conjunto de derechos y deberes de los menores residentes, vid. a modo de ejemplo, art. 21 del Decreto 88/1998, de 21 de mayo, regulador del Estatuto de las Residencias de Atención a la Infancia y Adolescencia de la Comunidad de Madrid (BOCM núm. 126, de 29 de mayo de 1998); Arts. 92 y 93 de la Ley Foral 15/2005, de 5 de diciembre, de promoción, atención y protección a la infancia y a la adolescencia (BON núm. 149, de 14 de diciembre de 2005); Arts. 86 y 87 de la Ley 1/1997, de 7 de febrero, de atención integral a los menores (BOC 17 núm. 23, de febrero de 1997).

en cuenta como sujeto participativo y autónomo, que toma parte en las decisiones que van a afectar a su vida cotidiana, si no en el seno de su familia porque no es posible, sí en el escenario que proporciona el centro de protección.

2.2. El Proyecto Educativo de los centros. Los proyectos educativos individuales

La actual configuración de los sistemas de protección de menores requiere que la intervención a desarrollar con el menor que se encuentra en situación de desprotección social gire de modo específico en torno a las propias necesidades evolutivas del menor, dejando a un lado cualquier otro de tipo de interés concurrente. En este sentido, el proyecto socio-educativo del centro, la normativa de funcionamiento interno y, especialmente, el proyecto educativo individual, han de responder a dichas necesidades, circunstancias y características de cada menor, encaminándose a facilitar el desarrollo integral del mismo.

En términos generales, la legislación autonómica proclama el derecho de todo menor que se encuentra en un centro de protección a desarrollarse personalmente y a beneficiarse de aquellas medidas que persigan su inserción sociolaboral, lo que se logrará, como señalábamos anteriormente, a través del proyecto socio-educativo específicamente diseñado para cada menor, enmarcado en el proyecto general con que ha de contar cada centro.

De este modo, los profesionales que con carácter interdisciplinar trabajan directamente con los menores (psicólogos, trabajadores sociales, educadores, juristas, etc.) habrán de participar de la elaboración del proyecto o programa individualizado de intervención, que planteará los objetivos y actividades a programar en las diferentes áreas que inciden de forma directa en el desarrollo del menor: área psicológica, área familiar, área social, área educativa, área formativa y laboral, etc., informando de forma continuada a través de la emisión de informes periódicos y puntuales a la entidad pública competente y a la autoridad judicial cuando así sea necesario, de cara a adoptar las decisiones oportunas acordes a la evolución experimentada por el menor y su grupo familiar, cuando exista relación entre los mismos.

Uno de los aspectos fundamentales que se han de señalar como indicador básico de la adecuada realización del acogimiento residencial como medida protectora es la profesionalización y especialización continua de las personas que intervienen con los menores que habrán de promover a través de su trabajo diario, y cuando ello sea posible, la colaboración estrecha de la familia del menor con el equipo profesional del centro o recurso, para que ésta participe, dentro de los límites razonables para el interés superior del menor, de las decisiones que se hayan de adoptar y afecten a la esfera de la dinámica familiar y a la integración del menor en un entorno familiar adecuado.

Finalmente, nos gustaría destacar el conjunto de principios que FERNÁNDEZ DEL VALLE, J. y FUERTES ZURITA, J.[21], señalan como criterios para una atención residencial de calidad y que son: Individualización; Respeto de los derechos del niño y de la familia; Adecuada cobertura de las necesidades materiales básicas; Escolarización y alternativas educativas; Promoción de la salud; Normalización e integración; Enfoque de desarrollo y preparación para la vida adulta; Apoyo a las familias; Seguridad y protección; Colaboración y coordinación centrada en el niño y su familia.

3. Visitas e inspección de los centros. Evaluación de los programas

Dentro del desarrollo ordinario de los centros y otros recursos residenciales, cabe considerar la inspección de los mismos como un mecanismo fundamental de supervisión de la actuación realizada a favor de los menores, y por tanto en una garantía para los mismos, e igualmente constituye una vía para dar visibilidad al trabajo que se realiza con los menores.

En el marco general establecido en el ámbito estatal por la LOPJM, las funciones de inspección y supervisión de los recursos residenciales se atribuyen de forma expresa a la entidad pública competente en materia de protección de menores, debiendo proceder a realizar dicha labor de inspección y supervisión con carácter semestral y cuando las circunstancias expresamente así lo requieran[22]. Igualmente, ha de señalarse en este apartado la función del Ministerio Fiscal, al cual la LOPJM le atribuye la función expresa de vigilancia de todos aquellos recursos en los que se desarrolla el acogimiento residencial de menores[23], de forma comple-

---

[21] *Vid.*, FERNÁNDEZ DEL VALLE, J. y FUERTES ZURITA, J.; *El acogimiento residencial en la protección a la infancia.* op. cit.

[22] Art. 21.3 LOPJM: *"A los efectos de asegurar la protección de los derechos de los menores, la entidad pública competente en materia de protección de menores deberá realizar la inspección y supervisión de los centros y servicios semestralmente y siempre que así lo exijan las circunstancias".*

[23] Art. 21.4 LOPJM: *"Asimismo, el Ministerio Fiscal deberá ejercer su vigilancia sobre todos los centros que acogen menores".*

mentaria con lo dispuesto en el art. 174 CC, cuyo apartado primero encomienda al Ministerio Fiscal la superior vigilancia de la tutela, acogimiento o guarda de los menores asumidas como mecanismos de protección de los menores.

En este mismo sentido, la *Recomendación (2005) 5 del Comité de Ministros del Consejo de Europa, sobre los derechos de los menores viviendo en instituciones residenciales*[24], señala la necesidad de que todos los centros residenciales cuenten con la preceptiva acreditación expedida por la entidad pública competente y encontrarse registrados como tal en función de las reglas mínimas establecidas en cada ordenamiento, haciéndose igualmente necesaria la articulación de mecanismos de supervisión y control externos al propio centro o recurso.

Desde el punto de vista terminológico, cabe distinguir entre visitas a los centros, cuya finalidad primordial es el seguimiento de su funcionamiento y de sus programas, y la inspección de los centros, cuya finalidad se orienta más al control del cumplimiento de la normativa exigible tanto en relación con su funcionamiento como de su gestión.

En lo que respecta a los organismos/instituciones competentes para efectuar las referidas acciones de seguimiento o inspección, ha de indicarse que las visitas periódicas a los centros suelen llevarse a cabo por el personal adscrito a los servicios centrales de inspección de la entidad pública competente en materia de protección de menores; mientras que las funciones de inspección pueden llevarse a cabo por los servicios de inspección *ad hoc* del propio sistema de protección de menores o del departamento autonómico competente, o bien por servicios de inspección generales de la Administración; recordando aquí la obligación de la entidad pública competente en materia de protección de menores de proceder a la inspección de los centros, al menos, con carácter semestral. Finalmente, debemos destacar la labor que en este ámbito se viene desarrollando desde la Oficina del Defensor del Pueblo así como por las instituciones autonómicas análogas, concurriendo en algunas Comunidades Autónomas la existencia de figuras similares a la del Defensor del Pueblo cuya acción se centra de forma exclusiva en los menores de edad.

Se hace necesario que tras la visita o inspección realizada al centro o recurso residencial, un informe específico sea emitido por la institución u organismo com-

---

[24] Recommendation Rec (2005) 5 of the Committee of Ministers to member states on the rights of children living in residential institutions (Adopted by the Committee of Ministers on 16 March 2005 at the 919th meeting of the Ministers' Deputies).

petente, en el cual se habrá de dejar constancia del ámbito o extensión de la visita o inspección, destacándose aquellos extremos a mejorar o sobre los que incidir con el objeto de actuar más positivamente en el adecuado desarrollo de los menores en el recurso. En todo caso, la concurrencia de infracciones en el funcionamiento y en la gestión del centro, habría de dar lugar a la aplicación del régimen sancionador con las consecuencias establecidas en el marco jurídico autonómico.

Respecto a otros mecanismos de control externos al centro, de carácter independiente y objetivo, ha de señalarse la necesidad de promover vías dirigidas a la evaluación de los servicios que se vienen prestando desde la Administración pública a los menores en los recursos residenciales. Éstos han de concebirse como mecanismos o servicios específicos de evaluación, que sobre unos estándares mínimos y evaluables de calidad y eficacia en el desarrollo del acogimiento residencial de los menores y en los programas de intervención aplicados, acrediten su adecuada realización en el centro.

La realidad de la población atendida actualmente por los sistemas de protección hace aconsejable un análisis de la eficacia del sistema en sí mismo con el objeto de poder responder acertadamente a los nuevos retos.

III. CUESTIONES JURÍDICAS RELEVANTES DEL DESARROLLO DEL ACOGIMIENTO RESIDENCIAL

1. El derecho de información de los padres, tutores o guardadores legales y los propios menores en cuanto al significado y consecuencias del acogimiento residencial. La asistencia letrada

En relación con el derecho de información de los padres, tutores o guardadores legales y del propio menor respecto al alcance y significado del acogimiento residencial, debemos recordar en un primer momento la obligación de la entidad pública competente de notificar a los padres, tutores o guardadores legales la medida de protección adoptada, en los términos establecidos en el art. 172.1 CC, tal y como ya se señaló en el capítulo relativo a la situación de desamparo.

La práctica habitual llevada a cabo por los profesionales del ámbito de la protección de los menores debe llevarnos a afirmar que la entidad pública procede a notificar a los responsables del menor, siempre que sea posible, de la apertura de un expediente de protección, dándoles audiencia para informarles de la posibilidad existente de que se pueda declarar la situación de desamparo de un menor. En todo caso, la declaración de desamparo y la asunción de la tutela se notifican por medios fehacientes a los representantes legales del menor.

Con carácter general, los profesionales que intervienen en el ámbito de la protección de los menores consideran pertinente la elaboración de un *Manual de buenas prácticas* o *Protocolo de actuación* relativo al modo de proceder a la hora de transmitir de forma adecuada una información completa y comprensiva de las medidas de protección adoptadas y de su trascendencia jurídica a los padres, tutores o guardadores del menor, y más específicamente a los propios menores de edad. Se afirma igualmente la necesidad de cuidar al máximo los recursos humanos de los servicios responsables de esta tarea, así como fortalecer las habilidades de los profesionales relacionados, requiriéndose una específica formación del personal que va a acometer esta función, así como unas instalaciones idóneas al efecto.

En todo caso, los menores de edad serán informados, de forma continuada, a lo largo del desarrollo de la medida de protección por los educadores/tutores que actúan como referente adulto de los menores en el recurso residencial, por lo que debemos destacar la necesidad de fortalecer la formación de estos profesionales, y en general de los profesionales de los centros, desde una perspectiva jurídica.

Otra de las cuestiones que se han de señalar en este apartado es la necesidad de garantizar la efectiva asistencia letrada de los menores que se encuentran en situación de acogimiento residencial, de cara a promover y facilitar el conocimiento continuado de su propia situación y las posibilidades de actuación ante la entidad pública competente y los organismos judiciales.

La práctica en cada uno de los sistemas de protección hace que concurran diferentes modelos o vías para procurar dicha asistencia letrada. En este sentido, en algunos casos la asistencia letrada es ejercida por Letrados adscritos al propio sistema de protección de menores (equipo específico que presta un servicio de información y asesoramiento); en otros casos, recurriendo a los servicios jurídicos generales de la Comunidad Autónoma respectiva; y en otros, acudiendo al turno de oficio del Colegio de Abogados de cada ámbito territorial.

En todo caso, entendemos pertinente fomentar la especialización de letrados en esta materia, así como que se proceda a la creación de servicios jurídicos específicos dependientes de cada entidad pública competente en protección, que garanticen una asistencia jurídica eficaz e independiente a los menores que se encuentran bajo el sistema de protección.

2. Acogimiento residencial y familia de origen

Tal y como ya señalábamos en el apartado introductorio de este capítulo, el acogimiento residencial se configura como una medida protectora que de modo inherente conlleva la separación del menor de su entorno familiar habitual. Al igual que ocurre en la aplicación del resto de medidas de protección previstas en nuestro ordenamiento, el acogimiento residencial ha de estar encaminado a procurar como objetivo último la reintegración del menor en su propio sistema familiar cuando ello sea posible y no resulte contrario al interés superior del menor.

Con dicho motivo, cuando existan posibilidades reales de que el menor algún día pueda reintegrase a su familia al desaparecer las causas que motivaron la situación de desprotección social, desde el recurso residencial ha de trabajarse de forma intensa con las familias de forma que los progenitores o representantes legales del menor se comprometan por favorecer la vuelta de éste a su familia, en un entorno que pueda cubrir las condiciones mínimas para el desarrollo integral del menor.

El proyecto o programa socio-educativo individual a diseñar o configurar por el equipo interdisciplinar de los centros –bajo la supervisión del organismo autonómico tutelar de los menores– habrá de establecerse desde el prisma de la normalización del menor en su entorno social habitual, cuando posible, así como desde la promoción del mantenimiento de las relaciones familiares que permitan trabajar con la familia en pro del adecuado desarrollo de los deberes inherentes al ejercicio de la patria potestad conforme se dispone en los arts. 154 y ss. CC.

Debemos olvidar, por tanto, la concepción del acogimiento residencial como una vía de eliminación plena de las relaciones intrafamiliares entre el menor y sus representantes legales, ya que el fundamento último habrá de ser la reincorporación del menor a su propia familia; si bien es cierto que no es poco frecuente que las condiciones socio-familiares que presenta un menor que se encuentra en situación de acogimiento residencial supongan una potencial vía a la necesaria búsqueda de alternativas factibles al acogimiento residencial y a su propia familia nuclear.

Para los casos en los que el estudio de las circunstancias personales y familiares del menor aconseja el mantenimiento y promoción de las relaciones intrafamiliares del mismo, desde el centro o recurso residencial se ha de facilitar la relación entre el menor y su familia, atendiendo, claro está, a las directrices marcadas por el organismo tutelar autonómico. De este modo, en las progresivas revisiones del programa educativo individualizado se habrán de delimitar las formas en las que la relación entre familia y menor se desarrollará (comunicación escrita y telefónica, visitas familiares, estancias con la familia, etc.), incrementándose la misma, de forma paulatina y adaptada, en función de la evolución y el compromiso mostrado por los miembros del sistema familiar en tanto agentes activos de dicho sistema, de cara a eliminar cualquier tipo o elemento de desprotección social del menor.

FERNÁNDEZ DEL VALLE y FUERTES ZURITA (2000), siguiendo a JENSON Y WHITETAKER (1987) y SMIT Y KNORTH (1996), plantean la posibilidad de clasificar o dividir los diferentes tipos de implicación de los responsables parentales del menor en función del momento del proceso del acogimiento residencial ante el que nos encontremos: preintervención e ingreso, intervención y salida[25]. En la fase de la intervención, se ha destacar la necesidad de crear un *"triángulo de trabajo"* entre el recurso residencial, los representantes legales y el propio menor, de forma que se propicie un espacio de intercambio de información continuada que permita perfilar, de la forma más adaptada a las necesidades del menor, las vías de integración socio-familiar del mismo. Sin lugar a dudas, las visitas a realizar por los padres en el centro y los períodos que el menor pueda disfrutar en su hogar habrán de constituirse en el elemento valorativo fundamental de la posibilidad real de reincorporación del menor a su entorno familiar, junto al análisis de las circunstancias socio-familiares que puedan incidir o actuar como posibles causas del desamparo material o moral del menor.

3. El derecho a ser oído y el de participación del menor en la vida de los centros

En el ámbito del derecho del menor a ser oído, referencia obligada se ha de realizar al contenido del art. 9 LOPJM, el cual, en el marco del art. 12 CNUDN, procede a regular con carácter genérico el mencionado derecho con el objeto de pro-

---

25 *Vid.*, FERNÁNDEZ DEL VALLE, J. y FUERTES ZURITA, J.; *El acogimiento residencial en la protección a la infancia.* op. cit., pp. 109 y ss.

mover de forma efectiva la participación de los menores de edad en nuestro ordenamiento jurídico. En este sentido, el art. 9.1 LOPJM establece: *"El menor tiene derecho a ser oído, tanto en el ámbito familiar como en cualquier procedimiento administrativo o judicial en que esté directamente implicado y que conduzca a una decisión que afecte a su esfera personal, familiar o social"*.

En este mismo sentido, la *Recomendación (2005) 5 del Comité de Ministros del Consejo de Europa, sobre los derechos de los menores viviendo en instituciones residenciales*[26], referencia expresa hace al derecho del menor interno en uno de estos recursos a participar en la toma de decisiones que le puedan afectar al mismo en lo que a la medida de protección se refiere, así como en lo que respecta a las condiciones de vida en el recurso residencial.

En función de la edad y del grado de madurez del menor, su consideración u opinión ha de ser tenida en cuenta no sólo en lo que respecta a la adopción de la medida de protección y ulteriores decisiones derivadas, sino que una vez el menor se encuentra viviendo en el recurso residencial, el mismo ha de ser agente de la vida del centro, debiéndose articular mecanismos que garanticen de forma eficaz que el menor sea escuchado, tanto a nivel grupal como de forma individual. De esta manera, ha de procurarse que el menor se sienta miembro activo de la configuración y de la marcha del entorno en el que se encuentra.

La normativa interna de cada centro o recurso habrá de regular la forma en la cual materializar la participación grupal de los menores, recomendándose la creación de asambleas o reuniones periódicas en los grupos de convivencia de cada recurso residencial, que sirvan para trasladar a los responsables del recurso opiniones, sugerencias, intereses; que serán sometidas posteriormente a estudio y respuesta por dichos responsables, de forma que los menores perciban que sus manifestaciones son escuchadas y tenidas en cuenta.

La participación directa de los menores en otros organismos del centro[27], y la dotación de una presencia responsable a los delegados o representantes de los

---

[26] Recommendation Rec (2005) 5 of the Committee of Ministers to member states on the rights of children living in residential institutions (Adopted by the Committee of Ministers on 16 March 2005 at the 919th meeting of the Ministers' Deputies).

[27] A modo de ejemplo vid. Capítulo III *Organización y estructura de las instituciones* del Decreto 88/1998, de 21 de mayo, regulador del Estatuto de las Residencias de Atención a la Infancia y Adolescencia de la Comunidad de Madrid.

menores residentes en el recurso, servirán para fomentar en los menores la promoción de las más básicas reglas de convivencia democrática y participación que requiere nuestra sociedad.

4. El sistema de correcciones

Partiendo del análisis comparado de la legislación autonómica aplicable en materia de protección de los menores de edad, encontramos un tratamiento específico dado a las cuestiones relativas a la convivencia y a la normativa que ha de regir en los recursos residenciales.

Junto al conjunto de derechos que la legislación reconoce de forma expresa a los menores que se encuentran en situación de acogimiento residencial –complementarios de los reconocidos en nuestro ordenamiento jurídico a los menores de edad–, han de señalarse en este apartado los deberes genéricos requeridos a los mismos. En este sentido, cabe citarse, a modo de ejemplo, el art. 21 del Decreto 88/1998, de 21 de mayo, regulador del Estatuto de las Residencias de Atención a la Infancia y Adolescencia de la Comunidad de Madrid[28], destacándose el deber genérico *"de respetar y cumplir las normas que regulen el funcionamiento de los centros, así como las referidas a la convivencia en ellas"*, junto al de *"respetar la dignidad y función de cuantas personas trabajen, residan o colaboren en el centro"*, deberes esenciales éstos de cara a garantizar el cuidado e intervención efectiva de los menores internos en acogimiento residencial.

Como reacción a las conductas inapropiadas manifestadas por los menores, la normativa interna de cada recurso ha de contemplar la aplicación inmediata de un sistema de correcciones de fundamentación educativa tendente a hacer reflexionar y recapacitar al menor sobre los hechos cometidos. Tales medidas han de tener un fundamento de naturaleza pedagógica y en ningún caso se constituirán en medidas meramente sancionadoras[29], debiendo ser objeto de explicación, junto al resto de la normativa interna, al conjunto de los menores acogidos en el recurso.

---

[28] BOCM núm. 126, de 29 de mayo de 1998.

[29] Art. 22 Decreto 88/1998, de 21 de mayo, regulador del Estatuto de las Residencias de Atención a la Infancia y Adolescencia de la Comunidad de Madrid: *"(...) En todo caso, la regulación interna de estas medidas de corrección debe respetar los siguientes límites:*

a) Son inaceptables cualquier forma de castigo físico, la humillación en privado o en público y la sanción colectiva por conductas individuales;

El perfil actual de los menores en recursos residenciales y la realidad diaria que se vive en los mismos, requiere una revisión de las medidas aplicables en el ámbito del sistema de correcciones ante supuestos tales como: fugas continuadas, confrontación violenta entre los menores y los profesionales de los centros, supuestos de violencia entre iguales, etc., que generan una importante falla en la realización efectiva del Proyecto Educativo elaborado respecto de cada menor.

Debemos plantear en este punto la extensión o los límites de las posibles medidas correctivas aplicables ante supuestos como los indicados previamente. ORTIZ GONZÁLEZ, nos recuerda que la Administración pública, una vez asumida la tutela de los menores que se encuentran en situación de desamparo, ha de adoptar decisiones y medidas de carácter extraordinario ante supuestos de conductas inadaptadas que puedan generar un grave riego de daño para los propios menores o frente a terceros[30], debiéndose plantear si cabe incluso la limitación de la libertad de movimientos con carácter coercitivo en el ámbito del sistema de protección de menores a la vista de las previsiones vigentes en nuestro ordenamiento jurídico.

Atendiendo a la normativa autonómica aplicable en materia de protección de menores, la nota que caracteriza esta cuestión es la falta de homogeneidad ante las respuestas dadas o articuladas por cada Comunidad Autónoma. En este sentido, algunas normas autonómicas requieren de la existencia de autorización judicial expresa previa a la limitación de movimiento de los menores en centros

---

b) Las atenciones relativas a los derechos básicos del niño no pueden ser afectadas por una sanción. Si bien puede ser necesaria una restricción o retirada de privilegios como respuesta educativa ante comportamientos inapropiados, ello no incluye:

- La privación del régimen de sueño, de alimentación, de vestuario o de aseo que disfruta el resto del colectivo.

- La restricción de la asistencia a recursos de enseñanza obligatoria o de atención sanitaria.

- La restricción en las visitas o salidas con sus familiares establecidas por la Comisión de Tutela del Menor.

c) En caso de que el respectivo reglamento prevea la utilización de la separación temporal de un niño respecto al resto del colectivo, durante el tiempo que el niño permanezca separado será acompañado por un adulto.

(...)".

[30] ORTIZ GONZÁLEZ, A. L.; "Limitaciones jurídicas en el internamiento coactivo de menores en centros de protección". Congreso *Adolescencia. Adolescentes que transgreden: Posibilidades y límites de la intervención*. Diputación Foral de Bizkaia. Bilbao, 2005.

residenciales de carácter ordinario, considerándose siempre esa limitación como una acción de carácter educativo, en ningún caso con un trasfondo puramente sancionador.

Otras normas autonómicas, al regular expresamente los dispositivos especiales dirigidos a menores con graves problemas de socialización, inadaptación o desajuste social (recursos en los que cabe la restricción o supresión de salidas por un período determinado)[31], establecen que la entidad pública competente procederá a adoptar la decisión de ingresar al menor en este tipo de recursos previa

---

[31] Art. 96.7 Ley 14/2002, de 25 de julio, de Promoción, Atención y Protección a la Infancia en Castilla y León (BOCYL núm. 145, de 29 de julio de 2002; corrección de errores en BOCYL núm.11, de 17 de enero de 2003): *"En los supuestos del apartado anterior que reglamentariamente se determinen, cuando los menores presenten los problemas que el mismo contempla en un grado tal que supongan un riesgo evidente de daños o de perjuicios graves a sí mismos o a terceros, se dispondrán dispositivos especiales que permitan una intervención educativa de orientación preventiva, intensiva, inmediata y de corta duración, en un ambiente estructurado y de seguridad, y en los que aquellos podrán ser ingresados dando cuenta al Ministerio Fiscal en el plazo más breve posible, todo ello sin perjuicio de poder instar, cuando proceda y de acuerdo con lo previsto en el Código Civil, el internamiento judicialmente autorizado en establecimiento de salud mental o en centro de educación o formación especial"*.

Art. 5 bis, 2.c) Ley 37/1991, de 30 de diciembre, sobre medidas de protección de los menores desamparados y de la adopción; conforme modificación operada por la Ley 8/2002, de 27 de mayo, de modificación de la Ley 37/1991, de 30 de diciembre, sobre medidas de protección de los menores desamparados y de la adopción, y de regulación de la atención especial a los adolescentes con conductas de alto riesgo social (DOGC núm. 3648, de 3 de junio de 2002): *"2. A fi que l'actuació de l'organisme competent en matèria de protecció de menors arribi a totes les persones menors que la necessiten, malgrat que la rebutgin, es poden adoptar les mesures específiques següents:*

(...)

c) L'ingrés, per necessitats reeducatives, en centres o unitats amb restricció o supressió de sortides per un temps limitat, de manera que es puguin desenvolupar programes individuals. En aquests casos els menors poden formular una reclamació en forma de queixa al director del centre. Aquesta mesura únicament es pot adoptar quan la persona menor rebutgi les mesures establertes als apartats a i b o qualsevol altra mesura de protecció adequada a les seves necessitats. L'adopció d'aquesta mesura, que s'ha de fer constar en l'informe de seguiment de l'acció educativa dels menors afectats, s'ha de notificar a la Fiscalia abans de les vint-i-quatre hores següents a l'ingrés, s'ha de revisar setmanalment i la seva durada no pot superar els trenta dies, tot i que pot ésser novament adoptada si les altres mesures són rebutjades de nou i de forma reiterada".

notificación al Ministerio Fiscal como máximo garante de la observancia de los derechos de los menores, y bajo mecanismos jurídicos concretos de supervisión de la medida adoptada.

Por todo ello, y ante una cuestión de máxima relevancia entre los profesionales que desarrollan su actividad en los recursos residenciales, se hace necesario proceder a efectuar una armonización jurídica a nivel estatal a este respecto, definiendo el régimen jurídico aplicable a las medidas coercitivas descritas anteriormente, así como a los recursos residenciales de contención transitoria necesarios al objeto de garantizar el adecuado desarrollo de la medida protectora, acorde con el interés superior del menor, todo ello en el marco de lo dispuesto en los arts. 158, 172 y 271 CC y 11 y 21 LOPJM.

5. La revisión de la medida de protección. Duración del acogimiento residencial, en general

En todo caso, y atendiendo a lo dispuesto en el art. 11.2 LOPJM, serán principios rectores de la actuación llevada a cabo por lo profesionales implicados en la intervención con los menores la objetividad, imparcialidad y seguridad jurídica, garantizándose el carácter colegiado e interdisciplinar en la adopción de las medidas.

En relación con la duración del internamiento de menores bajo el sistema de protección, el art. 21. LOPJM señala que *"cuando la entidad pública acuerde la acogida residencial de un menor, (...), procurará que el menor permanezca internado durante el menor tiempo posible, salvo que convenga al interés del menor"*. En este mismo sentido se pronuncia la *Recomendación (2005) 5 del Comité de Ministros del Consejo de Europa, sobre los derechos de los menores viviendo en instituciones residenciales*, estableciendo como uno de los principios básicos el que el período de internamiento no se prolongue más allá de lo necesario, estando sujeto, en todo caso, a revisiones periódicas guiadas por el interés superior del menor, principio éste que habrá de configurarse como el eje transversal de toda medida de protección.

Teniendo en cuenta que la familia es el medio natural y más adecuado para el desarrollo integral del menor, la situación de acogimiento residencial ha de estar sometida a la adopción de medidas adaptadas a cada realidad familiar con el objeto de apoyar a los progenitores o responsables parentales del menor de cara a facilitar, cuando posible, la reintegración del menor en su propio entorno familiar; o en su defecto, promover medidas tendentes hacia el acogimiento familiar del menor en familia ajena; teniendo en cuenta en todo momento la edad y grado de madurez del menor, su propia consideración al respecto conforme a las reglas aplicables en materia de participación infantil.

En relación con esta materia, y con el objeto de agilizar los trámites que pudieran surgir en el ámbito de las medidas de protección en sede judicial, cabe indicarse la recomendación realizada en el año 2003 desde la Oficina del Defensor del Pueblo al Fiscal General del Estado, con el fin de que por parte de los miembros del Ministerio Fiscal se adoptasen las medidas oportunas de cara a que los órganos juridiccionales consideren con carácter preferente los asuntos o procedimientos judiciales relativos a los derechos de los menores respecto de los cuales se ha declarado su situación de desamparo[32].

6. El fin del acogimiento residencial: reintegración en un entorno familiar o el paso a la mayoría de edad de los menores protegidos

Como indicábamos al inicio del presente capítulo, el acogimiento residencial se concibe desde su fundamentación jurídica como una medida que ha de ser esencialmente transitoria y destinada a la reintegración del menor en un entorno familiar adecuado, ya sea su propio ámbito familiar –requiriendo de un seguimiento continuado por parte de los servicios de atención a la infancia y a la familia de cara a evaluar la evolución del sistema familiar–, o en familia extensa o ajena a través de la figura del acogimiento familiar, en aquellos casos en los cuales la situación familiar del menor impide su reintegración en su propia familia.

El proyecto educativo a desarrollar con el menor y con su familia ha de tender al mantenimiento de los vínculos familiares del menor, de manera que las relaciones intrafamiliares se vean afectadas lo menos posible y algún día la familia pueda acoger de nuevo al menor. Pero lo cierto es que esto no es siempre así, y las situaciones de abandono, negligencia, incapacidad o maltrato cronificadas hacen que un alto número de menores en situación de acogimiento residencial alcancen la mayoría de edad bajo el sistema de protección; ante lo cual el menor/joven ha de preguntarse, ¿y ahora qué?

---

[32] ESPAÑA MARTÍ, M. *La protección a los menores en España desde la perspectiva del Defensor del Pueblo.* Curso de verano de la Universidad Complutense sobre el Defensor del Pueblo y la protección de los derechos de las personas en situación de exclusión social. El Escorial (Madrid), 2006.

El sistema de protección no puede configurase como un mecanismo rígido que deja de producir efectos de manera automática cuando el menor alcanza la mayoría de edad, sino que se han de promover programas y servicios que acompañen al menor en la etapa de transición hacia la mayoría de edad y, una vez alcanzada ésta, hasta un determinado límite de edad, de manera que se trabaje el proceso de desvinculación de forma gradual. En este sentido se manifiesta el Plan Estratégico Nacional de Infancia y Adolescencia 2005-2008, en cuya medida 6.11 se establece expresamente la necesidad de *"consolidar diferentes programas dirigidos a la promoción de la autonomía personal y proporcionarles un contexto de convivencia y de integración sociolaboral a los jóvenes ex-tutelados en proceso de emancipación"*.

En ese proceso de emancipación, especial atención se habrá de prestar a colectivos tales como las mujeres jóvenes, los menores y jóvenes extranjeros no acompañados, los menores y jóvenes sujetos a alguna medida judicial, los menores jóvenes que sufren de algún tipo de discapacidad o enfermedad grave, así como aquellos que presentan problemas de adicción a drogas y otras sustancias tóxicas[33]; por los especiales obstáculos que pueden encontrar en el proceso de emancipación que habrán de llevar a cabo, requiriendo de una mayor labor de seguimiento y apoyo por parte de los profesionales especializados dedicados a la inserción sociolaboral de estos menores y jóvenes[34].

Ese proceso de ruptura o de *"desinternamiento"* al que venimos haciendo referencia habrá de programarse con suficiente antelación y atendiendo a los objetivos y actividades establecidas en el Programa/Proyecto de autonomía personal, que se ha de entender como: *"(...) las acciones, recursos y personas de un conjunto interrelacionado con el fin de promover en los adolescentes y jóvenes usuarios de los centros residenciales los conocimientos, los recursos y la autoestima necesaria para poder iniciar una vida independiente en sociedad con suficientes garantías de éxito"*[35].

---

33 LÓPEZ JIMÉNEZ, L. y MARTÍNEZ MARTÍNEZ, R.; *El presente: una apuesta de futuro. Buenas prácticas en la atención a jóvenes en proceso de inserción sociolaboral y autonomía.* Ed. Fundación Diagrama – Intervención Psicosocial. Murcia, 2005.

34 BORRÁS, F.; *Habilidades profesionales del equipo de orientadores sociolaborales*. Murcia, 2004.

35 INGLÈS PRATS, A. (Dir); *Aprendiendo a volar. Estudio para el análisis de los programas europeos Mentor 15 y Ulises dedicados al proceso de socialización de adolescentes y jóvenes tutelados que han alcanzado la mayoría de edad o están cerca de ella*. Ed. Fundación Diagrama – Intervención Psicosocial. Murcia, 2005.

Una de las piezas claves en el proceso de acompañamiento hacia la autonomía de la persona es la promoción de la inserción sociolaboral del menor/joven, afectando a cuestiones como: educación y formación, incorporación al mercado de trabajo[36], acceso a la vivienda, fomento de las habilidades sociales, sistemas de ayudas, becas, etc. Por todo ello, se requiere de los diferentes sistemas de protección a la infancia una apuesta sincera y firme por la promoción de este tipo de programas y proyectos que acompañen al menor/joven hacia su efectiva autonomía personal tras la medida protectora de acogimiento residencial, siendo necesaria su regulación específica en el ámbito de la legislación aplicable en materia de protección de menores con el objeto de eliminar posibles barreras que se puedan constituir en causa de exclusión social.

IV. ANÁLISIS SINGULAR DE SITUACIONES Y COLECTIVOS DE ATENCIÓN ESPECIAL

1. Situación de acogida y diagnóstico

Atendiendo a la tipología de recursos residenciales especializados, los centros de primera acogida o de diagnóstico se constituyen en un recurso presente en la totalidad de los sistemas de protección a la infancia; mostrando en ocasiones una nota común que es su ocupación mayoritaria por parte de menores extranjeros no acompañados, hasta su derivación a otros recursos residenciales. A continuación procedemos a destacar algunos de los aspectos más relevantes en el proceso de evaluación y diagnóstico de la situación del menor, una vez se produce su ingreso en el recurso residencial.

Tras el ingreso del menor en el recurso, resulta imprescindible que se lleve a cabo por parte de los profesionales del mismo, una evaluación inicial del niño o adolescente así como de su situación sociofamiliar, con el objetivo de conseguir la información relativa al menor y sus circunstancias, y poder definir en base al diagnóstico que se emita, las estrategias de actuación que se han de llevar a cabo en la intervención a realizar, y que se plasmará en un Proyecto Individual o Proyecto Educativo Individualizado, como herramienta indispensable para la planificación y ejecución de la intervención que se llevará a cabo con el menor durante el tiempo que permanezca en el recurso.

---

[36] BORRÁS, S. y REQUEJO, T.; *El triángulo que hace empleo. Manual de inserción laboral.* Ed. Fundación Diagrama – Intervención Psicosocial. Murcia, 2000.

Para la elaboración de esta primera evaluación y de cara a la realización del Proyecto Educativo Individualizado, resulta interesante contar con diferentes tipos de información; de esta forma sería importante poder recopilar informes sociosanitarios, psicosociales y/o socioeducativos preexistentes, acerca del menor y de su familia biológica, así como poder disponer de la información que puedan proporcionar los distintos agentes implicados en el proceso evolutivo del menor (información de los propios familiares, de profesores, de educadores u otros profesionales que hayan trabajado previamente con el menor y/o la familia, etc.). De entre los distintos aspectos que podrán abordarse en esta evaluación inicial, se pueden considerar los siguientes:

Nivel social:

a) Aspectos familiares: historia familiar, situación de la familia previa al ingreso del menor en el centro (relaciones entre los padres y el menor; relaciones con otras figuras significativas, vivencia de los familiares del ingreso del menor, familiares enfermos, en relación con drogas, institucionalizados,…), etc.
b) Aspectos sociales: relación que el niño mantiene con el medio social y los recursos con los que cuenta para esta relación (empatía, habilidades sociales, nivel de socialización), situación social del menor previa al ingreso en el centro (ocupación del tiempo, relación con grupo de iguales, uso de ocio y tiempo libre,), intereses y motivaciones que el menor manifieste a nivel social, cuestiones culturales susceptibles de ser tenidas en cuenta (idioma, costumbres, etc.).
c) Situación documental del menor en el momento del ingreso. Especialmente significativo en el caso de los menores extranjeros no acompañados.

Nivel biológico y psicológico:

a) Aspectos físicos: desarrollo físico, desarrollo psicomotriz y estado de salud física y mental.
b) Aspectos cognitivos y de lenguaje: capacidad intelectual, aprendizaje, alteraciones cognitivas, etc.
c) Aspectos emocionales: manera como el niño se relaciona consigo mismo (autoimagen, autoestima) y las vivencias que tiene sobre su historia y su situación actual, características de personalidad, habilidades sociales, estado de ánimo, nivel de tolerancia a la frustración, etc.

Nivel educativo / habilidades de vida:

Aspectos del comportamiento: valorar los hábitos de comportamiento adquiridos, el nivel de autonomía, la capacidad de autocontrol y la existencia de posibles problemas al respecto.

Nivel formativo, escolar y/o laboral:

Aspectos formativos: historia y rendimiento escolar, habilidades y dificultades para la actividad formativa, y en el caso de los adolescentes, habilidades y dificultades para la integración en el mundo laboral.

Realizada la evaluación de los aspectos mencionados, los profesionales que intervengan con el menor durante el tiempo que éste permanezca en el centro, dispondrán de toda la información relativa al mismo para poner en marcha los planes de actuación que se consideren necesarios a fin de poner a disposición del menor herramientas y recursos que le fortalezcan y le doten de una mayor autonomía de cara a la reintegración en su entorno familiar y/o social.

Los Proyectos Educativos Individualizados deberán reflejar los diagnósticos emitidos por los diferentes profesionales implicados en el proceso y las propuestas de intervención que el equipo multidisciplinar considera necesarias en base a las evaluaciones realizadas, planteando objetivos a conseguir y las actividades que se llevarán a cabo para ello, en las diferentes áreas de intervención que tienen que ver con el menor y con sus circunstancias. Como herramienta de trabajo, el Proyecto Educativo Individualizado deberá ser sometido a revisión con la periodicidad que se establezca con el fin de que el equipo multidisciplinar de profesionales evalúe de forma constante la situación del menor y su evolución en las relaciones intrafamiliares.

Durante el período de mantenimiento de la medida de acogimiento residencial, la exploración del menor se constituye, tanto en la fase de diagnóstico como posteriormente, en un instrumento clave para la valoración de la situación del menor, y de su relación con la familia y el entorno, para posteriormente planificar de forma interdisciplinar las vías de intervención con el menor[37]. Tanto en la evaluación como en la

[37] Modos de comunicación entre el niño y el profesional: juego, diálogo imaginario (juego con marionetas), dibujos, diálogo tradicional (entrevistas semiestructuradas).

Exploraciones complementarias: a) Test psicológicos: pruebas estandarizadas que permiten comprobar los resultados conseguidos por un niño con los obtenidos por un grupo conintervención que se lleve a cabo con los menores, hay que considerar diferentes variables (edad, nivel de desarrollo madurativo, capacidad de abstracción, presencia de algún tipo de trastorno, dificultades idiomáticas –en casos de menores extranjeros–, etc.), que necesitarán de la imaginación y puesta en práctica de diferentes recursos, por parte de los profesionales implicados en el proceso del menor[38].

2. Menores extranjeros no acompañados

2.1. Planteamiento

Los flujos migratorios hacia España de población extranjera constituye uno de los fenómenos sociales más importantes del último cuarto de siglo, adquirien-

---

trol de niños: *Test de Nivel:* miden el éxito o el fracaso frente a una serie de tareas estandarizadas; *Test de Personalidad:* tienen como objetivo el estudio de los componentes afectivos de la personalidad: Cuestionarios y Tests proyectivos; b) Pruebas/Tests psicológicos: WIPSI (6-8 años), WICS (a partir de 8 años), WICS-R (14 años), WAIS (a partir 14 años), BRUNET Y LEZINE (nacimiento), BOEM, McARTHY (4-8 años), PMA (adolescencia), BADING (8-14 años), CATELL (4-14 años), COLUMBIA (1ª infancia), D-48, RAVEN, BENDER (Evalúa el desarrollo neurológico, a partir de 6 años), STANFORD-BINET, PICKY BAYER (4-9 años; mide el nivel motor), CC-I, FIGURA SIMPLE Y COMPLEJA DE RAI (mide la lecto-escritura relacionada con el ritmo), MIRA STAMBACHA, STANFORD BINET, McARTHY.

Escalas de evaluación y sistemas de clasificación: a) Autoevaluación (únicamente a partir de una determinada edad ya que exige la cooperación del niño); Observación externa (por un profesional o no profesional): a) Escalas de depresión del niño y del adolescente: Escala de Birlason, Inventario de depresión del niño - CDI, Escala de valoración de la depresión infantil – CDRS; b) Alteraciones deficitarias de la atención: Escala de valoración de Conners – TRS, Escala de valoración de los padres de Conners – CPRS; c) Escalas del lactante y del niño pequeño: Escala de Brunet- Lézine, Escala de Brazelton; d) Escala del autismo infantil precoz: Escala- cuestionario de Rimland, Escala de Ruttemberg, Escala de Freeman, Escala de Schopler, Escala de Kuvg, etc.

[38] Con el objeto de profundizar en esta materia se recomienda la consulta de las siguientes obras: AJURIAGUERRA Y MARCELLI; *Manual de Psicopatología del Niño.* 1996. AJURIAGUERRA Y MARCELLI; *Manual de Psicopatología del Adolescente.* 1986. WICKS- NELSON, R. y ALLEN, C.; *Psicopatología del niño y del adolescente.* 1998. GONZÁLEZ BARRÓN, R. y cols.; *Psicopatología del niño y del adolescente.* 2000. MONTAÑÉS RADA, F. y DE LUCAS TARACENA, Mª. T.; *Hiperactividad, déficit de atención y conducta desafiante. Guía psicoeducativa y de tratamiento. Manual para padres y profesionales.* 2006. KORT ROSEMBERG, F.; *Psicología del comportamiento infantil: guía para padres, maestros y terapeutas.* 2005.

do una gran intensidad durante la última década, como ilustran los siguientes datos: en 1998, los extranjeros con permiso de residencia son 719.647 y los extranjeros censados son 637.085; en 2005, los extranjeros con permiso de residencia son 2.738.932 y los extranjeros censados son 3.370.610[39].

Formando parte de esos flujos migratorios también hay menores. Así, en 2001 los menores extranjeros residentes en España eran 144.040; en 2002, 195.620; en 2003 262.714[40]. Dadas las circunstancias de la inmigración, no es infrecuente que se produzca precariedad económica, social y familiar y se den situaciones de riesgo y desamparo de menores que vinieron o viven en España con su familia[41]; el sistema público de protección de menores también tiene que atenderlos. Ahora bien, dentro de este contexto migratorio, se produce otro fenómeno de especial relevancia para el tema que nos ocupa: la venida a España de menores de edad no acompañados (de su protector legal, ya sean padres, ya sea tutor). Son niños o adolescentes que protagonizan su propia aventura migratoria, parafraseando LÁZARO GONZÁLEZ[42]. Si bien su perfil sociográfico se ha ido diversificando con el tiempo, cabe pensar en dos tipos de casos: aquellos que mantienen referentes familiares y su venida a España se enmarca dentro de una estrategia inmigratoria familiar y aquellos que responden a la caracterización de "niños de la calle" que se desplazan de habitat[43].

La presencia de menores extranjeros no acompañados exige la activación de los mecanismos del sistema público de protección de menores, constituyendo para el mismo un reto tanto cualitativa como cuantitativamente. En efecto, la atención a un menor extranjero requiere especiales características atendiendo a sus peculiaridades culturales y sociales, lo que debe llevar a la adaptación de los programas asistenciales y a la formación del personal responsable de los mismos; por otra parte, la importancia numérica de este colectivo es creciente y está saturando los medios asistenciales de que disponen las Comunidades

---

[39] Fuentes: INE para los datos del censo municipal; Ministerio de Trabajo y Asuntos Sociales, Observatorio Permanente de la Inmigración para los datos de extranjeros con permiso de residencia.

[40] Fuente: Ministerio del Interior, Anuario Estadístico de Extranjería de los años 2001, 2002 y 2003.

[41] Aborda más extensamente esta problemática, ADROHER BIOSCA, S. "Menores extranjeros en España. Marco jurídico general y nuevos desafíos", en LÁZARO GONZÁLEZ, I. y CULEBRAS LLANA, I. *Nuevos retos..., cit.*, págs. 39-45.

[42] LÁZARO GONZÁLEZ, *La aventura migratoria...*,cit., passim.

[43] Cfr. ADROHER BIOSCA, op. cit., págs. 47-8 y allí referencias.

Autónomas. Los datos son también elocuentes: en el año 2000, se estimaba en 1500; en el 2003, 6239; en el 2004, 9917[44]. Los responsables de las políticas sociales de protección del menor de edad son conscientes de ello y lo tienen en cuenta en sus planes de actuación; así, por ejemplo, en el Plan Estratégico Nacional de Infancia y Adolescencia 2005-2008 se recogen diferentes medidas al respecto[45].

En fin, la atención a este colectivo suele hacerse en acogimiento residencial, de ahí que abordemos la cuestión en este momento. Es oportuno analizar ahora cuál es el régimen legal aplicable a estos menores extranjeros no acompañados, en la medida que su condición extranjera influye determinantemente en su situación jurídica vulnerando la CNUDN de la que se deriva la exigencia de proporcionar un tratamiento igual a todo menor, al margen de cuál sea su origen o nacionalidad.

2.2. Régimen legal aplicable

Previamente a su exposición, ha de tenerse en cuenta que en los menores extranjeros no acompañados concurren los regímenes legales de la extranjería y de la menor edad, cuyos significado y alcance son diversos. En efecto, el régimen

---

[44] Cfr. ADROHER BIOSCA, op. cit., págs. 48-9 y allí referencias. Incluye tablas de la Memorias anuales del IMMF de la Comunidad Autónoma de Madrid (CAM) que denotan que en 1994 había 589 menores en situación de guarda en la CAM de los cuales 58 eran extranjeros; en 2003 había 336 menores de los cuales 277 eran extranjeros; menores en situación de tutela, en 1994 había 1055 de los cuales 74 extranjeros; en 2003, de 472, 422 eran extranjeros. La Memoria de la Fiscalía General del Estado del año 2006 incluye significativos datos de la Comunidad Autónoma andaluza: "Podemos indicar que, si en el año 2004, el número de atenciones ascendió a 1.630, tan solo en los cinco primeros meses de este año 2005, esta cifra se sitúa ya en 1.058. En cuanto a número de ingresos, si en el período enero-mayo del año 2004 esta cifra era de 331, en el mismo período del año 2005 esta cifra se sitúa en 572, es decir 241 menores más, o porcentualmente casi un 58% más, que en igual tramo del año anterior" (pág. 410).

[45] Plan Estratégico Nacional de Infancia y Adolescencia 2005-2008. Objetivo Estratégico 6.- (6.12) *Incentivar la creación de programas y recursos para menores extranjeros, desde una perspectiva intercultural, con especial atención a las situaciones de vulnerabilidad y a los menores no acompañados, en el marco del Plan Estratégico de Integración de Inmigrantes*; (6.13) *Desarrollar una estrategia de prevención de la migración precoz de menores marroquíes*; (6.14) *Realizar el correspondiente seguimiento de aplicación del Protocolo de Intervención con Menores Extranjeros no Acompañados, formulando las propuestas necesarias a los agentes implicados.*

legal de la menor edad se caracteriza por la protección que dispensa a sus destinatarios y estar inspirado por el principio del superior interés del menor[46].

En cambio, el régimen legal de la extranjería es el conjunto diferenciado de normas que se aplica a aquellos que carecen de la nacionalidad española; así, el extranjero recibe un trato desigual al del español[47]. Quizá una de las claves de la regulación de extranjería se encuentra hoy en la potestad de admitir o inadmitir a los extranjeros dentro del territorio español que se reconoce las autoridades públicas al servicio de los intereses generales de los españoles, cuya aplicación al fenómeno migratorio sustenta la regulación (control) de los flujos migratorios, mediante un sistema de autorizaciones administrativas de residencia y de trabajo[48]. Lo que ocurre en el caso de los menores extranjeros es que la confluencia de su condición de no nacional con la de menor desplaza la normativa de extranjería en favor de ésta, que es la que inequívocamente se ha de aplicar.

Veremos a continuación en la regulación legal de los menores no acompañados cuál de las dos perspectivas enunciadas prevalece, la de la extranjería o la de la menor edad. La LOPJM de 1996 dedicó a los menores extranjeros los números 3 y

---

46 Para una exposición más detenida de los elementos estructurales del régimen legal de protección de los menores, puede verse mi exposición en LÁZARO GONZÁLEZ, I. *Los menores en el Derecho español.* Tecnos, Madrid, 2002, págs. 33-34, 37-41.

47 Atendiendo a los principios de igualdad y no discriminación, el trato desigual es únicamente admisible si encuentra fundamento directo y suficiente en la realidad social de la extranjería, es decir, en la no pertenencia a la comunidad política española. En el Derecho comparado contemporáneo se ha extendido el principio de equiparación de trato entre nacionales y extranjeros, tendencia de la que participa el Derecho español; sin embargo, todavía se mantienen desigualdades significativas; así, la exclusión de los derechos políticos, las limitaciones en las libertades de circulación, de residencia y de establecimiento en el territorio nacional, y, en general, las restricciones en el goce de los derechos económicos.

48 Sentado lo anterior, la política migratoria debería intentar acomodar los flujos migratorios a la capacidad de absorción por España de inmigrantes en condiciones de regularidad jurídica e integración social, cuya determinación cuantitativa ha de conjugar tanto la funcionalidad económica, como la corresponsabilidad de España en la configuración del orden económico internacional. De otra parte, la gestión de la política migratoria, en cuanto aplicación del régimen legal de autorizaciones administrativas, debe hacerse respetando las garantías jurídicas propias del Estado de Derecho y evitando en lo posible sus disfunciones, esto es, la formación de bolsas de irregulares en torno a sectores de economía sumergida.

4 del art. 10[49]; de ellos se deduce que a los menores no acompañados se les reconocía el derecho a la educación, el derecho a la asistencia sanitaria y al resto de servicios públicos (ya que o están en situación de riesgo o bajo la tutela o guarda de la Administración pública competente), así como el derecho a ser documentados, una vez constituida la guarda o tutela sobre los mismos, para que puedan acreditar su situación.

Posteriormente, cuando el fenómeno de los menores extranjeros no acompañados inició su intensificación, se procedió a una nueva regulación, ésta ya en sede de legislación de extranjería. En efecto, la LO 4/2000 sobre Derechos y Libertades de los Extranjeros en España y su integración social (posterior y sucesivamente modificada por LO 8/2000, LO 11/2003 y LO 14/2003) recogió en su articulado algunas disposiciones legales sobre menores en general, y también sobre menores no acompañados. Entre las primeras, destacan las normas reguladoras de los derechos a la educación y a la asistencia sanitaria[50]. Entre las segundas, la regulación pormenorizada de la actuación de los poderes públicos en los

---

[49] El tenor del art. 10 LOPJM es: *"3. Los menores extranjeros que se encuentren en España tienen derecho a la educación. Tienen derecho a la asistencia sanitaria y a los demás servicios públicos los menores extranjeros que se hallen en situación de riego o bajo la tutela o guarda de la Administración pública competente, aun cuando no residieran legalmente en España. 4. Una vez constituida la guarda o tutela a que se refiere el apartado anterior de este artículo, la Administración pública competente facilitará a los menores extranjeros la documentación acreditativa de su situación, en los términos que reglamentariamente se determinen".*

[50] Respectivamente, art. 9 y art. 12.3 LOE, cuya finalidad primaria es la remoción del trato desigual a los menores como extranjeros. Respecto del derecho a la educación, el art. 9.1 LOE prescribe que *todos los extranjeros menores de dieciocho años tienen derecho y deber a la educación en las mismas condiciones que los españoles, derecho que comprende el acceso a una enseñanza básica, gratuita y obligatoria, a la obtención de la titulación académica correspondiente y al acceso al sistema público de becas y ayudas.* Mientras que el art. 9.3 LOE reserva a los extranjeros residentes el derecho a la educación de naturaleza no obligatoria en las mismas condiciones que los españoles; sin embargo, la Disposición Adicional decimocuarta RLOE 2393/2004 permite que las administraciones educativas en el ámbito de sus competencias faciliten el acceso a los niveles de enseñanza no obligatoria a los menores que se hallen empadronados en un municipio. Respecto de la educación infantil, de carácter voluntario, el art. 9.2 LOE dispone que las administraciones públicas garanticen la existencia de un número de plazas suficientes para garantizar la escolarización de la población que lo solicite, lo que no pasa de ser una mera declaración de buenas intenciones. Respecto a la sanidad el art. 12.3 prescribe: *"Los extranjeros menores de dieciocho años que se encuentren en España tienen derecho a la asistencia sanitaria en las mismas condiciones que los españoles".*

casos de menores no acompañados en orden a su identificación y permanencia en España, recogida en el art. 35 LOE[51].

Si bien el art. 35 LOE se ciñe a la situación de los menores no acompañados, el RLOE, además de desarrollarlo en el art. 92 RLOE 2393/2004[52], incluye los

---

[51] Su tenor es: "*Artículo 35. Residencia de menores.*

1. En los supuestos en que los Cuerpos y Fuerzas de Seguridad del Estado localicen a un extranjero indocumentado cuya minoría de edad no pueda ser establecida con seguridad, se le dará, por los servicios competentes de protección de menores, la atención inmediata que precise, de acuerdo con lo establecido en la legislación de protección jurídica del menor, poniéndose el hecho en conocimiento inmediato del Ministerio Fiscal, que dispondrá la determinación de su edad, para lo que colaborarán las instituciones sanitarias oportunas, que, con carácter prioritario, realizarán las pruebas necesarias.

2. Determinada la edad, si se tratase de un menor, el Ministerio Fiscal lo pondrá a disposición de los servicios competentes de protección de menores.

3. La Administración del Estado, conforme al principio de reagrupación familiar del menor y previo informe de los servicios de protección de menores resolverá lo que proceda sobre el retorno a su país de origen o a aquél donde se encontrasen sus familiares o, en su defecto, sobre su permanencia en España.

4. Se considerará regular a todos los efectos la residencia de los menores que sean tutelados por una Administración pública. A instancia del organismo que ejerza la tutela y una vez que haya quedado acreditada la imposibilidad de retorno con su familia o al país de origen, se le otorgará un permiso de residencia, cuyos efectos se retrotraerán al momento en que el menor hubiere sido puesto a disposición de los servicios de protección de menores.

5. Los Cuerpos y Fuerzas de Seguridad del Estado adoptarán las medidas técnicas necesarias para la identificación de los menores extranjeros indocumentados, con el fin de conocer las posibles referencias que sobre ellos pudieran existir en alguna institución pública nacional o extranjera encargada de su protección. Estos datos no podrán ser usados para una finalidad distinta a la prevista en este apartado".

[52] Su tenor es: "*Artículo 92. Menores extranjeros no acompañados.*

1. En los supuestos en que las Fuerzas y Cuerpos de Seguridad del Estado tengan conocimiento de, o localicen en España a un extranjero indocumentado cuya minoría de edad no pueda ser establecida con seguridad, informará a los servicios de protección de menores para que, en su caso, le presten la atención inmediata que precise, de acuerdo con lo establecido en la legislación de protección jurídica del menor. Con carácter inmediato, se pondrá el hecho en conocimiento del Ministerio Fiscal, que dispondrá la determinación de su edad, para lo que colaborarán las instituciones sanitarias oportunas que, con carácter prioritario y urgente, realizarán las pruebas necesarias.

2. Determinada la edad, si se tratase de un menor, el Ministerio Fiscal lo pondrá a disposición de los servicios competentes de protección de menores.

3. Si durante el procedimiento de determinación de la edad el menor precisara atención inmediata, las Fuerzas y Cuerpos de Seguridad del Estado lo solicitarán a los servicios competentes de protección de menores.

4. La Administración General del Estado, conforme al principio de reagrupación familiar del menor, después de haber oído al menor, y previo informe de los servicios de protección de menores, resolverá lo que proceda sobre la repatriación a su país de origen, o a aquel donde se encontrasen sus familiares, o, en su defecto, sobre su permanencia en España. De acuerdo con el principio del interés superior del menor, la repatriación a su país de origen solamente se acordará si se dieran las condiciones para la efectiva reagrupación familiar del menor, o para la adecuada tutela por parte de los servicios de protección de menores del país de origen.

El procedimiento se iniciará de oficio por la Administración General del Estado o, en su caso, a propuesta de la entidad pública que ejerce la tutela del menor. El órgano encargado de la tutela del menor facilitará a la autoridad gubernativa cualquier información que conozca relativa a la identidad del menor, su familia, su país o su domicilio, y pondrá en su conocimiento las gestiones que haya podido realizar para localizar a la familia del menor.

La autoridad gubernativa pondrá en conocimiento del Ministerio Fiscal todas las actuaciones llevadas a cabo en este procedimiento.

La Administración General del Estado, competente para llevar a cabo los trámites relativos a la repatriación desde España de un menor extranjero en situación de desamparo, actuará a través de las Delegaciones y Subdelegaciones del Gobierno, las cuales solicitarán de la Comisaría General de Extranjería y Documentación la realización de las gestiones necesarias ante las embajadas y consulados correspondientes, para localizar a los familiares de los menores o, en su defecto, los servicios de protección de menores de su país de origen que se hicieren responsables de ellos. Si no existiera representación diplomática en España, estas gestiones se canalizarán a través del Ministerio de Asuntos Exteriores y de Cooperación.

Una vez localizada la familia del menor o, en su defecto, los servicios de protección de menores de su país, se procederá a la repatriación mediante su entrega a las autoridades de fronteras del país al que se repatríe. No procederá esta medida cuando se hubiera verificado la existencia de riesgo o peligro para la integridad del menor, de su persecución o la de sus familiares.

En el caso de que el menor se encontrase incurso en un proceso judicial, la repatriación quedará condicionada a la autorización judicial. En todo caso deberá constar en el expediente la comunicación al Ministerio Fiscal.

La repatriación del menor será acordada por el Delegado del Gobierno o por el Subdelegado del Gobierno, y ejecutada por los funcionarios del Cuerpo Nacional de Policía.

La repatriación se efectuará a costa de la familia del menor o de los servicios de protección de menores de su país. En caso contrario, se comunicará al representante diplomático o consular de su país a estos efectos. Subsidiariamente, la Administración General del Estado se hará cargo del coste de la repatriación.

5. Transcurridos nueve meses desde que el menor haya sido puesto a disposición de los servicios competentes de protección de menores, de acuerdo con el apartado 2, y una vez intentada la

arts. 93 y 94, que regulan respectivamente los desplazamientos temporales de los menores extranjeros (con autorización expresa de quien ejerza la patria potestad o tutela) y la autorización de residencia del hijo de residente legal.

Las cuestiones fundamentales de la regulación legal de los menores extranjeros no acompañados en el art. 35 LOE pueden sistematizarse de la siguiente forma:

En primer lugar, la determinación de la edad del extranjero indocumentado. Obsérvese la trascendencia de la cuestión: si el extranjero indocumentado realmente es menor de edad se activa el sistema de protección de menores; en cambio, si resultase mayor de edad quedaría sujeto al régimen legal de la extranjería y recibirá el trato que se da a los inmigrantes irregulares. El art. 35.1 LOE regula el modo de comprobar la edad del presunto menor extranjero indocumentado: los servicios competentes de protección de menores le prestarán la atención que precise, intervendrá el Ministerio Fiscal en la comprobación de la edad con la colaboración de las instituciones sanitarias oportunas. Se ha discutido la procedencia de que el Ministerio Fiscal tenga encomendada esta función; según ARMENTEROS LEÓN, es coherente con la posición de máxima autoridad en la supervisión de la protección de los menores[53]. En caso de que el presunto menor se negase a hacerse las pruebas médicas, parece necesaria la intervención de la autoridad judicial competente para ordenarla; la competencia estaría atribuida al Juez de 1ª Instancia[54]. La

---

repatriación con su familia o al país de origen, si ésta no hubiera sido posible, se procederá a otorgarle la autorización de residencia a la que se refiere el artículo 35.4 de la Ley Orgánica 4/2000, de 11 de enero. En todo caso, el hecho de no contar con autorización de residencia no supondrá obstáculo para el acceso del menor a aquellas actividades o programas de educación o formación que, a criterio de la entidad de protección de menores competente, redunden en su beneficio.

El hecho de que se haya autorizado la residencia no será impedimento para la repatriación del menor, cuando posteriormente pueda realizarse conforme a lo previsto en este artículo.

En el caso de menores tutelados por la entidad de protección de menores competente que alcancen la mayoría de edad sin haber obtenido la citada autorización de residencia y hayan participado adecuadamente en las acciones formativas y actividades programadas por dicha entidad para favorecer su integración social, ésta podrá recomendar la concesión de una autorización temporal de residencia por circunstancias excepcionales, a la que se hará extensivo lo dispuesto en el artículo 40.j) de la Ley Orgánica 4/2000, de 11 de enero".

[53] ARMENTEROS LEÓN, op. cit., págs. 2974-5.

[54] *Ídem*, págs. 2975-7, con discusión y referencias doctrinales.

Instrucción 2/2001 de la Fiscalía General del Estado señala que la situación en que se encuentra el presunto menor mientras se sigue el procedimiento de determinación de la edad es de privación de libertad; por tanto, son aplicables todas las garantías relativas a dicha situación: no podrá prolongarse más de 72 horas, expirado tal plazo, habrá que poner al presunto menor a disposición de los servicios de protección de menores (usualmente en un acogimiento residencial transitorio) o, en su caso adoptar, otra medida judicial al amparo del art. 158 CC. En fin, las pruebas médicas para determinar la edad (análisis de las piezas dentarias; análisis de los huesos) puede concluir en un horquilla de edad; en tal caso, se utilizará como criterio el límite inferior de la horquilla. Determinada la edad por este procedimiento, si se tratase de un menor, el Ministerio Fiscal lo pondrá a disposición de los servicios competentes de protección de menores (cfr. art. 35.2 LOE).

Dada la laboriosidad del proceso, el art. 35.5 LOE previó la adopción de medidas técnicas necesarias para la identificación de los menores extranjeros indocumentados. En su desarrollo el art. 111 RLOE ordenó la creación de un Registro de menores extranjeros no acompañados a efectos identificativos.

En segundo lugar, en virtud del principio del interés superior del menor y de reagrupación familiar, se debe, dentro de lo posible, intentar reintegrar al menor en su familia (si bien el RLOE se refiere también a los servicios de protección de menores de su país), siempre que no exista riesgo o peligro para la integridad del menor o la de sus familiares (cfr. art. 35.2 LOE). El procedimiento para proceder al retorno está regulado en el art. 92. 4 RLOE, a cuyo texto recogido en nota a pie de página nos remitimos. Desde la Oficina del Defensor del Pueblo se ha puesto de manifiesto en los sucesivos Informes anuales más recientes, que, dada la vulnerabilidad de los menores extranjeros no acompañados, ha de prestarse especial atención al derecho del menor a ser oído en el procedimiento de reagrupación o repatriación, así como su derecho a asistencia jurídica independiente. La doctrina interpreta que esta preferencia al retorno o repatriación del menor en virtud del principio de reagrupación familiar no debe considerarse de modo absoluto, sino que debieran considerarse las circunstancias del caso para perseguir siempre el superior interés del menor[55].

[55] Pueden verse las ponderadas observaciones al respecto de LÁZARO GONZÁLEZ, *La aventura...*, cit., págs. 109-111.

En tercer lugar, si la repatriación no fuera posible, a los nueve meses desde que el menor sea puesto a disposición de los servicios competentes de protección de menores, se procederá a otorgarle autorización de residencia, cuyos efectos se retrotraerán al momento en que fue puesto bajo la protección de los servicios públicos (cfr. arts. 35.4 LOE y 92.5 RLOE). Es sabido que la retroacción de los efectos de la autorización de residencia así concedida tiene enorme trascendencia, ya que la duración de la residencia legal es tenida en cuenta para producir otros efectos jurídicos (por ejemplo, la adquisición de la nacionalidad española por residencia).

Con independencia ya de la regulación legal de la situación de residencia de los menores extranjeros no acompañados, ha de señalarse aquí las dificultades que los servicios de protección de menores tienen para desarrollar programas formativos y educativos con los menores extranjeros no acompañados. El índice de huidas de los menores de los centros de acogimiento residencial es alto (cfr. Memoria de la Fiscalía General del Estado 2006, págs. 407-13), con independencia, como ya apuntamos, del nivel de saturación que soportan. Si buscamos las razones que expliquen esta realidad probablemente hayamos de concluir que se produce una evidente inadecuación del sistema de atención que se ofrece a estos menores para abordar satisfactoriamente su situación, pues está diseñado pensando en otro tipo de realidades, por más que también se refieran a menores. Se puede hablar, pues, de una inadecuación del sistema a la realidad del menor, pero no de una falta de adecuación de estos menores al sistema de protección que se les ofrece. La solución que demandan ha de adecuarse indefectiblemente a su singular situación de estos menores, pero siempre desde su condición de menores.

Finalmente, debemos recordar en este sentido que, declarada la situación de desamparo del menor extranjero no acompañado, y en el marco de la normativa vigente aplicable, la Administración debe asumir automáticamente su tutela, significando la entrada del menor en el sistema de protección de menores de la Comunidad Autónoma correspondiente.

Dada la situación de desamparo, las Administraciones competentes en las distintas Comunidades Autónomas deben asumir la tutela del menor de forma inmediata, sin que la adopción de la medida de protección impida que se estudie la realidad del menor y de su núcleo familiar de origen. Este es el sentido del artículo 35.3 de la Ley Orgánica, 4/2000, de 11 de enero, sobre derechos y libertades de los extranjeros en España y su integración social[56], que establece: *"La Administración del Estado, conforme al principio de reagrupación familiar del menor y previo informe de los servicios de protección de menores, resolverá lo que proceda sobre el retorno a su país de origen o aquél donde se encontrasen sus familiares o, en su defecto, sobre su permanencia en España".*

Debe evitarse que esta fase de estudio de su situación suponga en la práctica la privación de acceso a recursos socioeducativos y a la formación laboral[57].

No cabe la expulsión, la devolución o el retorno de los menores extranjeros no acompañados; el menor extranjero no puede ser sancionado con la salida del territorio español por ninguna de estas vías que pueden imponerse a los adultos. Sólo cabe la salida de territorio español como consecuencia de la reagrupación familiar del menor, atendiendo a lo dispuesto por las normas vigentes en el marco estatal e internacional.

Para que la repatriación sea posible es necesario que sea localizada la familia del menor o, en su defecto, que se hagan cargo del menor los servicios de protección de menores de su país de origen y que se verifique que no existe riesgo o peligro para la integridad del menor, de su persecución o de sus familiares; debiéndose valorar también la situación en la que se encuentra el menor en España. Conforme al Reglamento de Extranjería[58], el órgano de la Comunidad Autónoma encargado de la tutela del menor facilitará a la Delegación del Gobierno cualquier información que conozca relativa a la identidad del menor, su familia, su país o su domicilio y pondrá en su conocimiento las gestiones que se hayan podido realizar para localizar a la familia del menor. Por su parte, la Delegación del Gobierno o las Subdelegaciones del Gobierno solicitarán de la Comisaría General de Extranjería y Documentación la realización de las gestiones necesarias ante las embajadas y los consulados correspondientes, para localizar a los fami-

---

[56] Reformada en virtud de la Ley Orgánica 8/2000, de 22 de diciembre (BOE núm. 307, de 23 de diciembre de 2000) y de la Ley Orgánica 14/2003, de 20 de noviembre (BOE núm. 279, de 21 de noviembre de 2003).

[57] Declaración de las Defensorías del Pueblo sobre las responsabilidades de las Administraciones Públicas respecto a los menores no acompañados, octubre 2006.

[58] Real Decreto 2393/2004, de 30 de diciembre, por el que se aprueba el Reglamento de la Ley Orgánica 4/2000, de 11 de enero, sobre derechos y libertades de los extranjeros en España y su integración social (BOE núm. 6, de 7 de enero de 2005).

liares de los menores o, en su defecto, los servicios de protección de menores de su país de origen responsables de ellos.

Desde la Oficina del Defensor del Pueblo se ha puesto de manifiesto en los sucesivos Informes anuales más recientes, la especial situación de vulnerabilidad a la que se exponen los menores extranjeros no acompañados, así como su situación ante el ordenamiento jurídico y las instituciones. En este sentido, especial atención se ha de prestar al derecho del menor a ser oído en el procedimiento de extranjería tramitado de cara a su reagrupación familiar en origen, así como el derecho a la asistencia jurídica independiente; una cuestión ésta en la que los profesionales que intervienen diariamente con los menores en los centros de acogimiento residencial juegan un importante papel.

En relación con el derecho de los menores a ser oídos en el proceso de repatriación, ha de recordarse que los menores, para la defensa de sus derechos e intereses legítimos, tienen capacidad procesal, sin necesidad de asistencia de la persona que ejerza la tutela. Se trata de una situación personal que afecta al menor. El plazo para recurrir contra una resolución de repatriación cuenta desde el momento en que se notifica la decisión al menor; por lo que si la decisión no se ha notificado a éste, o dicha notificación se produce de forma irregular, no puede considerarse que la resolución se haya notificado adecuadamente, y por tanto no habrá de considerarse conforme a derecho. Igualmente, un menor que, contando con madurez y juicio suficiente, ha carecido de la posibilidad de valerse de persona de su confianza que le asesorara y defendiera y que ha sido deliberadamente mantenido al margen del proceso de su repatriación, no habrá podido ejercer la defensa adecuada de sus intereses en el procedimiento que le afecta, vulnerándose así el derecho del menor a ser oído y ser partícipe de un procedimiento que le afecta directamente.

Al menor extranjero, cuyo desamparo se haya declarado en España y se encuentre sometido a tutela administrativa, la Administración pública debe facilitarle la documentación acreditativa de su situación; considerándose regular a todos los efectos la residencia de los menores que estén bajo la tutela de una Administración Pública. Transcurridos nueve meses desde que el menor se puso a disposición de los Servicios competentes de protección de menores y una vez intentada la repatriación, si ésta no hubiera sido posible, se procederá a otorgar al menor la autorización de residencia. La tramitación de la misma es responsabilidad de los Servicios de Protección de Menores (responsable de presentar la solicitud de la autorización) y de la Delegación del Gobierno (responsable de la concesión)[59].

Los Servicios de Protección del Menor deben exigir que la fecha que figura en la autorización de residencia se ajuste a la eficacia prevista en la Ley, es decir, los efectos deben retrotraerse al momento en el que el menor hubiera sido puesto a disposición de los servicios de protección de menores. Los retrasos y demoras de la regularización de los menores de los que hablamos (muchos de ellos adolescentes) pueden suponer que alcancen la mayoría de edad y salgan del ámbito de protección abocados a la irregularidad. La reiterada experiencia en este sentido explica la norma contenida en el Reglamento para esta situación (art. 92.5, párrafo tercero): *"En el caso de los menores tutelados por la entidad de protección de menores competente que alcancen la mayoría de edad sin haber obtenido la citada autorización de residencia y hayan participado adecuadamente en las acciones formativas y actividades programadas por dicha entidad para favorecer su integración social, ésta podrá recomendar la concesión de una autorización temporal de residencia por circunstancias excepcionales, a la que se hará extensivo lo dispuesto en el artículo 40.j) de la Ley Orgánica 4/2000, de 11 de enero"*, es decir, no se tendrá en cuenta la situación nacional de empleo para la concesión de la autorización de trabajo por cuenta ajena a estos extranjeros.

En ocasiones los tribunales han entendido que existía un verdadero conflicto de intereses entre el menor y la Entidad Pública que ostenta la tutela y, en consecuencia, se ha procedido al nombramiento de defensor judicial. La figura del defensor judicial se encuentra recogida expresamente en el Derecho civil español para aquellos casos en que existe una contraposición de intereses entre los padres y el hijo o entre el tutor y el tutelado, pero no se ha contemplado explícitamente en el caso de la tutela administrativa. No obstante, los tribunales han considerado que la designación de defensor judicial puede llevarse a cabo en cualquier pro-

---

[59] Vid. Observaciones del Comité de los Derechos del Niño de Naciones Unidas a España en junio de 2002, así como el Informe de *Save the Children* de 2004. En este último se denuncia como especialmente preocupante la situación que se da en Canarias, pues ni los Servicios de Protección del Menor ni la Delegación del Gobierno podían citar ningún menor no acompañado que hubiese sido regularizado en el seno del sistema de protección. En conclusión, los menores no acompañados en Canarias están siendo abocados a abandonar el sistema de protección sin ninguna documentación de su residencia legal ni posibilidad de encontrar un trabajo.

cedimiento en el que pueda plantearse el conflicto de intereses entre el menor y quien ostente su representación legal, cualquiera se sea el orden jurisdiccional en que se plantee[60].

El nombramiento de un defensor judicial para garantizar la defensa del interés del menor frente a quien ejerce la tutela pone en tela de juicio el papel que está jugando la Administración Pública en el sistema de protección de menores respecto a los menores extranjeros no acompañados y, concretamente, en lo relativo a esa extraña figura que es la tutela administrativa[61].

3. Menores con trastornos de conducta y con patologías psiquiátricas

Del análisis de las principales cuestiones que suscitan un mayor interés entre los profesionales relacionados con la protección de los menores, el tratamiento jurídico y la intervención especializada a desarrollar con los menores con trastornos de conducta es uno de los mayores restos que se plantean actualmente a los sistemas de protección de la infancia y la adolescencia. Junto a los mismos, no podemos dejar de señalar la especial situación derivada de la atención en el ámbito de la protección a menores con patologías psiquiátricas y aquellos que padecen algún tipo de discapacidad, realidades que requieren del efectivo fortalecimiento y co-responsabilidad de las entidades públicas competentes en materia de protección de menores y los servicios de salud pública, a través de la articulación de protocolos específicos de colaboración en este ámbito.

A continuación centramos nuestra atención en el colectivo de los menores con trastornos de conducta, siendo una de las primeras dificultades que se nos plantean al abordar esta materia la cuestión conceptual, ¿qué se entiende por trastorno de conducta? El *Manual diagnóstico y estadístico de los trastornos mentales, cuarta edición* (DSM-IV), no contempla con carácter general los trastor-

---

[60] Ver, por ejemplo, la Sentencia del Juzgado de lo Contencioso Administrativo núm. 14 de Madrid de 25 de septiembre de 2006.

[61] Vid. *Un juez anula la repatriación de un menor y dice que hubo "riesgo para su integridad física"*, en El Mundo de 13 de mayo de 2007; en relación a Sentencia dictada por el Juzgado de lo Contencioso Administrativo núm. 15 de Madrid de 27 de abril de 2007; *Un tribunal superior anula por primera vez una repatriación y carga las costas al Estado*, en El Mundo de 16 de mayo de 2007; en relación con la Sentencia dictada por la Sección Quinta de la Sala de lo Contencioso Administrativo del Tribunal Superior de Justicia de Madrid de 26 de abril de 2007.

nos de conducta dentro del catálogo de trastornos que presentan la infancia y la adolescencia[62], aunque sí recoge de manera expresa los llamados Trastornos por déficit de atención y comportamiento perturbador.

Dentro de la clasificación que OLIVÁN GONZALVO, realiza de los problemas de salud mental y del desarrollo madurativo observados con más frecuencia en niños y adolescentes en situación de acogimiento residencial (en el momento del acogimiento y asociados con el acogimiento)[63], de entre los referidos al momento del acogimiento, debemos destacar la referencia a los trastornos de la conducta –incluidos en la categoría general de trastornos psicopatológicos–, comprendiendo dentro de los mismos conductas antisociales (vandalismo, hurto, violencia, agresividad, fugas del hogar, actividades delictivas y/o práctica de conductas de riesgo para la salud) en niños mayores y adolescentes.

---

[62] DSM-IV. Manual Diagnóstico y Estadístico de los Trastornos Mentales (*American Psychiatric Association*). Clasificación de los Trastornos de inicio en la infancia, la niñez o la adolescencia: Retraso mental: leve, moderado, grave, y profundo; Trastornos del aprendizaje: Trastorno de la lectura, Trastorno del cálculo, Trastorno de la expresión escrita, Trastorno del aprendizaje no especificado; Trastorno de las habilidades motoras: Trastorno del desarrollo de la coordinación; Trastornos de la comunicación: Trastorno del lenguaje expresivo, Trastorno mixto del lenguaje receptivo-expresivo, Trastorno fonológico, Tartamudeo, Trastorno de la comunicación no especificado; Trastornos generalizados del desarrollo: Trastorno autista, Trastorno de Rett, Trastorno desintegrativo infantil, Trastorno de Asperger, Trastorno generalizados del desarrollo no especificado; Trastornos por déficit de atención y comportamiento perturbador: Trastorno por déficit de atención con hiperactividad: Tipo combinado, Tipo con predominio del déficit de atención, Tipo con predominio hiperactivo-impulsivo, Trastorno por déficit de atención con hiperactividad no especificado, Trastorno disocial, Trastorno negativista desafiante, Trastorno de comportamiento perturbador no especificado; Trastornos de la ingestión y de la conducta alimentaria de la infancia o de la niñez: Pica, Trastorno de rumiación, Trastornos de la ingestión alimentaria de la infancia o de la niñez; Trastornos de tics: Trastorno de la Tourette, Trastorno de tics motores o vocales crónicos, Trastorno de tics transitorios, Trastorno de tics no especificado; Trastornos de la eliminación: Encopresis: Con estreñimiento e incontinencia por rebosamiento, Sin estreñimiento ni incontinencia por rebosamiento; Enuresis (no debida a una enfermedad médica); Otros trastornos de la infancia, la niñez o la adolescencia: Trastorno de ansiedad por separación, Mutismo selectivo, Trastorno reactivo de la vinculación de la infancia o la niñez, Trastorno de movimientos estereotipados, Trastorno de la infancia, la niñez o la adolescencia no especificado.

[63] OLIVÁN GONZALVO, G.; "Niños y adolescentes en Acogimiento Transitorio: problemas de salud y directrices para su cuidado". *An Pediatr* 2003; 58 (2); 128-35.

En este sentido, podemos finalmente considerar como trastorno de conducta la condición que se presenta en la niñez y en la adolescencia e implica problemas de comportamiento duraderos tales como conducta antisocial, impulsiva o desafiante, consumo de alucinógenos o actividades criminales[64]; si bien lo cierto es que no existe una definición unánime por parte de los autores.

Es difícil saber realmente qué tan común es este trastorno, debido a que las cualidades necesarias para hacer el diagnóstico, tales como "actitud desafiante" y la "desobediencia de las reglas", pueden ser subjetivas. De hecho, para realizar un diagnóstico preciso, el comportamiento tiene que ser mucho más extremo que una simple rebeldía de adolescente o vivacidad juvenil.

El problema de conducta que presenta el niño habitualmente no es de naturaleza exclusivamente intrapsíquica, sino que existen importantes aspectos relacionales que facilitan el mantenimiento de esta disfunción, debiendo considerar en cualquier caso, que los niños y adolescentes son en sí mismos sistemas complejos integrados por diversos subsistemas: biológico, psicológico, cultural y social.

Considerando a la familia como primer agente socializador del menor, no debemos pasar por alto que existen factores de riesgo a nivel familiar que están asociados a los problemas de conducta infantil, entre ellos: control parental inadecuado de la conducta del menor, uso sistemático del castigo por parte de los padres (y/o maltrato infantil), falta de acuerdo entre los progenitores sobre disciplina, problemas en la pareja, desajuste psicológico de los progenitores, alto nivel de agresividad y conflicto familiar, pobreza, defectos genéticos y adicción a drogas o alcoholismo de parte de los progenitores, situación familiar anómala, etc.

Otra de las piezas claves favorecedoras del proceso de desarrollo integrador de los menores en general, y especialmente respecto de los menores con trastornos de conducta, es la escuela, llamada a entenderse y relacionarse con la familia, en tanto son los dos sistemas fundamentales de los que el niño forma parte, permitiendo la formación de su identidad; sin embargo, en el momento social y cultural en que nos encontramos, existen diversos aspectos que dificultan la

---

[64] Vid. http://medlineplus/spanish/ency/article/000919.htm.

comprensión entre padres y educadores, dificultad que redunda de modo poco positivo en la educación de nuestros menores[65].

Será el entorno familiar el que, con carácter general, comience a experimentar los efectos de la convivencia con un menor que sufre de trastornos de la conducta; produciéndose en ocasiones la sensación de desbordamiento por parte de las familias, y más concretamente, por los progenitores, que se sienten incapaces para poder ejercer de forma adecuada los deberes inherentes a la patria potestad, solicitando de este modo la ayuda de la Administración pública que les permita educar y criar a su hijo/a, principalmente a través de servicios sociales, el sistema educativo y el sistema de salud mental; si bien se echa en falta una regulación específica en este ámbito que promueva la actuación coordinada de todos los agentes implicados.

La situación de incapacidad y de desesperanza en los progenitores puede llevar a éstos a solicitar ante la Administración, la asunción por parte de ésta de la guarda administrativa del menor, con el objeto de que el menor sea internado en un centro especializado y adecuado a las características de este tipo de menores, momento en el cual, las prestaciones dadas pro los sistemas de servicios sociales o de protección de menores pueden resultar insuficientes.

En este sentido, el Defensor del Pueblo ha venido a realizar diferentes recomendaciones ante las Administraciones públicas, de cara a que se articulen los mecanismos necesarios que garanticen el tratamiento de este tipo de situaciones, a través de los recursos humanos y materiales que permitan la adecuada atención de los menores con trastornos de conducta y sus familias, incidiendo especialmente en la creación de centros especializados donde los menores puedan ser acogidos en los casos en los que no sea viable el mantenimiento del menor en su ámbito familiar[66].

---

65 CAGIGAL DE GREGORIO, V.; "Colaboración y actuación con familias de niños con problemas de conducta". *Encuentro Anual de Equipos de Orientación: problemas de conducta y trastorno disocial*. Consejería de Educación – Comunidad de Madrid, 2004.

66 ESPAÑA MARTÍ, M. *La protección a los menores en España desde la perspectiva del Defensor del Pueblo*. Curso de verano de la Universidad Complutense sobre el Defensor del Pueblo y la protección de los derechos de las personas en situación de exclusión social. El Escorial (Madrid), 2006.

Ha de afirmarse la progresiva creación de recursos residenciales destinados a la intervención específica con este tipo de menores, que necesitan de personal cualificado y de la estrecha colaboración y actuación efectiva de los servicios sanitarios públicos. Algunos ejemplos de ellos son los llamados centros de educación intensiva, centros de adaptación psicosocial o centros específicos para menores con trastornos de salud mental y de conducta, en los que este tipo de menores son incorporados hasta que puedan ser atendidos en recursos normalizados.

Una vez se ha producido el ingreso del menor en un recurso residencial, independientemente a que el mismo obedezca a criterios de especialización, se produce entre los profesionales que intervienen con este tipo de menores, la necesidad de delimitar el ámbito del sistema de corrección aplicable a estos menores cuando los mismos protagonizan episodios contrarios al buen desarrollo de la convivencia en el centro, o incluso actos contrarios a la integridad física de los compañeros y profesionales, o a la suya propia; reclamando aquellos la posibilidad de aplicar medidas de carácter coercitivo, desde el punto de vista pedagógico, con el objeto de garantizar las funciones inherentes de guarda atribuidas a los recursos residenciales.

V. CONSIDERACIONES FINALES ACERCA DEL ACOGIMIENTO RESIDENCIAL

Como ya se señaló en la introducción de esta obra, el hecho de que hablemos de sistemas de protección a la infancia obedece a la realidad actual de la configuración de la protección de los menores de edad en el Estado español, que ha de llevarnos a plantear una necesaria armonización mínima en el ámbito de los procedimientos jurídicos establecidos en las respectivas normas autonómicas, así como en lo relativo al desarrollo de las medidas de protección adoptadas, prestando especial atención a los recursos disponibles.

En este sentido, atendiendo al marco conceptual definido en el Plan Estratégico Nacional de Infancia y Adolescencia 2005-2008 aprobado por el Ministerio de Trabajo y Asuntos Sociales, y conforme a las recomendaciones formuladas por el Comité de los Derechos del Niño ante el II Informe de aplicación de la Convención de Naciones Unidas sobre los Derechos del Niño elaborado por el Estado español, se ha de *"velar por que los procedimientos de protección de la infancia de las distintas Comunidades Autónomas se basen en unas normas mínimas comunes y sean compatibles con el interés superior del menor, garantizando la igualdad de acceso al mismo nivel de servicios, independientemente del lugar en que vivan".*

De los objetivos establecidos en el Plan Estratégico Nacional de Infancia y Adolescencia 2005-2008 reseñado, en lo que al ámbito de la protección de menores afecta, y más concretamente al acogimiento residencial, cabe destacarse:

- Objetivo estratégico 2.- Mejorar las políticas de infancia a través de la coordinación y la cooperación entre las Administraciones Públicas y demás organismos y agentes implicados de ámbito nacional, y de la cooperación internacional[67].
- Objetivo estratégico 3.- Avanzar en la promoción de políticas de apoyo a las familias en el ejercicio de su responsabilidades de crianza, cuidado y promoción del desarrollo personal y potenciales capacidades de los niños y niñas, y facilitar la conciliación de la vida laboral y familiar.
- Objetivo estratégico 6.- Potenciar la atención e intervención social a la infancia y adolescencia en situación de riesgo, desprotección o discapacidad y/o en situación de exclusión social, estableciendo criterios compartidos de calidad y mejores prácticas susceptibles de evaluación[68].

El examen de las cuestiones planteadas a lo largo del presente capítulo ha de llevarnos a afirmar la necesidad de realizar una revisión profunda en torno a la tipología de recursos (centros y programas) disponibles en cada uno de los sistemas de cara a desarrollar adecuadamente las medidas de acogimiento residencial adoptadas, de manera que los principios de especialización e individualización

[67] Dentro de dicho objetivo, se incluye como medida el analizar las posibles mejoras y el desarrollo de la Ley Orgánica 1/96, con el fin de adecuarla a las nuevas necesidades que han surgido en su aplicación por las Comunidades Autónomas (2.15).

[68] Del conjunto de medidas propuestas, se han de señalar: (6.3) *Fomentar la investigación para la prevención del riesgo y de la desprotección en la infancia y adolescencia en España*; (6.4) *Impulsar y consolidar la implantación de sistemas de gestión de calidad en los servicios especializados de protección de menores*; (6.7) *Elaborar protocolos que definan criterios de calidad, evaluación, seguimiento y buenas prácticas en la intervención social con la infancia, aplicables a los servicios de acogimiento familiar, acogimiento residencial, adopción, así como los servicios de preservación del menor en su entorno familiar y social.*

guíen el proceso de intervención con los menores a la hora de adaptar la programación de objetivos a sus necesidades evolutivas y, cuando posible, se procure la reintegración del menor en un entorno familiar.

En este mismo sentido, ha de señalarse que el perfil actual de los menores en situación de acogimiento residencial invita a una reformulación del marco legal para que la red de recursos asistenciales de los sistemas de protección de menores pueda hacer frente a las nuevas problemáticas sociales con criterios más adaptados a las peculiaridades de los nuevos colectivos; prestando especial atención a la situación de los menores con trastornos de conductas y/o con patologías psiquiátricas, así como a los menores extranjeros no acompañados y menores extranjeros de segunda generación.

Finalmente, nos parece preciso destacar que la ampliación del ámbito subjetivo de actuación ha de hacernos considerar la necesidad de dotar al sistema de protección, y especialmente a los profesionales que intervienen diariamente con estos menores, de una mayor coordinación y colaboración con el resto de sistemas públicos (ámbito sanitario, extranjería, ...) que pueden confluir en la intervención a desarrollar con los menores; todo ello inspirado en el principio del interés superior del menor que debe presidir toda actuación que afecte a los menores de edad.

BIBLIOGRAFÍA
SOBRE PROTECCIÓN DE MENORES

ADROHER BIOSCA, S. "Menores extranjeros en España. Marco jurídico general y nuevos desafíos", en Lázaro González, I. y Culebras Llana, I. *Nuevos retos que plantean los menores extranjeros al Derecho.* IV Jornadas sobre Derechos de los Menores. Universidad Pontificia Comillas, Madrid, 2006, págs. 23-73.

AJURIAGUERRA Y MARCELLI, *Manual de psicopatología del niño*, Ed. Masson, 1996.

AJURIAGUERRA Y MARCELLI, *Manual de psicopatología del adolescente*, Ed. Prentice May, 1998.

ÁLVAREZ, Mª R., *Actitudes y opiniones de los españoles ante la Infancia y la adolescencia*; Defensor del Menor, Madrid, 2006.

AMORÓS MARTÍ, P. Y FUENTES PELÁEZ, N., " Perspectivas y tendencias del acogimiento familiar en Cataluña", en *La adopción y el acogimiento*, Publicaciones i edicions de la Universitat de Barcelona, 2004.

AMORÓS, P. Y PALACIOS, J., *Acogimiento Familiar,* Alianza Editorial, Madrid, 2004.

ARCE JIMÉNEZ, E. "Menores extranjeros no acompañados", en Lázaro González, I. y Culebras Llana, I. *Nuevos retos que plantean los menores extranjeros al Derecho.* IV Jornadas sobre Derechos de los Menores. Universidad Pontificia Comillas, Madrid, 2006, págs. 123-142

ARMENTEROS LOBO, M. "Análisis del tratamiento jurídico previsto para los menores extranjeros en situación irregular". *Boletín de Información del Ministerio de Justicia*, Año LX, nº 2017, 15 julio 2006, págs. 2955-2993.

BALLESTEROS DE LOS RÍOS, M. *El desamparo y la tutela automática de las entidades públicas*, Tecnos, Madrid, 1997.

BALSÉEIS, M.A., *La infancia en riesgo social desde la sociedad de bienestar.* Universidad de Lleida, ww3.usal.esrev_numero-04n4_art_balséeis.htm

BORRÁS, F., *Habilidades profesionales del equipo de orientadores sociolaborales*, Murcia, 2004.

BORRÁS, S.; REQUEJO, T., *El triángulo que hace empleo. Manual de inserción laboral*, Murcia, 2004.

BRAZELTON, T.B.; GREENSPAN, S.I., *Las necesidades básicas de la infancia, lo que cada niño precisa para vivir, crecer y aprender*, Ed. Grao, Barcelona, 2005.

CABEDO MALLOL, V. *Marco constitucional de protección de menores*, Instituto de Iberoamerica y el Mediterráneo, Valencia, 2006.

CAGIGAL DE GREGORIO, V., "Colaboración y actuación con familias con niños con problemas de conducta", *Encuentro anual de equipos de orientación y trastorno disocial*, Consejería de Educación-Comunidad de Madrid, 2004.

CAPARRÓS, N.; JIMÉNEZ AYBAR, I. *El acogimiento familiar: aspectos jurídicos y sociales*, Ed. Rialp, 2001.

CARRANCHO HERRERO, M.T. (Coord.), *Instituciones protectoras del menor (Especial referencia a la normativa de Castilla y León),* Burgos, Servicio de Publicaciones de la Universidad de Burgos, 1999.

CARRASCO PERERA, A. "Desamparo", *AJA*, nº 583, junio 2003.

CASTILLO MARTÍNEZ, C.C. *La privación de la patria potestad, criterios legales, doctrinales y jurisprudenciales*, Editorial Práctica de Derecho, Valencia, 2000.

CORRAL GARCÍA, E. "El interés del menor y el derecho de los padres a no verse separados de sus hijos", *RGD*, julio-agosto 2001.

CUSÓ, M. *Infancia en riesgo e infancia maltratada*, Comunicación y Lenguaje, 27, 1995, págs. 87 y ss.

DEFENSOR DEL MENOR DE LA COMUNIDAD DE MADRID, *Informe anual 2004,* Madrid, 2004.

DEFENSOR DEL MENOR. *Seguridad infantil y costumbres de los menores en Internet*, Estudios e investigaciones 2002, www.defensordelmenor.org/publicaciones.

DEFENSOR DEL MENOR. *Cibercentros y seguridad en* Internet, Estudios e investigaciones 2004, www.defensordelmenor.org/publicaciones.

DEFENSOR DEL MENOR. *Seguridad infantil y costumbres de los menores en el empleo de la telefonía móvil*, Estudios e investigaciones 2005, *www.defensordelmenor.org/publicaciones*.

DEFENSOR DEL MENOR. *Convivencia, conflictos y educación en los centros escolares de la Comunidad de Madrid*, Instituto IDEA, Estudios e investigaciones 2006, *www.defensordelmenor.org/publicaciones*.

DE PAUL, J.; ARRUABARRENA, M.I., *Manual de protección infantil*, Masson, Barcelona, 1996.

DÍEZ GARCÍA, H. "Desamparo de menores y acogimiento", *Aranzadi Civil*, nº 17, enero 2000.

DÍEZ GARCÍA, H. "¿Es imposible el retorno del menor acogido a su familia de origen?", *RDP*, marzo-abril 2003.

DÍEZ GARCÍA, H., *El acogimiento familiar simple como una de las formas de ejercer la guarda de menores*. Ministerio de Trabajo y Asuntos Sociales, Madrid, 2004.

DURÁN AYAGO, A. *La protección internacional del menor desamparado: régimen jurídico*, Ed. Colex, 2004.

EGEA I FERNÁNDEZ, J. "La doctrina constitucional sobre la oposición judicial a la declaración de desamparo hecha por la entidad pública, sobre las Sentencias del TC 298/1993, de 13 de octubre y 260/1994, de 3 de octubre", *Derecho Privado y Constitución*, 5, 1995, págs. 253 y ss.

EGEA I FERNANDEZ, J., "El acogimiento simple", en ESPIAU ESPIAU, S.; VAQUER ALOY, A., *Protección de menores, acogimiento y adopción*, Marcial Pons, Madrid, 1999.

ELÍAS MÉNDEZ, C. *La protección del menor inmigrante desde una perspectiva constitucional*. Tirant Lo Blanch, Valencia 2002.

ESPAÑA MARTÍ, M. *La protección a los menores en España desde la perspectiva del Defensor del Pueblo*. Curso de Verano de la Universidad Complutense, El Escorial 2006.

ESPIAU ESPIAU, S.; VAQUER ALOY, A., *Protección de menores, acogimiento y adopción*, Marcial Pons, Madrid, 1999.

ESPIAU ESPIAU, S., "La situación de desamparo y las medidas de protección", en ESPIAU ESPIAU, S.; VAQUER ALOY, A., *Protección de menores, acogimiento y adopción*, Ed. Marcial Pons, Madrid, 1999.

ESTEBAN DE LA ROSA, C. *El acogimiento internacional de menores. Régimen jurídico*. Ed. Comares/Universidad de Jaén, Granada 2000.

FÁBREGA RUIZ, C.F. *Protección jurídica del menor inmigrante*. Colex, Madrid, 2001, 174 págs.

FERNÁNDEZ DEL VALLE, J.; FUERTES ZURITA, J., *El acogimiento residencial en la protección a la infancia*. Ed. Pirámide, 2000.

FERNÁNDEZ GONZÁLEZ, B. "Visión general del acogimiento familiar", *Actualidad Civil*, nº 46, 2000.

FERNÁNDEZ GONZÁLEZ, M.B. *El desamparo y la protección de los menores inmigrantes*, Ed. Thomson-Aranzadi, Pamplona, 2007.

FERNÁNDEZ MASÍA, E. "Las entidades públicas y la protección de los menores en España", *AC* 1998-II.

FERNÁNDEZ ROMERO, E. "Los jóvenes y los conflictos", en *Nuevos retos que plantean los menores al Derecho*, Universidad Pontificia Comillas, Madrid, 2004.

GARCÍA FERNÁNDEZ, R. *Alternativas al internamiento residencial*. Los acogimientos cualificados: la experiencia de Castilla y León. *www.tinet.org/~fedaia/forum99/alternativas.htm*

GONZÁLEZ LEÓN, C., *El abandono de menores en el Código Civil*, Ed. Bosch, Barcelona, 1995.

GONZÁLEZ PILLADO, E.; GRANDE SEARA, P. *Aspectos procesales civiles de la protección del menor*, Tirant Lo Blanch, Valencia, 2004.

GRACIA, E.; MUSITU, G. *El maltrato infantil. Un análisis ecológico de los factores de riesgo*, Centro de Publicaciones del Ministerio de Asuntos Sociales, Madrid, 1993.

GUTIÉRREZ RESA Y GARCÉS FERRER (Coord.) *Los servicios sociales en las Comunidades y Ciudades Autónomas*, Ed. Tirant Lo Blanch, Valencia, 2000.

GUTIÉRREZ SANTIAGO, P. "Menores en desamparo y padres sin amparo", *Derecho Privado y Constitución*, nº 16, 2002.

HERAS HERNÁNDEZ, M. M., *El acogimiento convencional de menores*, Ed. Montecorvo, Madrid, 2002.

HERNÁNDEZ IBÁÑEZ, C., *La situación jurídica del menor en el marco de las leyes de las Comunidades Autónomas*, Ed. Dykinson, 1998.

IGLESIAS REDONDO, J.I., *Guarda asistencial, tutela* ex lege *y acogimiento de menores*, Ed. Cedecs, Barcelona, 1996.

INGLÉS PRATS, A. (Dir.), *Aprendiendo a volar. Estudio para el análisis de los programas europeos mentor 15 y Ulises dedicados al proceso de socialización de adolescentes y jóvenes tutelados que han alcanzado la mayoría de edad o están cerca de ella*, Murcia, 2005.

JOLONCH, A. *Educació i infancia en risc. Acció i reflexió en l´ambit social.* Ed. Pòrtic (Colecció Temes Contemporanis), Barcelona, 2002.

KORT ROSEMBERG, F., *Psicología del comportamiento infantil: guía para padres, maestros y terapeutas.*, Ed. Trillas, 2005.

LASARTE ÁLVAREZ, C. *Principios de Derecho Civil*, Tomo VI, Derecho de Familia. 2ª ed. revisada y actualizada, Ed. Trivium, Madrid, 2000.

LÁZARO GONZÁLEZ, I. (Coord.) *Los menores en el Derecho español,* Ed. Tecnos, Madrid, 2002.

LÁZARO GONZÁLEZ, I. y CULEBRAS LLANA, I. *Nuevos retos que plantean los menores extranjeros al Derecho.* IV Jornadas sobre Derechos de los Menores. Universidad Pontificia Comillas, Madrid, 2006, 422 págs.

LÁZARO GONZÁLEZ, I. "La aventura migratoria de los adolescentes". *Razón y Fe*, febrero 2007, págs. 101-116.

LINACERO DE LA FUENTE, M. *Protección jurídica del menor,* Ed. Montecorvo, Madrid, 2001.

LÓPEZ AZCONA, A., "La autorización judicial de entrada en domicilio en ejecución de la declaración de desamparo", *Aranzadi Civil*, 4, mayo 2001.

LÓPEZ JIMÉNEZ, L.; MARTÍNEZ MARTÍNEZ, R., *El presente: una apuesta de futuro. Buenas prácticas en la atención a jóvenes en proceso de inserción sociolaboral y autonomía*, Murcia, 2005.

MARÍN GARCÍA DE LEONARDO, M..T., *Tutela ex lege: La guarda y acogimiento de menores,* Consellería de Presidencia, Valencia, 1991.

MARÍN LÓPEZ, J.J., "La inscripción en el registro civil de la tutela ex lege y de la suspensión del ejercicio de la patria potestad (Comentarios a la RDGRN de 22 de junio de 1996)", *RDP* julio-agosto 1997.

MARTÍNEZ DE AGUIRRE, C. "La protección jurídico-civil de la persona por razón de la menor edad" en *ADC*, 1992, págs. 1391 y ss.

MARTÍNEZ GARCÍA, C. "Los sistemas de protección y reforma. Peculiaridades ante el fenómeno de los menores extranjeros", en LÁZARO GONZÁLEZ, I. y CULEBRAS LLANA, I. *Nuevos retos que plantean los menores extranjeros al Derecho. IV Jornadas sobre Derechos de los Menores*. Universidad Pontificia Comillas, Madrid, 2006, págs. 75-92.

MAYOR DEL HOYO, Mª V. *La guarda administrativa como mecanismo de protección de menores en el Código Civil*, Ed. Comares, Granada, 1999.

MÉNDEZ PÉREZ, J., *El acogimiento de menores*, Ed. Bosch, Barcelona, 1991.

MINISTERIO DE TRABAJO Y ASUNTOS SOCIALES, *Bases para la elaboración de una estrategia integral para la infancia y adolescencia en riesgo y dificultad social*, Madrid, 2003.

MIRALLES GONZÁLEZ, I., "El interés del menor y la privación de la patria potestad", *Aranzadi civil*, 10 septiembre 2004.

MONTAÑÉS RADA, F.; DE LUCAS TARACENA, Mª. T. *Hiperactividad, déficit de atención y conducta desafiante. Guía psicoeducativa y de tratamiento. Manual para padres y profesionales*, Ed. Ars Medica, 2006.

MORENO-TORRES SÁNCHEZ, J. *El desamparo de menores*, Ed. Aranzadi, Pamplona, 2005.

MUÑIZ ESPADA, E., *Las personas jurídico-privadas tutoras (En consideración al aspecto personal de la tutela)*, Ed. Bosch, Barcelona, 1994.

OCÓN DOMINGO, J., en "Evolución y situación actual de los recursos de protección de menores en España", *Revista del Ministerio de Trabajo y Asuntos Sociales*, nº 45, 2003.

OLIVÁN GONZALVO, G., "Niños y adolescentes en acogimiento transitorio: problemas de salud y directivas para su cuidado", *An Pediatr* 2003; 58 (2), págs. 128 y ss.

OLIVARES RODRÍGUEZ, J. y otros, *Fobia social en la adolescencia*, Ed. Pirámide, Madrid, 2004.

ORTIZ GONZÁLEZ, A.L. *Limitaciones jurídicas en el internamiento coactivo de menores en centros de protección*, Bilbao, 2005.

PACHÓN, C., "Intervención con familias en situaciones de alto riesgo social", *Comunicación, lenguaje y educación*, 27, 1995, pags. 61 y ss.

PALMA DEL TESO, A., *Administraciones Públicas y protección de la infancia. En especial, estudio de la tutela administrativa de los menores desamparados*, INAP, Madrid, 2006.

PANTALEÓN PRIETO, F., *Cómo repensar la responsabilidad extracontractual (también la de las Administraciones públicas)*, en el monográfico "La responsabilidad en el Derecho" del *Anuario de la Facultad de Derecho de la UAM*, nº 4, 2000, págs. 167 ss.

PANTOJA GARCÍA, F. *Algunas notas y comentarios a la L.O. 1/1996 de protección jurídica del menor y su aplicación práctica*, Ed. Constitución y Leyes, Madrid, 1997.

PARRA LUCÁN, M.A., "La tutela de los menores en el derecho catalán", *RDP*, julio-agosto 2003.

PÉREZ ÁLVAREZ, M.A. (Dir.),*La desprotección social de los menores y las instituciones de amparo reguladas en la LOPJM* (Jornadas de derecho civil en Homenaje a Estanislao de Aranzadi, 1997, La Coruña), Universidad de La Coruña, 1999.

PÉREZ MARTÍN, A.J. *Derecho de familia. Adopción, acogimiento, tutela y otras instituciones de protección de menores*, Ed. Lex Nova, Valladolid, 1998.

REBOLLEDO VARELA, A.L., "Procedimientos judiciales de acogimiento y adopción: la exigencia de consentimientos y modo de prestación de la LOPM", *RJCLM*, 1998, nº 23.

RIVAS ANTÓN, M. F., "Notas sobre la naturaleza contractual del acogimiento familiar retribuido", *Cuadernos de Estudios Empresariales* nº 5, 293-307, Servicio de Publicaciones, UCM, Madrid, 1995.

RIVERO HERNÁNDEZ, F. *El interés del menor*, Dykinson, 2000.

RODRÍGUEZ BENOT, A./ HORNERO MÉNDEZ, C., *La protección del menor en Andalucía*, Ed. Comares, Granada, 2000.

ROGEL VIDE, C. *La guarda de hecho*, Ed. Tecnos, Madrid, 1986.

RUIZ DE HUIDOBRO DE CARLOS, J. M. "Los menores inmigrantes de segunda generación", en LÁZARO GONZÁLEZ, I. y CULEBRAS LLANA, I. *Nuevos retos que plantean los menores extranjeros al Derecho. IV Jornadas sobre Derechos de los Menores*. Universidad Pontificia Comillas, Madrid, 2006, págs. 335-364.

RUIZ-RICO RUIZ, "La tutela *ex lege*, la guarda y el acogimiento de menores", *Actualidad civil*, Madrid, 1988.

SALANOVA VILLANUEVA, M., "Tutela y protección de menores en la jurisprudencia del Tribunal Europeo de Derechos Humanos", *Aranzadi Civil*, nº 4, mayo 2003.

SALVADOR GUTIÉREZ, S., "Algunas instituciones de protección del menor y su régimen registral", *AC* 1998-II.

SECRETARÍA DE ESTADO DE SERVICIOS SOCIALES, FAMILIAS Y DISCAPACIDAD. (M.T.A.S.) *Plan Estratégico Nacional de Infancia y Adolescencia, 2005-2008*, Documento de Trabajo 07 (2/2005).

SERRANO GARCÍA, I. (coord.), *La protección jurídica del menor*, Junta de Castilla y León, 1997.

SERRANO VILLAMANTA, J.F. "El régimen jurídico laboral de los menores extranjeros en España", en LÁZARO GONZÁLEZ, I. y CULEBRAS LLANA, I. *Nuevos retos que plantean los menores extranjeros al Derecho. IV Jornadas sobre Derechos de los Menores*. Universidad Pontificia Comillas, Madrid, 2006, págs. 297-315.

VALLADARES RASCÓN, E. "La tutela de los menores en relación con el concepto legal de desamparo", en *Centenario del Código civil*, Tomo II, Madrid, 1999.

VAQUER ALOY, A. "El acogimiento preadoptivo", en *Protección de Menores, acogimiento y adopción*, Coord. ESPIAU ESPIAU; VAQUER ALOY, Ed. Marcial Pons, 1999.

VILLAGRASA ALCALDE, C.; COLLADO FIGUERAS, Y. *Criterios de la Audiencia Provincial de Barcelona sobre protección de menores*. Ed. Cedecs, Barcelona, 2003.

VIVANCOS SÁNCHEZ, "Constitución de la tutela automática tras la declaración de desamparo", *La Ley, Revista de Actualidad Civil*, 48, 2000.

WICKS- NELSON, R.; ALLEN, C., *Psicopatología del niño y del adolescente*, Ed. Psicología Pirámide, 2000.

GARCÍA FERNÁNDEZ, R., *Alternativas al internamiento residencial.* Los acogimientos cualificados: la experiencia de Castilla y León. Dentro de la página *www.tinet.org/~fedaia/forum99/alternativas.htm*

LEGISLACIÓN ESTATAL Y AUTONÓMICA SOBRE PROTECCIÓN DE MENORES

I. ESTATAL

Código Civil de 1889 (CC).

Ley del Registro Civil, de 8 de junio de 1957 (LRC)

Ley 1/2000, de 7 de enero, de Enjuiciamiento Civil (LEC)

Ley Orgánica 6/1985, de 1 de julio, del Poder Judicial (LOPJ)

Ley Orgánica 1/1996, de 15 de enero, de Protección Jurídica del Menor (LOPJM).

Ley Orgánica 1/2004, de 28 de diciembre, de Medidas de Protección Integral contra la Violencia de Género (LOMPIVG).

Ley Orgánica 9/1985, de 5 de julio, de Interrupción Voluntaria del Embarazo (LOIVE).

Ley Orgánica 5/2000, de 12 de enero, reguladora de la responsabilidad penal de los menores (modificada parcialmente por Ley Orgánica 8/2006, de 4 de diciembre).

II. AUTONÓMICA

1 ANDALUCÍA

1.1. DECRETO 87/1996, de 20 de febrero, por el que se regula la autorización, registro y acreditación de los Servicios y Centros Sociales de Andalucía, modificado por el DECRETO 102/2000, de 15 de marzo.

1.2. DECRETO 454/1996, de 1 de octubre, sobre habilitación de Instituciones Colaboradoras de Integración Familiar y acreditación de Entidades Colaboradoras de Adopción Internacional.

1.3. LEY 1/1998, de 20 de abril, de los Derechos y la atención al Menor de Andalucía.

1.4. ORDEN de 3 de noviembre de 1998, por la que se regula la admisión de solicitudes de adopción de menores tutelados por la Junta de Andalucía.

1.5. DECRETO 228/1999, de 15 de noviembre, por el que se regula el Consejo Andaluz de Asuntos de Menores.

1.6. DECRETO 237/1999, de 13 de diciembre, por el que se regula el Consejo Regional y los Consejos Provinciales de la Infancia.

1.7. DECRETO 42/2002 desamparo, tutela y guarda administrativa.

1.8. DECRETO 282/2002, de 12 de noviembre, de Acogimiento Familiar y Adopción.

1.9. DECRETO 355/2003, de 16 de diciembre, del Acogimiento Residencial de Menores de la Junta de Andalucía.

1.10. DECRETO 362/2003, de 22 de diciembre, por el que se aprueba el Plan Integral de Atención a la Infancia de Andalucía (2003-2007).

1.11. ORDEN de 11 de febrero de 2004, por la que se regulan las prestaciones económicas a las familias acogedoras de menores.

1.12. ORDEN de 13 de julio de 2005, por la que se aprueba el Proyecto Educativo Marco para los centros de protección de menores en el ámbito de la Comunidad Autónoma Andaluza.

1.13. ORDEN de 9 de noviembre de 2005, por la que se regulan y convocan subvenciones a entidades colaboradoras para la financiación de programas y recursos destinados a la inserción social integral de jóvenes que han sido tutelados por la Junta de Andalucía.

1.14. ORDEN de 2 de marzo de 2006, por la que se establecen las bases reguladoras y se convocan subvenciones con carácter permanente para la financiación de actuaciones de mediación para el acogimiento familiar de menores realizadas por instituciones colaboradoras de Integración familiar.

2. ARAGÓN.

2.1. DECRETO 28/1995 de 21 de febrero, de la Diputación General de Aragón, por el que se regula el Registro de Protección de Menores.

2.2. DECRETO 79/1995 de 18 de abril, de la Diputación General de Aragón, por el que se regula la declaración de desamparo y los instrumentos de protección previstos en la Ley 10/1989, de 14 de diciembre, de Protección de Menores.

2.3. ORDEN de 13 de noviembre de 1996, del Departamento de Sanidad, Bienestar Social y Trabajo, por la que se regulan las compensaciones económicas para acogimientos familiares.

2.4. DECRETO 88/1998, por el que se regulan las ayudas económicas de carácter personal en el marco de la protección de menores.

2.5. DECRETO 113/2000, de 13 de junio, del Gobierno de Aragón, por el que se aprueban los Estatutos del Instituto Aragonés de Servicios Sociales, modificado por el Decreto 13/2004, de 27 de enero (2.5.bis.).

2.6. LEY 12/2001, de 2 de julio, de la Infancia y la Adolescencia en Aragón.

2.7. DECRETO 188/2005, de 26 de septiembre, por el que se aprueba el Reglamento del procedimiento administrativo previo a la adopción nacional e internacional de menores.

3. ASTURIAS

3.1. LEY 1/1995, de 27 de enero, de Protección del Menor.

3.2. DECRETO 57/1995, por el que se regula la composición y funcionamiento de la Comisión del Principado de Asturias. Modificado por DECRETO 11/1997.

3.2.bis. DECRETO 11/1997, de 20 de febrero, de la Consejería de servicios sociales, primera modificación del decreto 57/1995, de 30 de marzo, por el que se regula la composición y funcionamiento de la comisión del menor del Principado de Asturias.

3.3. DECRETO 5/1998, de 5 de febrero, de la Consejería de servicios sociales, por el que se aprueba el reglamento de instituciones colaboradoras de integración familiar y de entidades colaboradoras de adopción internacional.

3.4. DECRETO 139/1999, de 16 de septiembre, de la Consejería de Asuntos Sociales, de organización y funciones del Instituto Asturiano de Atención Social a la Infancia, Familia y Adolescencia. Modificado por Decreto 80/2004 de 14 de octubre.

3.4.bis. DECRETO 80/2004, de 14 de octubre, de primera modificación del Decreto 139/1999, de 16 de septiembre, de organización y funciones del Instituto Asturiano de Atención Social a la Infancia, Familia y Adolescencia.

3.5. DECRETO 46/2000, de 1 de junio, por el que se aprueba el Reglamento de Acogimiento Familiar y de Adopción de Menores.

3.6. LEY 1/2003, de 24 de febrero, de Servicios Sociales.

4. BALEARES

4.1. LEY 17/2006, de 13 de noviembre, integral de la atención de los derechos de la infancia y la adolescencia de Illes Balears.

4.2. LEY 8/1997, de 18 de diciembre, de Atribución de Competencias a los Consejos Insulares en Materia de Tutela, Acogimiento y Adopción de Menores.

4.3. DECRETO 16/1997, de 30 de enero, por el que se crea la Oficina de Defensa de los Derechos del Menor en la Comunidad Autónoma de las Islas Baleares.

4.4. DECRETO 46/1997, de 21 de marzo, por el que se ordena, en el ámbito territorial de la Comunidad Autónoma de las Islas Baleares, el establecimiento y regulación de los requisitos para la acreditación y habilitación de las entidades colaboradoras de la Administración en materia de guarda de menores e integración familiar.

4.5. DECRETO 2/1998, por el que se dictan normas para la ejecución de lo que se regula en el artículo 12 de la Ley de atribución de competencias a los Consejos Insulares en materia de tutela, acogimiento y adopción de menores.

4.6. DECRETO 15/2003, de 14 de febrero, por el cual se crea el Consejo de Infancia y Familia de las Islas Baleares y se regula su funcionamiento.

4.6.bis. DECRETO 10/2006, por el que se modifica el Decreto 15/2003.

4.7. DECRETO 45/2003, de 2 de mayo, por el cual se regulan los acogimientos familiares y la adopción.

4.8. DECRETO 40/2006, de 21 de abril, por el cual se regulan los procedimientos de acogimiento familiar, de adopción y de determinación de idoneidad.

5. CANARIAS

5.1. ORDEN de 19 de mayo de 1986, de la Consejería de Trabajo, Sanidad y Seguridad Social, sobre cooperación con los Tribunales de Justicia en materia de protección y tutela de menores y funcionamiento de centros propios.

5.2. DECRETO 5/1995, de 27 de enero, sobre composición, organización y funcionamiento del Consejo General de Servicios Sociales de Canarias.

5.3. LEY 1/1997, de 7 de febrero, de Atención Integral a los Menores.

5.4. DECRETO 54/1998, de 17 de abril, por el que se regulan las actuaciones de amparo de los menores en el ámbito de la Comunidad Autónoma de Canarias.

5.5. DECRETO 99/1998, de 26 de junio, por el que se regula la composición, organización y funciones de la comisión de Menores.

5.6. DECRETO 105/1999, de 25 de mayo, por el que se regula la constitución, composición y funciones de la Comisión Interadministrativa de Menores.

5.7. DECRETO 130/1999, de 17 de junio, por el que se regula la habilitación de las entidades colaboradoras de atención integral a menores.

5.8. ORDEN de 27 de abril de 1999, de la Consejería de Empleo y Asuntos Sociales, por la que se regulan los Registros de Tutelas, Guardas, Acogimiento, Adopción y de Entidades Colaboradoras de Adopción Internacional.

5.9. DECRETO 40/2000, de 15 de marzo, por el que se aprueba el Reglamento de organización y funcionamiento de los centros de atención a menores en el ámbito de la Comunidad Autónoma Canaria.

5.10. DECRETO 48/2003, de 30 de abril, por el que se aprueba el Reglamento del procedimiento sancionador en materia de atención a menores.

6. CANTABRIA

6.1. LEY 5/1992, de Acción Social.

6.2. LEY 7/1999, de 28 de abril, de Protección de la Infancia y Adolescencia.

6.3. DECRETO 24/2002, de 7 de marzo, de Estructura Orgánica de la Consejería de Sanidad, Consumo y Servicios Sociales.

6.4. DECRETO 50/2003, de 8 de mayo por el que se crea y regula el Consejo Regional de Infancia y Adolescencia.

6.5. DECRETO 58/2002, de 30 de mayo, por el que se desarrollan los Procedimientos Relativos a la Protección de Menores. Corrección de errores al Decreto 58 /2002, de 30 de mayo.

6.6. DECRETO 52/2003, de 3 de julio, de reorganización de la Vicepresidencia y de las Consejerías de la Administración de la Comunidad Autónoma de Cantabria.

6.7. ORDEN de 3 de marzo de 2004, modificativa de la Orden de 28 de febrero de 2002, por la que se regula el procedimiento y se establecen los requisitos básicos necesarios para obtener la conformidad a los programas de desplazamiento temporal de menores extranjeros.

6.8. Plan de Acción para la Infancia y la Adolescencia en Dificultad Social de la Comunidad Autónoma de Cantabria 2007-2009 (B.O. Cantabria núm. 106, 1 de junio de 2007).

7. CASTILLA Y LEÓN

7.1. DECRETO 203/2000, de 28 de septiembre, por el que se aprueba el estatuto del centro regional Zambrana para la atención a menores con expediente de protección que presenten graves alteraciones de conducta y a menores y jóvenes infractores.

7.1.bis. Corrección de errores.

7.1.ter. DECRETO 42/2004, de 29 de abril, por el que se modifica el Estatuto del Centro Regional Zambrana, aprobado por Decreto 203/2000.

7.2. DECRETO 179/2001, de 1 de abril, por el que se regula la acción concertada en materia reserva y ocupación de plaza para la atención de niños y jóvenes dependientes de los servicios de protección a la infancia de las distintas Gerencias Territoriales de Servicios Sociales. Corrección de errores: 7.2.bis y 7.2.ter.

7.3. DECRETO 270/2001, de 29 de noviembre, por el que se modifica el Decreto 179/2001, de 28 de junio, que regula la acción concertada en materia de reserva y ocupación de plazas para la atención de niños y jóvenes dependientes de los Servicios de Protección a la Infancia de las distintas Gerencias Territoriales de Servicios Sociales.

7.4. DECRETO 130/2002, de 12 de diciembre, por el que se modifica el Decreto 179/2001, de 28 de junio, que regula la acción concertada en materia de reserva y ocupación de plazas para la atención de niños y jóvenes dependientes de los Servicios de Protección a la Infancia de las distintas Gerencias Territoriales de Servicios Sociales.

7.5. LEY 14/2002, de 25 de julio, de Promoción, Atención y Protección a la Infancia en Castilla y León. Corrección de errores en el texto de la Ley 14/2002, de 25 de julio, de promoción, atención y protección a la infancia en Castilla y León. Corrección de errores: 7.5.bis.

7.6. DECRETO 54/2003, de 30 de abril, por el que se crean los Premios Infancia de la Comunidad de Castilla y León.

7.7. DECRETO 99/2003, de 28 de agosto, por el que se regula la organización y funcionamiento del Consejo Regional y los Consejos Provinciales de Atención y Protección a la Infancia. Corrección de errores: 7.7.bis.

7.8. DECRETO 100/2003 de 28 de agosto, por el que se regula la organización y funcionamiento del Registro de Atención y Protección a la Infancia. Corrección de errores: 7.8.bis.

7.9. DECRETO 131/2003, de 13 de noviembre, por el que se regula la acción de protección de los menores de edad en situación de riesgo o de desamparo y los procedimientos para la adopción y ejecución de las medidas y actuaciones para llevarla a cabo. Corrección de errores: 7.9.bis.

7.10. DECRETO 37/2004, de 1 de abril, por el que se regulan los requisitos mínimos y específicos de autorización para la apertura y funcionamiento de los centros destinados a la atención de menores con medidas o actuaciones de protección. Corrección de errores: 7.10.bis.

7.11. DECRETO 37/2005, de 12 de mayo por el que se regulan los procedimientos administrativos y otras actuaciones complementarias en relación con la adopción de menores. Corrección de errores: 7.11.bis.

7.12. DECRETO 38/2005, de 12 de mayo, por el que se regula la acreditación y funcionamiento de las entidades colaboradoras con funciones de mediación en materia de adopción internacional.

7.13. DECRETO 54/2005, de 7 de julio, por el que se regula el régimen de organización y funcionamiento de los centros específicos destinados a la atención residencial de menores con medidas o actuaciones de protección.

7.14. LEY 1/2006, de 6 de abril, de mediación familiar Castilla y León. Corrección de errores de la Ley 1/2006, de 6 de abril, de Mediación Familiar de Castilla y León. Corrección de errores: 7.14.bis.

7.15. DECRETO 37/2006, de 25 de mayo, por el que se regulan los acogimientos familiares de menores en situación de riesgo o de desamparo. Corrección de errores: 7.15.bis.

8. CASTILLA-LA MANCHA

8.1. LEY 3/1986, de 16 de abril, Servicios Sociales de la Comunidad Autónoma de Castilla-la Mancha.

8.2. LEY 3/1994, de 3 de noviembre, Protección de los usuarios de entidades, centros y servicios sociales.

8.3. DECRETO 143/1990, de 18 de diciembre, sobre procedimiento en materia de protección de menores.

8.4. ORDEN de 31 de marzo de 1992 de la Consejería de Bienestar Social, por la que se regula acreditación de establecimientos de tercera edad, minusválidos, infancia y menores.

8.5. ORDEN de 26 de marzo de 1993 por la que se modifica la orden de 23 de diciembre de 1992 de convocatoria de ayuda para la atención adecuada a minusválidos, ancianos y menores.

8.6. ORDEN de 23 de diciembre de 1994, por la que se convocan ayudas para la integración de menores y de garantía de continuidad del plan regional de solidaridad.

8.7. ORDEN de 19 de enero de 1995, por la que se modifica la orden de 23 de diciembre de 1994 de convocatoria de ayudas para la Integración de Menores y de Garantía de continuidad del Plan Regional de Solidaridad en Castilla–La Mancha.

8.8. LEY 5/1995, de 23 de marzo, de solidaridad en Castilla-La Mancha.

8.9. LEY 3/1999, de 31 de marzo, del Menor de Castilla-La Mancha.

8.10. DECRETO 52/1999, de 11 de mayo, por el que se modifica el decreto 71/1997, de 17 de junio, de la Comisión de Tutela de Castilla-La Mancha.

8.11. ORDEN de 18 de diciembre del 2003, por la que se regula el programa de acogimiento familiar de menores en la Comunidad Autónoma de Castilla-La Mancha.

8.12. LEY 4/2005, del Servicio Social Especializado de Mediación Familiar.

8.13. DECRETO 44/2005, de 19 de abril, sobre acreditación, funcionamiento y control de las entidades colaboradoras de adopción internacional.

8.14. DECRETO 45/2005, de 19 de abril, por el que se regula la adopción de menores.

8.15. ORDEN de 27 de diciembre de 2005 de la Consejería de Bienestar Social, por la que se regulan las bases y se convocan prestaciones económicas individualizadas por acogimiento familiar de menores en la Comunidad Autónoma de Castilla-La Mancha.

8.16. ORDEN de 27 de diciembre de 2005, de la Consejería de Bienestar Social, por la que se regulan las bases y se convocan ayudas para el desarrollo de los programas de autonomía personal de la Comunidad de Castilla-La Mancha, para 2006.

9. CATALUÑA

9.1. DECRETO 338/1986, de 18 de noviembre de regulación de la atención a la infancia y la adolescencia en situaciones de riesgo social.

9.2. LEY 37/1991, de 30 de diciembre, sobre medidas de protección de los menores desamparados y de la adopción.

9.3. LEY 8/1995, de 27 de julio, de atención y protección de los niños y adolescentes y de modificación de la Ley 37/1991, de 30 de diciembre, sobre medidas de protección de los menores desamparados y de la adopción.

9.4. DECRETO 337/1995, de 28 de diciembre, sobre la acreditación y el funcionamiento de las instituciones colaboradoras de integración familiar y de las entidades colaboradoras de adopción internacional.

9.5. DECRETO 2/1997, de 7 de enero, del Reglamento de Protección de los menores desamparados y de la adopción.

9.6. LEY 13/1997, de 19 de noviembre, de creación del Instituto Catalán del Acogimiento y la Adopción.

9.7. DECRETO 77/1998, de 17 de marzo, que reestructura la Dirección General de Atención a la Infancia y se establece la estructura orgánica del organismo autónomo administrativo Instituto Catalán de Acogimiento y Adopción.

9.8. LEY 9/1998, de 15 de julio, del Código de Familia.

9.9. LEY 8/2002, de 27 de mayo, de modificación de la Ley 37/1991 sobre medidas de protección de los menores desamparados y de la adopción.

9.10. LEY 18/2003, de 4 de julio, de apoyo a las familias.

9.11. DECRETO 185/2003, de 1 de agosto, que crea la Comisión del segundo Plan de coordinación de medidas interdepartamentales dirigidas a las personas jóvenes tuteladas por la Administración de la Generalidad al llegar a la mayoría de edad.

9.12. DECRETO 129/2006, de 9 de mayo, del Observatorio de los Derechos de la Infancia.

9.13 LEY 13/2006, de 27 de julio, de prestaciones sociales de carácter económico.

9.14. ORDEN 525/2006, de 8 de noviembre, de la Secretaria de Bienestar y Familia, por la que se aprueban las bases que regirán la formalización de convenios y protocolos adicionales entre el Departamento de Bienestar y Familia y los Ayuntamientos de más de veinte mil habitantes, los consejos comarcales y las demás Entidades Locales supramunicipales, para la cooperación interadministrativa en materia de servicios sociales, infancia y familia, inmigración y actuaciones comunitarias.

10. CEUTA

10.1. REAL DECRETO 30/1999, de 15 de enero, sobre traspaso de funciones y servicios de la Administración del Estado a la Ciudad de Ceuta, en materia de asistencia social.

10.1.bis. Delegación de competencias al Consejero de Salud Pública, Bienestar Social y Mercado en materia social.

10.2. Reglamento por el que se crea el Servicio de Infancia y Familia y se regulan la estructura y funciones de los Servicios de Atención a la Infancia en la Ciudad Autónoma de Ceuta, de 20 de diciembre de 2000.

10.3. Convenio de Colaboración entre el Ministerio de Trabajo y Asuntos Sociales y la Ciudad Autónoma de Ceuta, para la realización de programas para menores en situación de dificultad social y/o conflicto social (2003).

11. EXTREMADURA

11.1. LEY 4/1994, de 10 de noviembre, de protección y atención a menores.

11.2. DECRETO 68/1998, de 5 de mayo, por el que se establece la habilitación a Entidades colaboradoras para el desarrollo de programas de Hogares o Pisos de Acogida de menores.

11.3. DECRETO 13/1999.

11.4. DECRETO 139/2002 por el que se regula la organización y funcionamiento de los Centros de Acogida de Menores dependientes de la Consejería de Bienestar Social.

11.5. DECRETO 5/2003, de 14 de enero, por el que se establece el procedimiento de valoración de las solicitudes de adopción y acogimiento familiar y de selección de adoptantes y acogedores.

12. GALICIA

12.1. LEY 4/1993, de 14 de abril, de Servicios Sociales.

12.2. DECRETO 175/1995, de 16 de junio, por el que se desarrolla la Ley 4/1993, de servicios sociales en lo relativo a la inspección y régimen sancionador.

12.3. DECRETO 243/1995, de 28 de julio, por el que se regula el régimen de autorización y acreditación de centros de servicios sociales.

12.4. DECRETO 291/1995, de 3 de noviembre, por el que se desarrolla la Ley 4/1993, de servicios sociales en lo relativo a los registros de entidades prestadoras de servicios sociales.

12.5. LEY 3/1997, de 9 de Junio, gallega de la familia, la infancia y la adolescencia.

12.6. DECRETO 172/1998, de 5 de junio, por el que se desarrolla la Ley 3/1997, de 9 de junio, gallega de la familia, la infancia y la adolescencia, en lo relativo al régimen sancionador.

12.7. DECRETO 42/2000, de 7 de enero, por el que se refunde la normativa reguladora vigente en materia de familia, infancia y adolescencia (DOG nº 45, de 6 de marzo de 2000).

12.8. DECRETO 427/2001, DE 11 de diciembre, por el que se aprueba el texto del Reglamento de funcionamiento interno de los centros de reeducación para menores y jóvenes sometidos a medidas privativas de libertad (interesa el Título V). El resto de la norma fue derogada por el Decreto 124/2006, de 20 de julio.

12.9. DECRETO 276/2002, de 6 de septiembre, por el que se establecen las tarifas de los centros de menores de titularidad propia.

12.10. DECRETO 406/2003, de 29 de octubre, por el que se modifica el decreto 42/2000, de 7 de enero, por el que se refunde la normativa reguladora vigente en materia de familia, infancia y adolescencia.

12.11. LEY 9/2003, de 23 de diciembre, de Medidas Tributarias y Administrativas. Modifica el artículo 33. 1 a) de la Ley Gallega de la Familia, la Infancia y de la Adolescencia.

12.12. DECRETO 329/2005, de 28 de julio, por el que se regulan los centros de menores y los centros de atención a la infancia.

12.13. DECRETO 517/2005, de 6 de octubre, por el que se establece la estructura orgánica de la Vicepresidencia de la Igualdad y del Bienestar.

12.14. LEY 2/2006, de 14 de junio, de Derecho Civil de Galicia.

12.15. Decreto 124/2006, de 20 de julio, por el que se deroga parcialmente el Decreto 427/2001, de 11 de diciembre, por el que se aprueba el texto del Reglamento de funcionamiento interno de los centros de reeducación.

13. LA RIOJA

13.1. ORDEN de 22 de julio de 1985, de la Consejería de Trabajo y Bienestar Social por la que se fijan los criterios sobre la entrega y prohijamiento de Menores Abandonados en Centros Asistenciales dependientes de la Consejería de Trabajo y Bienestar Social.

13.2. ORDEN de 11 de febrero de 1998, de la Consejería de Salud, Consumo y Bienestar Social, por la que se crea el Consejo Sectorial de Infancia y Adolescencia.

13.3. DECRETO 50/2000, de 27 de octubre, por el que se regula la Comisión de Adopción, Acogimiento y Tutela.

13.4. DECRETO 5/2002, de 18 de enero, por el que se regulan los registros de actuaciones administrativas y expedientes en materia de acogimiento y adopciones, desarrollado por Orden 7/2002, de 9 de abril (13.4.bis).

13.5. LEY 1/2002, de 1 de marzo, de Servicios Sociales.

13.6. LEY 1/2006, de 28 de febrero, de protección de menores de La Rioja.

14. MADRID

14.1. ORDEN 175/1991, de 18 de marzo, por el que se desarrolla el Decreto de 23 de Noviembre de 1988, de procedimiento de constitución y ejercicio de tutela y guarda de menores desamparados.

14.2. LEY 6/1995, de 28 de marzo, de Garantías de los Derechos de la Infancia y la Adolescencia en la Comunidad de Madrid.
14.3. LEY 2/1996, de 24 de junio, de creación del Instituto Madrileño del Menor.
14.4. LEY 5/1996, de 8 de julio, reguladora del defensor del menor en la Comunidad de Madrid.
14.5. DECRETO 88/1998, de 21 de mayo, regulador del Estatuto de las Residencias de Atención a la INfancia y Adolescencia.
14.6. DECRETO 121/1998, de 23 de noviembre, de procedimiento de Constitución y ejercicio de tutela y guarda de menores desamparados.
14.7. DECRETO 198/1998, de 26 de noviembre, por el se regula la composición y funcionamiento de la Comisión de Tutela del Menor.
14.8. LEY 18/1999, de 29 de abril, reguladora de los Consejos de Atención a la Infancia y la Adolescencia de la Comunidad de Madrid.
14.9. LEY 11/2003, de 27 de marzo, de Servicios Sociales de la comunidad de Madrid.

15. MELILLA
15.1. REGLAMENTO de organización y funcionamiento de los centros de atención a menores en el ámbito de la Ciudad Autónoma de Melilla, aprobado definitivamente en Pleno de fecha 26 de abril de 2004.
15.2. Protocolo de actuación coordinada en casos de maltrato infantil en Melilla de 4 de julio de 2005.

16. MURCIA
16.1. LEY 3/1995, de 21 de Marzo, de la infancia de la Región de Murcia.
16.2. DECRETO 81/1994, de 4 de noviembre, regulador del procedimiento para la formulación de propuestas de adopción.
16.3. ORDEN de 13 de junio de 1996 por la que se establece el Reglamento de Organización y Funcionamiento de la Comisión Regional de Protección del Menor.
16.4. DECRETO 54/2001, de 15 de Junio de 1996, de autorizaciones, organización y funcionamiento del Registro de entidades, Centros y Servicios Sociales de la Región de Murcia y la Inspección.

16.5. LEY 3/2003, de 10 de Abril, del Sistema de Servicios sociales de la Región de Murcia.
16.6. DECRETO 75/2003, de 11 de Julio, por el que se establecen los Órganos Directivos de la Consejería de Trabajo, Consumo y Política Social.
16.7. DECRETO 46/2006, de 28 de Abril, Regula la Acreditación y Funcionamiento de las Entidades Colaboradoras de Adopción Internacional y las Instituciones Colaboradoras de Integración Familiar.

17. NAVARRA
17.1. LEY FORAL 14/1983, de 30 de marzo, sobre Servicios Sociales. Actualmente se encuentra en trámite un *Anteproyecto de Ley Foral de Servicios Sociales*.
17.2. DECRETO FORAL 20/2004, de 26 de enero, por el que se aprueban los Estatutos del Instituto Navarro de Bienestar Social.
17.3. DECRETO FORAL 261/2004, de 19 de julio, por el que se modifica el Decreto foral 20/2004, de 26 de enero.
17.4. DECRETO FORAL 381/2004, de 27 de diciembre, por el que se modifica el artículo 24.2 del Decreto Foral 20/2004, de 26 de enero.
17.5. DECRETO FORAL 46/2005, de 24 de febrero, por el que se establece la estructura orgánica del Departamento de Bienestar Social, Deporte y Juventud.
17.6. LEY FORAL 15/2005, de 5 de diciembre, de promoción, atención y protección a la infancia y a la adolescencia.

18. PAÍS VASCO
18.1. LEY 5/1996, de 18 de octubre, de servicios sociales.
18.2. DECRETO 155/2001, de 30 de julio, de determinación de funciones en materia de servicios sociales.
18.3. LEY 3/2005, de 18 de febrero, de Atención y Protección a la Infancia y la Adolescencia.
18.4. DECRETO 8/2005, de 27 de junio, del Lehendakari, de creación, supresión y modificación de los Departamentos de la Administración de la Comunidad Autónoma del País Vasco y de determinación de funciones y áreas de actuación de los mismos.

18.5. DECRETO 373/2005, de 15 de noviembre, por el que se establece la estructura orgánica y funcional del Departamento de Vivienda y Asuntos Sociales.

Diputación Foral de Álava

18.6. DECRETO FORAL 469/1985, del Consejo de Diputados de 5 de noviembre, por el que se constituye el Consejo del Menor y se establece su composición; modificado por Decreto Foral 942/1987, del Consejo de Diputados de 8 de septiembre, y por Decreto Foral 1402/1988, del Consejo de Diputados de 13 de septiembre.

18.7. DECRETO FORAL 564/1985, del Consejo de Diputados de 12 de noviembre, por el que se aprueba el Reglamento de Funcionamiento del Consejo del Menor y se designan vocales del mismo.

Diputación Foral de Bizkaia

18.8. DECRETO FORAL 114/2005, de 19 de julio, de la Diputación Foral de Bizkaia, por el que se reestructura y regula el Consejo de Infancia y adolescencia en el Territorio Histórico de Bizkaia.

18.9. ORDEN FORAL 12525/2005, de 25 de agosto, del Diputado Foral del Departamento de Acción Social, por la que se regula la comisión de protección a la infancia y adolescencia, como órgano informativo colegiado de deliberación y apoyo para la toma de decisiones.

19. VALENCIA

19.1. LEY 7/1994, de 5 de diciembre, de la Comunidad Valenciana de la Infancia.

19.2. DECRETO 93/2001, de 22 de mayo, por el que se aprueba el Reglamento de Medidas de Protección Jurídica del Menor en la Comunidad Valenciana.

19.3. DECRETO 100/2002, de 4 de junio, por el que se regula la acreditación, funcionamiento y control de las entidades de mediación de adopción internacional y el Registro de Reclamaciones formuladas contra las entidades de mediación acreditadas en la Comunidad Valenciana.

19.4. DECRETO 194/2002, de 26 de noviembre por el que se modifica el Decreto 99/1998, de 14 de julio de Creación del Observatorio Permanente de la Familia.

19.5. Decreto 120/2003, por el que se aprueba el Reglamento Orgánico y Funcional de la Consellería de Bienestar Social.

19.5.bis. Corrección de errores del DECRETO 120/2003.

19.6. DECRETO 74/2005, de 8 de abril, por el que se crea el Observatorio de la Comunidad Valenciana de Inserción Sociolaboral de Menores y Jóvenes de los Sistemas de Protección y de Reeducación de Menores.

Made in the USA
Las Vegas, NV
12 April 2026

45208765R00142